붓다의 후예, 위빠사나 선사들
(Ⅱ권 태국편)

잭 콘필드 편저 / 김열권 옮김

목차
[I권 미얀마편]

서문 *11*
추천의 말 *13*
편저자의 말 *15*

제1장 남방불교와 수행의 본질 *17*
  1. 불교의 본질 *19*
  2. 미얀마, 라오스, 태국에서의 명상 *53*
  3. 완전한 가르침 *72*

제2장 마하시 사야도(*Mahasi Sayadaw*) *73*
  1. 배의 움직임과 경행 관찰을 통한 깨달음의 수행 *75*
  2. 지혜 명상, 기초와 고급단계 *79*
  3. 기초 수행 *81*
  4. 높은 단계, 깨달음의 수행 *101*

제3장 순룬 사야도(*Sunlun Sayadaw*) *144*
  1. 고통의 극복을 통한 해탈 *146*
  2. 수행자와 지혜 명상 *152*
  3. 순룬의 마음챙김 계발 *173*
  4. 수행에 대한 질문과 대답 *190*

제4장 타웅푸루 사야도(*Taungpulu Sayadaw*) *197*
  1. 몸의 관찰을 통한 욕망의 극복 *199*
  2. 몸의 32부분에 대한 마음챙김 *201*

제5장 몬힌 사야도(Mohnyin Sayadaw) 209
    1. 학식과 수행을 겸비한 선지식 *211*
    2. 통찰지혜의 수행 *213*

제6장 모곡 사야도(Mogok Sayadaw) 230
    1. 불교심리학 교수 출신의 선지식 *232*
    2. 마음과 감각에 대한 명상 *234*

제7장 우 바 킹(U Ba Khin) 264
    1. 이론을 경시한 실천 위주의 수행 *266*
    2. 불법 수행의 정수 *270*

부록1. 쉐우민 사야도(Shew Oo Min Sayadaw) 295
    1. 쉐우민 사야도의 생애 *297*
    2. 쉐우민의 마음을 성찰하는 수행 *300*
    3. 우떼자나아 사야도 상담사례 *309*
    4. 마음 관찰 핵심정리 *320*

부록2. 파욱(Pa Auk) 335
    1. 파욱의 사마타와 위빠사나 수행 *337*
    2. 파욱의 사마타와 위빠사나 병행 *338*

붓다의 후예, 위빠사나 선사들

목 차
[Ⅱ권 태국편]

제1장 아찬 차(Achaan Chaa) 10
  1. 일상을 통한 소박하고 자연스러운 수행 12
  2. 깨달음 체험담 17
  3. 수행에 대한 질문과 대답 45

제2장 아찬 붓다다사(Achaan Buddhadasa) 103
  1. 선·교를 겸한 대선지식 105
  2. 자연스런 지혜 수행법 109
  3. 붓다의 호흡법, 아나빠나 삿띠 16단계
     —선정과 열반에 이르는 여덟 과정 124

제3장 아찬 나에브(Achaan Naev) 179
  1. 속세에서 깨달음을 성취한 독신녀 181
  2. 통찰지혜의 계발 184
  3. 통찰지혜의 7단계 211

제4장 아찬 마하 부와(Achaan Maha Boowa) 224
  1. 거칠고 엄격한 가풍의 선지식 226
  2. 지혜는 선정을 계발한다 230

제5장 아찬 담마다로(Achaan Dhmmadaro) 256
  1. 감각 관찰을 통한 깨달음 258
  2. 통찰 수련의 본질에 관한 질의응답 261
  3. 수행의 실제 276

제6장 아찬 줌니엔(Achaan Jumnien) 280
    1. 다양한 수행법을 통달한 선지식 282
    2. 수행법에 대한 질문과 응답 285

제7장 현존하는 테라바다의 전통 303
    1. 테라바다 전통에 관한 추가 질문과 응답 305
    2. 테라바다에서 전해지는 기타 명상법 330

부록1. 아찬 문 (Acharn Mun) 345
    1. 아찬(짠) 문의 붓도위빠싸나 347
    2. 아찬 문의 수행기 348
    3. 해탈의 다르마 367
    4. 아찬 문의 수행법 요약 388

부록2. 용어해설 400

    옮기고 나서 404

붓다의 후예, 위빠사나 선사들

제1장

아찬 차
(Achaan Chaa)

ACHAAN
CHAA

1. 일상을 통한 소박하고 자연스러운 수행

프라 아짠[1] 차는 1918년 1월 17일, 태국 북동부의 시골마을인 우본 라자다니의 유복한 대가족 집안에서 태어났다.

어린 시절에 사미계를 받은 그는 20세가 되던 해(1939년 4월 26일)에 비구계를 받고 정식 비구가 되어 기본적인 경·율·논을 공부했다.

그러나 비구가 된 지 5년 뒤 부친이 중환으로 별세하자 삶의 무상을 절감하게 되었고, 경전공부만으로는 생사해탈을 할 수 없음을 깨닫고는 선원을 떠나 숲 속 두타행(하루 한끼로 눕지않고 수행하는 고행 苦行)의 길로 들어서게 되었다. 그 지역 숲 속의 여러 스승들(숲 속에서 은둔하며 두타행의 전통을 따르는)을 찾아가 사사한 후, 수년간 두타승으로 떠돌면서 숲이나 동굴, 화장터 등에서 용맹정진하던 스님은 급기야 아짠 문(Ajahn Mun) 선사(금세기 태국에서 가장 탁월한 선지식들 중 한 분으로 추앙받는)의 문하에서 지도받기에 이르렀다. 비록 그 기간은 짧았지만 많은 깨달음을 얻은 소중한 시간들이었다.

그 후 스님은 다시 만행길에 올라, 수없이 많은 고난을 겪었지만 결코 수행을 포기하지 않았다. 맹수들이 득실거리는 정글이나 공동묘지에서 죽음을 관하며 삶의 본질을 꿰뚫어 보았고, 장마철 폭우에 만신창이가 되어서도 용맹정진을 이어나갔다. 때로는 몸이 아프기도 하고 갖가지

---

[1] 譯註 : 프라(phra)는 태국어로 '큰스님'을 뜻하며, 아짠(ajahn)은 스승을 의미 하는 빨리어 아짜리야(ācariya)에서 온 태국어이다.

회의에 시달리며 몇날 며칠을 눈물로 지새기도 했지만 초인적인 인내력으로 수행의 강도를 더해 갔다. 자신을 위해서는 아무것도 남겨 두지 않았고, 오직 불법을 위해 모든 것을 송두리째 내던졌다. 이같은 강인한 정신력과 대담한 용기에 힘입어 이윽고 지혜와 활력이 생겨났고 남을 도울 수 있는 무한한 능력도 체득하게 되었다.

 1954년, 스님은 여러 해에 걸친 기나긴 행각(行脚)과 수행 끝에 고향으로 돌아와 근처 울창한 숲 속에 정착하게 되었다. 그 숲은 사람이 살지 않고 코브라나 호랑이, 유령이 나타난다고 소문난 곳이어서 숲 속 운둔수행에는 안성맞춤인 장소였다. 아짠 차 스님이 그 곳에 자리를 잡자, 스님의 가르침을 듣고 그 문하에 머물며 수행하기를 원하는 승려들과 일반 신도들이 계속 몰려 들게 되어 사원이 형성되었고 대가람으로 번창하게 되었다.

 이처럼 초창기에는 단지 초가 몇 채로 시작된 왓 빠 뽕(Wat Pah Pong:'왓'은 '사원'을 뜻하는 태국어 – 옮긴이)은 오늘날 태국에서 가장 규모가 크고 운영도 잘되는 사원 중의 하나로 자리잡게 되었다.

 아짠 차 스님의 법력과 명성이 널리 알려지면서 방문객과 귀의자들이 나날이 늘어났고, 특히 스님의 단순 명료하면서도 심오한 가르침에 매료된 서구인들이 몰려들기 시작하였다. 이들의 요청에 부응하기 위해 세워진 분원이 태국 전역과 서구에 걸쳐 50여 개에 이르게 되었고, 스님에게 수학한 제자들이 원장을 맡아 가르침의 맥을 이어가고 있다.

 이 분원들 중 하나인 왓 빠 나나짜뜨(Wat Pah Nanachat)는 왓 빠 뽕 가까이에 세워져 스님의 가르침을 받으러 오는 서구인들과 그 밖의 외국인들을 맞아들이고 있다.

 아짠 차 스님의 서구인 제자들이 많이 배출됨에 따라 스님의 가르침은 서구에도 널리 알려지게 되었는데, 그중 스님의 상수제자인 수메도(Sumedho) 스님(서구의 분원 중 가장 큰, 영국 치터스트의 분원장)은 많은 서구인 승려들을 배출해 냈다.

 왓 빠 뽕 같은 숲속사원은 들어서는 순간부터 수행의 기운에 휩싸이게 된다. 나무들이 살랑대는 소리가 유독 도드라질 만큼 고요하고 정결한 경내에는 경행이나 울력을 하는 수행자들이 그림자처럼 조용히 움직이고 있다. 경내 넓이는 백 에이커가 넘고 비구 구역과 비구니 구역으로 나누어져 있다. 사원의 중앙에는 대강당과 공양처, 수계식을 베푸는 법당이 있고, 숲 속 공터에는 승려들의 거처인, 아무 장식도 없는 검소한 막사(원두막 같은 집으로 작은 방 하나에 샤워가 가능한 조그만 화장실이 딸려 있는데, 승려들에게 한 채씩 배정된다 - 옮긴이)들이 자리잡고 있다. 막사들 사이 나무 밑으로는 한적한 오솔길들이 나 있는 등, 사원 전체에서 간소하고 절제된 분위기가 느껴진다. 입구에 들어서면 우물에서 물을 긷는 승려들과 마주치게 되며 다음과 같은 푯말이 눈에 띈다. "드디어 찾아오셨군요. 조용히 해 주십시오! 지금 수행중입니다."

 이 사원에서 살고 있는 승려들은 두타행(dhutanga)이라는 지극히 간소하고 엄격한 수행법에 따라 살기로 작심한 이들이다. 이 수행법은 붓다 재세 시 숲속수행의 전통을 계승한 것으로, 붓다께서는 수행승들의 의식주에 제한을 두는 13가지 계율을 제정하여 엄수토록 하셨다. 이러한 생활방식의 핵심은, 적게 소유하고 많이 수행하고 하루 한 차례 탁발하는 것이다.

왓 빠 뽕의 하루 일과는, 그룹명상과 하루 두 차례의 대중정진(독송), 아짠 차 스님의 저녁 설법 등으로 이어지며, 아짠 차 스님과의 면담 기회는 그리 많지 않다. 그러나 정작 수행의 정수는 생활 속에서 체득된다. 승려들은 손수 가사를 기우거나 염색하고 대부분의 생필품들을 직접 만들며 사원 청소도 도맡아 한다. 또한 식사는 하루 한 끼, 탁발 공양으로 해결하고 소지품과 가사, 거주지를 제한하는 엄격한 계율을 준수해야 한다. 그들은 숲 속에 분산되어 있는 각자의 막사에 홀로 머물며 명상수행을 하고, 나무들 사이로 난 깨끗이 청소된 오솔길을 따라 경행을 하며 스스로를 정화시켜 나간다. 이처럼 공동체를 조화롭게 유지시키는 계율들을 엄수하게 되면, 이러한 생활방식이 각자가 지닌 욕망이나 망상과 어떻게 상충(相衝)하는지를 명백히 감지하게 된다. 그리하여 엄격한 훈련을 통해 개인의 이기적 욕구를 제거해 나갈 수 있다. 따라서 사원 내의 일상생활도 정규수행 못지 않게 중요시 되는 것이다.

아짠 차 스님은 어떤 특별한 수행 테크닉을 강조하지 않는다. 깨달음과 지혜를 빨리 달성할 수 있는 어떤 충격적 방법도 장려하지 않는다. 단지 정규적인 좌선수행을 통해 마음이 고요해질 때까지 호흡을 주시하고 몸과 마음의 현상을 관찰해 나가도록 한다.

"소박하고 자연스럽게 살라. 그리고 마음을 관찰하라." 이것이 스님의 수행법의 키워드(key word)인 셈이다. 때문에 스님은 깊은 지혜나 깨달음의 경험에도 집착하지 말고 단지 순간순간 집착을 제거해 나가고(苦)로부터 완전히 자유로워질 것을 늘 강조한다. "모든 수행은 단지 마음의 균형과 무집착, 비이기성을 계발하는 일일 뿐이므로, 명상수행이든 일상생활이든 모든 것이 수행이다. 따라서 무엇을 하든 알아차림을 유지해야 한다. 그렇게 끈기있게 관찰해 나가면 저절로 지혜와 평화에 이르게 될 것이다."

 이같이 단도직입적이고 소탈한 스님의 가르침은 맑고 쾌활하며 솔직한 스님의 성품과 어우러져, 사람들에게 영감과 탐구심, 깊은 평화로움과 경탄을 불러일으킨다. 때로는 이같은 독특한 스타일이 오해를 낳기도 하지만, 거듭 스님의 가르침을 접하다 보면 마음이 보다 원숙해짐을 감지하게 되어 마음 깊이 가르침을 받아들이게 된다. 특히 때와 장소, 그리고 청중들의 이해력과 감성에 맞춰 자유자재로 구사되는 스님의 노련한 설법기술은 감탄을 자아낸다. 이로 인해 스님의 가르침이 얼핏 논리적으로 일관성이 없고 모순되게 느껴질 때도 있으나, 그 또한 깊고 풍부한 삶의 연륜에서 우러나오는 가르침이 지닌 특성임을 헤아릴 수 있어야 한다. 마찬가지로, 스님의 단순명료하고 단도직입적인 가르침들이 간혹 불교의 전통적 가르침에서 벗어나 보일지라도, 실수행을 이야기할 뿐, 이론을 논하지 않는 스님 특유의 심오한 수행철학과 풍부한 수행체험에서 기인하는 것임을 이해해야 한다.

 아짠 차 스님은, 만물의 세 가지 특성[三法印]인 무상·고·무아를 간파하여 버림[捨]과 인내와 올바른 지혜로써 번뇌를 제거하고 단련시켜 마음과 세계의 참다운 본성을 깨우치라고 촉구한다. 지금 바로 시작하라고! 이처럼 생애 자체가 하나의 고결한 설법이었던 대선사 아짠 차 스님은 1991년, 많은 이들의 깊은 애도 속에 적멸에 들었다.

2. 깨달음 체험담

아짠차의 깨달음, 세차례의 대(大)폭발

출가한 지 3년 정도 지나자 삼매와 깨달음에 대해 궁금증이 일어났다. 기필코 깨닫고자 하는 일념으로 쉬지 않고 정진했다.

그러나 조급함으로 마음이 한없이 산란스러워져 발버둥치던 끝에 삼매도 호흡과 같은 이치임을 터득하게 되었다. 자연스런 호흡을 통해서만이 삼매로 나아갈 수 있다. 억지로 애쓰면 단지 집착만 더할 뿐이다.

정견(正見)[2])에 의지해 수행을 계속해 나갔다. 그러자 수행이 점점 더 자연스럽게 진행되어 감을 감지할 수 있게 되었다. 이윽고 내 마음속에 있는 욕망들이야말로 수행의 장애물임을 분명히 간파하게 되자, 좀더 진솔하게 마음의 현상들이 일어나는 대로 그 요소들을 관찰해 나가기 시작했다. 앉고 들여다보고, 앉고 들여다보기를 한없이 반복했다.

그러던 어느 날, 드디어 그 고대하던 순간과 맞닥뜨리게 되었다! 그날 나는 하루의 수행을 끝내고 밤 11시도 넘은 시간에 홀로 경행을 하고 있었다. 내겐 거의 아무런 생각도 떠오르지 않았다. 내가 머물던 곳은 숲 속의 한 사원이었는데, 때마침 마을에서 열리고 있던 축제의 소음이 멀리서 들려왔다.

---

2)譯註 : 정견은 괴로움[苦], 괴로움의 원인[集], 괴로움의 소멸[滅], 깨달음에 이르는 길[道]을 아는 것으로, 오온(형상·감각·인식·의지작용·의식)이 생멸하는 원인, 인과의 연기를 아는 것이다. 오온과 아는 마음인 지혜를 구분하는 것이 견의 시작이고, 오온에서 욕심, 성냄, 어리석음을 제거한 열반의 마음을 실현하는 것이 정견의 완성이다. 이것의 실천이 위빠싸나이다.

붓다의 후예, 위빠사나 선사들

경행으로 다소 피곤을 느낀 나는 방으로 들어왔다. 그런데 좌선 자리에 앉으려 하자 왠지 여느 때처럼 결가부좌를 할 수 없을 듯한 느낌이 들었다. 나의 마음은 자연스럽게 깊은 선정에 들기를 원했다. 왜 이렇게 되는 것일까…?

좌선에 들자 참으로 평온해졌다. 마을에서 소음이 들려오기는 했지만, 마음을 조절하면 그 소리를 듣지 않을 수도 있었다. 마음을 한 점에 집중시켜 소리 쪽으로 돌리면 소리가 들렸고, 그렇게 하지 않으면 아무 소리도 들리지 않았다. 소리가 다가오면 그것을 알아차리는 주체를 알아보았고, 그 주체는 소리로부터 분리되어 있음을 알게 되었다.

그 순간 나는 알아차렸다. 바로 이것이다! 바로 이것이 아니면 무엇이겠는가?

여기 있는 발우와 주전자가 별개이듯이, 나의 마음과 마음의 대상도 전혀 별개임을 알 수 있었다. 마음과 소리는 전혀 연결되어 있지 않았다. 이렇게 계속 관찰해 나갔고, 결국 나는 깨달았다! 무엇이 주관과 객관을 함께 부여잡고 있는지를 보게 된 것이다. 그리하여 그 관계가 끊어져 버리자 비로소 진정한 평화가 드러났다.

그때 내 마음은 다른 어떤 쪽으로도 분산되지 않았다. 좌선을 마치고자 했다면 그럴 수도 있었을 것이다. 일반적으로 수행을 마칠 때면 자신이 게으름을 피우는 게 아닌가, 피곤한가, 마음이 산란한가 등을 점검해 보기 마련이다. 그러나 그때 나의 마음에는 게으름이나 싫증, 산란함이라곤 없었고 모든 면에서 완벽하고 충족된 상태임을 느낄 수 있었다.

휴식하기 위해 좌선을 중단했을 때, 가부좌를 풀었음에도 불구하고 나의 마음은 여전히 부동상태였다. 자리에 눕는 순간에도 마음은 눕기 전과 마찬가지로 평온했다.

그런데 머리가 베개에 닿는 순간, 돌연 마음이 안쪽으로 향하는 '전환'이 일어났다. 어디쯤에서 그런 전환이 일어났는지는 알 수 없었으나, 마치 스위치가 켜져 전기가 들어올 때처럼 내부에서 놀라운 전환이 일어났고 동시에 나의 몸은 굉음을 내며 폭발해 버렸다. 알아차림은 최대한도로 성성했다.

그 전환의 지점을 지나 마음은 계속 나아갔다. 안에는 아무것도 없었다. 전혀 없었다. 아무것도 들어 있지 않았고, 닿는 것이라곤 아무것도 없었다.

알아차림은 안에서 잠시 중단되었다. 이윽고 마음은 다시 밖으로 빠져 나왔다. 내가 의도적으로 나오게 한 것이 아니었다. 나는 다만 관찰자, 즉 '아는 자'에 불과했다. 그 상태에서 벗어나자 다시 평상의 상태로 돌아왔다.

도대체 무슨 일이 일어났던 것일까? 스스로 의문이 솟구쳤다.

그러자 '단지 일어난 그대로일 뿐, 의심할 필요는 없다.'는 자답이 떠올랐다. 단지 그게 전부였고, 나의 마음은 그 모든 것을 일어난 그대로 받아들일 수 있었다.

잠시 멈춘 후에 마음은 다시 안으로 향했다. 내가 의도한 것이 아니라 저절로 그렇게 움직여졌다.

안으로 들어가자, 조금 전과 마찬가지로 또다시 전환이 일어났다. 나의 몸은 다시 산산조각으로 분해되었고 마음은 가늠할 수 없을 만큼 깊은 곳으로 떨어져 내려 이윽고 고요해졌다 ….

그렇게 원하는 만큼 안에서 머문 다음, 밖으로 빠져 나오자 다시 평소 상태로 돌아왔다. 그 과정 내내 마음은 자발적으로 움직이고 있었다. 결코 나 자신이 마음을 의도적으로 오고 가게 한 것이 아니었다. 나는 단지 알아차리고 관찰했을 뿐이었다. 나는 아무런 의문도 품지 않았으며, 그리하여 여전히 좌선을 이어 가면서 관찰해 나갔다.

세 번째로 마음이 안으로 들어가자, 급기야 온 세상이 산산이 부서져 버렸다! 땅이며 풀, 나무, 산, 사람 등 일체가 허공이었다. 아무것도 남아 있지 않았다!

그 상태 속에서 머물고 싶은 만큼 머문 후, 마음은 밖으로 빠져 나와 다시 평소 상태로 돌아왔다.

마음이 안에서 어떻게 머물고 있었는지를 언어로는 표현할 수 없다. 이러한 체험은 눈으로 보거나 말로 표현할 수 있는 성질의 것이 아니기 때문이다. 그 어떤 것도 이같은 체험과는 비교될 수 없다. 이 세 차례의 경이로운 체험에 대해, 무슨 일이 일어났었는지를 어느 누가 감히 설명할 수 있겠는가? 대체 이런 현상을 무엇이라고 명명할 수 있단 말인가? 이같은 체험을 통해 알아차린 '마음의 본성'이란 것은 본디 언어로 표현되기 어려운 것인 만큼, 그것에 관해 명확히 설명할 수는 없다. 마음의 요소[心所]나 의식[心]의 범주에 관해 반드시 말로 옮겨야 할 필요는 없는 것이다.

나는 확고부동한 불퇴전의 신심을 지니고 수행했고, 목숨까지 걸 준비가 되어 있었다. 모든 지식과 이해에 일대 변혁이 일어났다.

누군가 그런 나를 보았다면 미친 사람으로 여겼을지도 모른다. 실제로,

마음챙김을 강력하게 단련시키지 못했다면 미쳐 버릴 수도 있었을 것이다. 왜냐하면 이 세상 천지에 전과 다름없는 것은 아무것도 없었기 때문이다. 아니, 정작 변해 버린 것은 나 자신이었다. 그럼에도 불구하고 (외형적으로는) 나는 여전히 동일 인물이었다.

그 후로는 모든 사람들이 한 쪽으로 의견을 몰아간다 해도, 나만의 견해를 견지할 수 있게 되었다. 나는 이미 남들과는 다른 궤도에 올라 있었던 것이다.

그날, 내 마음이 절정의 위력을 발휘했을 때, 그 원동력이 되어 준 것은 다름 아닌 정신에너지, 즉 선정에서 얻어진 에너지였다. 다시 말해, 그날의 나의 체험은 삼매력이 받쳐 주었기에 가능했던 것이다.

삼매[定]가 그 정도의 수준에 달하면 위빠싸나[慧]는 저절로 흘러나온다.

이와 같이 수련한다면 그대들 역시 오래지 않아 '도달하게'될 것이다.

벗들이여, 왜 한번 시도해 보지 않는가?

저쪽 기슭으로 타고 갈 배가 당도해 있는데, 왜 뛰어들지 않는가? 어찌하여 오염된 진창구덩이를 벗어나려 하지 않는가?

그대들이 원하기만 하면 나는 언제든 노를 저어 줄 수 있다.

오늘도 나는 그대들을 기다리고 있다 ….

수행법문 '붓도' 염송과 호흡관찰

자연스럽게 숨을 들이쉬고 내쉬면서 주시하십시오. 설사 다른 이들이 물구나무를 서더라도 그것은 그들 일이니 신경 쓰지 마십시오. 오직 들숨과 날숨에만 집중하고, 자신의 호흡을 알아차리십시오. 그것으로 족합니다. 그 밖에 할 일이라곤 아무것도 없습니다. 숨이 들어오고 나갈 때를 알아차리십시오. 숨을 들이쉴 때는 '붓(Bud)', 내쉴 때는 '도(Dho)'라고 염송하면서[3] 호흡관찰을 이어나가십시오. 이를 알아차림의 주제로 삼으십시오.

잠시 동안 계속해서 이렇게 행하십시오. 숨이 들어오면 들어오는 줄 알아차리고 나가면 나가는 줄 알아차리십시오. 그러면 마음이 평화로워지고, 산만함이나 불안감이 사라질 것입니다. 오직 숨만 지속적으로 들고납니다.

처음에는 단순하게 이렇게만 하십시오. 일체 생각을 놓아 버리십시오. 아무리 오래 앉아 있어도 여전히 편안하고 평화로운 단계에 이를지라도, 그대 자신 안에서 그 편안함이나 평화로움을 알아차리십시오.

이런 상태를 계속 유지해 나가면, 호흡이 더욱 섬세하고 유연해지며, 몸이 이완되고 마음도 유연해집니다. 한번 해 볼 만한 가치가 있지 않습니까? 계속 이와 같이 해 나감으로써, 알아차림이 자연스럽게 이어지도록 하십시오. 편한 자세로 앉아 고요함 속에 확실히 자리잡게 되면 멍해지거나 나른해져 꾸벅꾸벅 조는 일도 없어지고 애써 노력하지 않아도 모든 것이 저절로 수월하게 이루어집니다. 이제 그대는 평화롭습니다!

이윽고 가부좌를 풀고 일어서면서 그대는 '아니, 대체 이게 어떻게 된 거지?' 하며, 종전의 그 오묘한 평화로움의 정체를 계속 파고들게

---

3) 譯註 : '붓도(Bud-dho)'는 예비적인 진언[만트라]으로서, 호흡관찰이나 경행에 병행해서 쓰여지거나, 붓다의 공덕을 기리며 붓도를 염송하는 염불수행에 독립적으로 활용된다.

됩니다. 그리하여 그대는 자신을 알아차리게 되고 분명한 마음챙김을 유지하게 됩니다. 무엇을 하든, 어디를 가든 – 탁발하러 가든, 발우를 닦거나 음식을 먹든 간에 자신이 무엇을 행하고 있는지를 알아차려야 합니다. 마음챙김을 꾸준히 유지하십시오! 언제 무엇을 하든, 지속적인 마음챙김으로써 행하십시오.

경행할 때도 마찬가지입니다. (둘레가 7~8아름 정도 되는) 두 그루의 나무 사이로 곧게 뻗은 길을 오가며 걷는 경행도, 수행상의 핵심은 좌선수행과 동일합니다. 즉, 마음을 집중시킨 다음, 분명한 마음챙김이 일어나기에 충분하도록 마음을 고요히 가라앉힐 것을 다짐하면서 경행에 들어갑니다. 수행방법에 있어서, 어떤 수행자는 모든 살아 있는 생명체들의 안녕을 기원하는 자비를 방사하면서 경행을 시작하기도 합니다. 또한 소심한 수행자에게는 다양한 예비수행이 필요합니다. 먼저 오른발부터 내딛으십시오. 자연스럽게 걸으면서 매 걸음마다 마음속으로 '붓도, 붓도'를 되뇌도록 하십시오. 경행 내내 자신의 발을 주시하십시오. 망상이 일거나 불안해지면, 평온해질 때까지 걸음을 멈추십시오. 그리고 나서 다시 걸음을 옮기십시오. 경행의 처음·중간·끝을 알아차리고, 길 끝에서 걸음을 되돌림을 알아차리십시오. 매 순간 그대가 어디에 있는지를 끊임없이 알아차리십시오.

이상이 경행 수행법입니다. 이대로 따르기만 하면 누구든 경행을 해 낼 수 있습니다. 어떤 이들은 "같은 길을 그저 왔다갔다하는 게 수행이라니, 어리석은 짓이지!" 하고 코웃음을 칠지도 모릅니다. 그러나 그대도 알다시피, 경행에는 많은 지혜가 담겨 있습니다.

경행길 양쪽 끝까지 반복해서 걸으십시오. 피곤해지면 걸음을 멈추십시오. 주의를 '안'으로 돌려, 차분하게 자신의 호흡을 알아차림으로써 마음을 안정되게 가다듬으십시오.

한 가지 더 알아 둘 것은, 자세를 바꿔 가며 수행하는 방법입니다. 즉, 서서 하는 입선, 앉아서 하는 좌선, 누워서 하는 와선 등으로 자세를 바꿔가면서 계속 수행하는 것을 이릅니다. 줄곧 한 가지 자세로만 (서서만 있거나, 앉아만 있거나, 누워만 있는 식으로) 있을 수는 없습니다! 우리는 이 모든 자세들을 골고루 취하면서 살아가며, 따라서 이들 각각의 자세에서 알아차림을 계발하고 이들을 유용하게 활용해야 합니다.

계속 이런 방식으로 수행하십시오. 이것은 결코 쉬운 일이 아닙니다. 간단한 비유를 들자면, 이는 마치 이 유리잔을 여기에 2분간 놓았다가 저기로 옮겨 다시 2분간 놓아 두는 – 계속 그렇게 반복하는 일과도 같습니다. 실제로, 2분마다 여기에서 저기로 유리잔을 옮겨 보십시오. (단지 하나의 사례에 지나지 않지만) 집중해서 직접 한번 실행해 보십시오.

호흡을 주시하는 것도 이와 같은 이치입니다. 즉, 의심하고 괴로워하던 끝에 지혜가 일어나게 될 때까지 호흡을 계속해서 주시해야 합니다. 아마도 "아니, 멍청이처럼 쓸데없이 유리잔이나 옮기고 있으라니 도대체 제정신입니까?"라고 따지는 이들도 있을 것입니다. 신경 쓰지 말고, 오직 이같이 행하기만 하십시오. 5분마다가 아니라 2분마다임을 잊지 마십시오. 집중하십시오! 할 일은 그것뿐입니다.

이와 같은 방식으로 자신의 호흡을 주시하십시오. 오른발을 왼편 넓적다리 위에 얹어 다리를 교차시키는 결과부좌 자세로, 균형을 잡아 똑바로 앉으십시오. 들숨이 복부에 도달할 때까지 숨을 들이쉬고, 폐에서 공기가 모두 빠져 나갈 때까지 숨을 내쉬십시오. 숨이 찰 때까지 들이쉰 다음 내쉬십시오. 호흡을 일정하게 조절하려고 하지 마십시오! 호흡이 길면 긴 대로 짧으면 짧은 대로 있는 그대로 알아차리는 것으로 충분합니다. 앉은 자세로 숨이 자연스럽게 들고남을 지켜보십시오. 호흡을 놓치지 마십시오. 만약 호흡을 놓치면 멈추십시오. 호흡이 어디로 가 버렸는지 찾아내서 다시 주시하십시오.

조만간 그대에게는 예상치 못한 좋은 일이 일어날 것입니다. 그러니 오직 꾸준히 수련하십시오. 할 수 없다는 생각은 버리십시오. 수행은 땅에 볍씨를 뿌리는 일과도 같습니다. 볍씨는 흩뿌려 버려도 곧 싹이 돋아 볏단을 이루며 바로 탈곡해서 맛난 푸른 쌀밥을 먹을 수 있습니다. 알다시피 벼농사는 이렇게 이루어집니다. 이 모든 과정이 자연스럽게 진행되는 것입니다.

좌선수행도 이와 마찬가지입니다. 그러나 가끔 그대는 회의를 느끼기도 할 것입니다 – '여기 앉아 오직 호흡만 지켜보는 것이 대체 무슨 의미가 있단 말인가? 호흡이란 놈은 멍하니 바라보고 있는 나란 존재 없이도 저절로 들고날 터인데!' 하지만 이런 생각은 단지 핑곗거리를 찾는 편견에 불과합니다. 이런 쓸데없는 생각들은 다 떨쳐 버리고, 평온해질 때까지 오직 수행에만 전념하십시오. 평온해지면 호흡이 섬세해지고 몸과 마음도 편안해져, 모든 것이 좋아지기 때문입니다.

호흡의 들고남이 사라졌지만 여전히 살아 있는 상태에 이르게 될 때까지 좌선을 계속하십시오. 결코 두려워하지 마십시오! 호흡이 멈춰 버렸다는 생각에 놀라 도망치려 하지 마십시오. 이는 이제야 비로소 평화로운 상태에 도달했음을 의미하기 때문입니다. 달리 어떤 것도 하려 하지 말고, 오직 평온함 속에서 좌선에만 몰입하십시오. 가끔은, 숨조차 쉬고 있지 않은 것처럼 느껴지지만, 정작 호흡은 지속되고 있는 것입니다. 이같은 현상들이 자주 발생할 수 있지만, 괜찮습니다. 그 어떤 것에도 속지 말고, 이 모든 현상들을 알아차리기만 하십시오. 계속 이렇게 수행해 나가십시오. 이같은 좌선수행을 자주 하십시오!

식사 후에는 바로 가사를 걸치고 경행에 나서십시오. '붓도, 붓도' 하며 경행길을 따라 걸으십시오. 경행길이 무릎 깊이로 파이게 될 만큼 걷고 또 걸으십시오. 피곤해지면 잠시 앉으십시오. 열심히 계속 반복하십시오. 알아차리기 위해, 수행을 자신의 것으로 소화해 새롭게 태어나기 위해, 수행에 관한 모든 것을 이해하기 위해 수행하십시오.

경행을 짧게 끝내려 하지 마십시오. 이 생각 저 생각하며 잠시 걷다가 처소로 돌아가서는 눕자마자 코를 골며 잠들어 버리는, 그런 방일한 수행자가 되어서는 안 됩니다! 그런 식으로는 결코 아무것도 깨칠 수 없습니다. 그렇게 나태해서야 언제 수행을 끝마치겠습니까? 피곤해 하거나 게으름부리다 언제 깨달음을 얻을 수 있겠습니까? 그러니, 게으름을 극복하고 오직 전심전력으로 수행하여 깨달음에 이르도록 하십시오. '평화로움, 평화로움…' 하며 말로만 찾지 마십시오. 그런 식으로 수행을 하고, 곧바로 평화로워지지 않으면 쉽게 포기해 버리는, 그런 어리석음을 저지르지 마십시오.

무릇 말하기는 쉬워도 행하기는 어렵습니다. 말하기 좋아하는 이들은 이렇게 투덜댑니다. "아, 쌀농사도 이렇게 힘들지는 않을 거야. 벼를 심어서 쌀밥을 먹게 되기까지가 수행하는 것보다 훨씬 쉽겠다." 그렇다면 논에 나가서 한번 직접 해보십시오. 아마도 논을 갈 때 황소와 물소도 제대로 구별해 내지 못할 것입니다. 실제로, 어떤 일을 해 보는 것과 그에 관해 말만 늘어놓는 것은 판이하게 다릅니다. 알다시피, 수행도 바로 이와 같습니다.

그대는 평화를 발견하기를 원합니다. "평화가 저기에 있구나!" 하는 식으로. 그러나 아직 아는 것이라곤 아무것도 없습니다. 누구에게 물어봐도 알 수 없을 것입니다. 그러니 오로지 '붓도, 붓도…' 하면서 자신의 호흡이 들고남을 알아차리기만 하십시오. 이것으로 족합니다. 바로 이것만 행하십시오. 많은 것을 생각할 필요가 없습니다. 당분간은 오늘 배운 이 수행법만을 터득하도록 하십시오. 그렇게 행해도 아무것도 알 수 없다고 낙심하지 말고, 흔들림 없이 행하십시오. 어떤 일이 벌어지든 문제될 것 없습니다. 단지 이 수행에만 전념하십시오. 그러다 보면 이 수행에 대해 제대로 알게 될 것입니다. 그러니 계속 행하여 알도록 하십시오! 이렇게 앉아 무슨 일이 일어나고 있는지를 알게 된다면, 그야말로 만사 형통하게 될 것입니다. 그대의 마음이 진정 평화로워지면 이렇게 알게 됩니다. 그리하여 그대는 새벽까지 밤새 앉아 있을 수 있게 되고, 마침내 앉아 있다는 것조차 느끼지 못하게 되면서 어느덧 좌선을 즐기게 됩니다. 이같은 놀라운 변화에 대해 명확히 설명할 수는 없지만, 좌선이 마치 즐거운 놀이처럼 여겨지게 되는 것입니다.

이러한 경지에 이르게 되면, 그대는 불현듯 한번 심오한 설법이라도 쏟아 놓고 싶은 충동을 느끼게 될지도 모릅니다. 하지만 그칠 줄 모르는 설법으로 혹세 무민하게 되는, '말의 설사'에 빠지지 않도록 주의하십시오.

오직 끊임없는 알아차림을

　수행중 장애들을 이겨내십시오. 기분 내키는 대로 휩쓸려서는 안 됩니다. 게으를 때도, 부지런할 때도 항상 이를 견디어 내십시오. 좌선과 경행을 게을리 하지 말고, 누워 있을 때조차도 자신의 호흡을 주시하십시오. 잠들기 전에는 '잠의 달콤함에 빠지지 않으리라.'고 마음속으로 다짐하십시오. 깨어날 때도 명상수행을 이어 가십시오.

　또한 식사할 때도, '나는 이 공양을 탐욕으로 취하지 않으며, 단지 오늘 하루 동안 나의 생명을 유지시키기 위한 약으로, 수행을 이어나가기 위한 충분한 힘을 지니기 위하여 이 공양을 듭니다.'라고 스스로를 일깨우십시오. 이처럼 공양 들기 전에 스스로를 일깨우듯이, 잠들기 전에도 스스로를 일깨우십시오. 서 있을 때는 서 있음을 알아차리고, 앉아 있을 때는 앉아 있음을 알아차리십시오. 누워 있을 때도 누워 있음을 알아차리십시오. 무엇을 하든 이렇게 수행하십시오!

　누워서도, 오른편으로 돌아누워 '붓도, 붓도…'하면서 자신의 호흡을 잠들 때까지 주시하십시오. 그리고 깨어나자마자 '붓도, 붓도…'를 이어 나가십시오. 마치 잠자는 동안에도 한 호흡도 놓치지 않았다는 듯이. 그렇게 하다 보면 이윽고 평화로움이 일어날 것입니다…. 계속 마음챙김을 유지하십시오.

　다른 이의 수행을 건너보지 마십시오. 남의 수행을 따라 하는 것은 아무

의미가 없습니다.

좌선에 들 때는, 앉은 채로 몸의 균형을 잡은 후에 상체를 곧추세우십시오. 머리를 뒤로 젖히거나 앞으로 숙이지 말고 똑바로 세우십시오. 그러면 불상처럼 꼿꼿하고 환한 모습으로 앉아 있을 수 있습니다.

몸이 불편해져 자세를 바꾸려 한다면, 고통을 견딜 수 없을 때까지 참아보다가 바꾸십시오. 사람들은 "뭐라고요? 나는 그렇게까지 견뎌 낼 자신이 없어요!"하며 투덜댑니다. 그러나 몸을 움직이기 전에 좀더 기다려 보십시오. 한계에 다다를 때까지 고통을 견디십시오. 아무리 고통스러워도 참아 내며 수행을 이어나가십시오. 너무 고통스러워 마음속으로 '붓도'를 연호하기가 어려워지면, 붓도 대신 고통을 수행주제로 삼아 '고통, 고통, 고통…'하면서 알아차리십시오.

고통이 막바지에 접어들 때까지 그렇게 계속하십시오. 그리하여 어떤 일이 벌어지는지를 지켜보십시오. 붓다께서는 고통은 저절로 일어나 저절로 사라진다고 설하셨습니다. 그러므로 고통이 저절로 사라지도록 내버려두고, 멎게 하려고 애쓰지 마십시오! 아마도 옥수수 알갱이만 한 굵은 땀방울들이 등줄기를 타고 흐르기 시작할 것입니다. 그러나 일단 그대가 이 힘든 과정들을 통과하게 되면, 고통에 대해 제대로 알게 됩니다. 하지만 이런 과정들은 서서히 진행되므로 자신을 너무 다그치지 마십시오. 오직 묵묵히 참으면서 차근차근 극복해 나가십시오.

마찬가지로, 음식을 먹을 때에도 알아차림을 놓치지 마십시오. 음식을 씹고 있음을, 삼킴을, 그리고 삼킨 음식이 어디로 흘러내려 가는지를 알아차리십시오. 그 음식이 자기 몸에 맞는지, 그리고 그것이 몸 속

어디쯤에 도달하는지를 알아차리십시오.

식사법도 개선하십시오. 다섯 술이 넘어 만복감이 느껴지기 전에 식사를 끝내십시오! 그리고 충분한 양의 물을 마시도록 하십시오. 이와 같이 직접 한번 시도해서 어떤지를 보십시오. 대다수 사람들의 식사법은 이와는 거리가 멉니다. 도리어 그들은 배가 부른 상태에서도 다섯 술 이상을 더 먹습니다! 그러나 이는 잘못된 식사법임을 깨우쳐야 합니다.

붓다께서는 먹을 때도 주의를 기울여야 하며, 만복감이 느껴지는 시점을 알아차려 다섯 술이 넘기 전에 공양을 마치라고 설하셨습니다. 그대신 배가 부를 때까지 물로 채우십시오. 그러면, 경행이나 좌선을 할 때 몸이 가뿐하게 느껴져, 수행 또한 저절로 향상될 것입니다. 그러나 대부분의 사람들은 이같이 행하려 하지 않습니다. 그대가 진심으로 자신을 수련하려 하지 않는 한, 이는 실천에 옮겨질 수 없습니다. 그리하여 다섯 술을 넘어 포화상태에 이르도록 먹게 됩니다. 바로 이같은 행실이야말로 욕망과 번뇌의 실체가 어떠한지를 단적으로 보여 주는 것으로, 붓다의 가르침에도 어긋나는 처신입니다. 때문에 자신에 대한 끊임없는 주시가 강조되는 것입니다

잠을 잘 때도 알아차리십시오. 이것은 그대의 재량에 달려 있습니다. 때때로 그대는 제시간에 자지 않게 됩니다. 하지만 일찍 자든 늦게 자든, 신경 쓰지 마십시오. 이것이 내 방식입니다. 늦게 자든 일찍 자든 상관없이, 나는 처음 깨었을 때 바로 일어납니다. 자고 깨는 문제로 수선 떨지 마십시오. 그런 문제는 바로 그 자리에서 처리해 버리십시오. 잠에서 깨어났는데도 아직 졸렵다면 바로 일어나십시오! 일어나 세수한 후,

경행을 시작해서 곧바로 걸어 나아가십시오. 이것이 자신을 수련하는 방법입니다. 바로 이렇게 행하십시오!

호흡 멈추기로 마음길들이기

이제까지 이야기한 것들이 마음수련의 첫 단계 수행법들입니다. 그러나 남이 전하는 수행법들을 그저 듣기만 하는 데서 그친다면, 그것들을 제대로 알 수 없습니다. 오직 실제수행을 통해서만 분명한 이해가 가능합니다. 그러니 어서 수행에만 전념하십시오.

명상수행을 할 때는 오직 한 가지 대상에만 초점을 맞추십시오. 좌선 자세로 오로지 호흡이 들고나는 것만을 끊임없이 지켜보면, 서서히 마음이 평화로워집니다. 마음이 산만하면, 자리에 앉자마자 집이 그리워져 마음은 저 너머로 향하고 국수 생각이 간절해집니다. (갓 계를 받은 신참 승려들, 늘 허기져 있는 건 다들 알지요?) 그리하여 먹고 마시길 원하게 되고, 그런 식으로 모든 걸 원하고 그리워하게 됩니다! 급기야 스스로 미쳐버릴 때까지. 그토록 미칠 지경이라면 미치도록 내버려두십시오. 사태의 실상을 제대로 파악하게 될 때까지 기다리십시오.

그러나 일단 수행하십시오! 경행을 해 본 적이 있나요? 어떤가요? 마음이 방황하면, 제자리에 돌아올 때까지 행하던 것을 잠시 멈추십시오. 마음이 걷잡을 수 없이 방황하게 되면, 참아 낼 수 없을 때까지 숨을 멈추십시오. 그러면 마음이 제자리로 돌아올 것입니다. 좌선 중에 마음이 이리 저리로 날뛰게 될 때도, 숨을 잡고 내뱉지 않아 참을 수 없을 지경에 이르도록 하면, 마음은 제자리로 돌아오고 말 것입니다.

마음을 강하게 단련시키십시오. '마음 길들이기'는 짐승을 길들이는 것과는 달라서 정말 어렵습니다! 그러나 지레 낙담하지 마십시오. 때때로, 가슴이 터질 지경에 이를 때까지 숨을 참아 보십시오. 이같은 수련은 마음을 잡는 유일한 길입니다. 마음은 제자리에 돌아오고야 맙니다! 한번 시도해 보십시오.

이번 우안거 동안, 수행이 어떤 것인지 알아차리게 될 것입니다. 그러니 주야로 수행에 전념하십시오. 시간이 날 때마다 즉각 수행에 임하십시오. 낮과 밤을 가리지 말고(비록 10분밖에 시간이 없더라도) 경행을 하십시오. 마음을 한 대상에 모으고 끊임없이 그것을 주시하십시오. 만일 무언가가 말을 걸어오면 멈추십시오. 응하지 마십시오. 즉각 마음을 제자리로 되돌려 수행을 계속하십시오.

마음을 챙기는 수행은 물병에 담긴 물과 같습니다. 물병을 조금 기울이면, 물이 뚝뚝 떨어지기 시작합니다. 좀더 물병을 기울이면 쪼록쪼록 흘러내립니다. 우리의 마음챙김도 이와 같습니다. 만일 물병의 물을 다 부으면 뚝뚝 떨어지던 물은 물병 주둥이로부터 계속해서 줄줄 흘러내리게 됩니다. 마찬가지로, 우리가 서 있든, 걷든, 누워 있든, 무엇을 하든 간에 항상 알아차림을 유지하고 있다면, 우리의 마음챙김은 끊임없이 흐르는 물과 같아집니다 – 마음 챙김에 온 힘을 쏟아 붓는다면 끊임없이 이어지게 될 것입니다. 그러나 마음이 방황하며 이 생각 저 생각 기웃거리게 된다면, 우리의 마음챙김은 단지 간헐적으로 떨어지는 물방울 같은 신세가 되고 말 것입니다.

우리의 마음을 길들이는 일도 이와 같습니다. 잡생각에 빠지거나, 불안정하거나, 계속 집중하지 않는 것 등은 별문제가 되지 않습니다. 정작 중요한 것은 오직 끊임없이 수행하여, 알아차림이 끊기지 않고 지속될 때까지 계발해 나가는 일입니다. 그리하여 서 있거나, 앉아 있거나, 눕거나, 무엇을 하건 간에 알아차림이 항상 함께하도록 해야 합니다. 이를 직접 행하여 터득하십시오!

하지만 단지 가부좌를 틀고 멍하니 앉아만 있는다고 해서, 이같은 상태가 제 스스로 일어나는 것은 아닙니다. 그렇다고 해서 너무 지나칠 정도로 노력한다 해도, 그 상태에 이를 수는 없습니다. 그러니, 일절 노력하지 마십시오! 아직은 그것을 해 낼 수 없습니다! 이를 명심하십시오.

그렇게 해 나가면, 때로는 그대가 좌선조차 하지 않으려 해도, 그대의 수행은 저절로 완수될 것입니다. 그리하여 그대는 앉아서 마음을 비웁니다. 그러면 (탁!) - 그대는 곧바로 평화로워집니다. 이제, 그 평온함 속에서 쉬십시오. 바로 그 자리에 도달하였으므로….

이대로 받아들이십시오 - 이제 이것으로 충분합니다.

호흡 수행법

여러분들은 마음의 양식을 얻고자 오늘 이 자리에 모였습니다. 평온함 속에서 내 이야기에 귀기울이세요.

평온함 속에서 법에 귀 기울인다는 것은 한 곳에 마음을 모음을 의미합니다. 즉 듣는 일에만 주의를 기울이고 다른 모든 것은 놓아 버림을 뜻합니다. 법에 귀 기울이는 동안, 몸과 마음은 삼매 속에 굳건히 자리

잡는 훈련을 하게 됩니다. 왜냐하면 이것도 일종의 법의 수행이기 때문입니다. 붓다 당대의 사람들은 진정으로 법을 알고자 하는 열망으로 열심히 설법을 경청했으며, 그중 일부는 실제로 설법을 듣는 도중에 법을 깨닫기도 했습니다.

이곳은 수행하기에 정말 좋은 장소인 것 같습니다. 이틀 동안 머물면서 보니 외적인 조건인 시설은 손색이 없군요. 정작 문제가 되는 것은 내적인 조건, 즉 여러분들의 몸과 마음입니다. 그래서 여러분 모두에게 주의를 집중해 달라고 당부하는 것입니다.

무엇 때문에 수행하러 이곳까지 왔습니까? 아마도 여러분의 마음이 진정 알아야 할 것을 알지 못하기 때문일 것입니다. 달리 말하면, 무엇이 여러분을 고통 속에 몰아 넣으며 의심을 일으키는지를 모르기 때문입니다. 그러므로 우선 자신을 고요하게 가라앉히십시오. 지금 여러분의 마음은 고요하지도, 절제되어 있지도 않습니다. 오히려 의심과 동요에 휩싸여 있습니다. 바로 이것이 오늘 여러분이 이곳에 모인 이유일 것입니다.

나의 이야기에 주의를 기울여 주길 다시 한번 당부하며, 혹시라도 이곳 태국과 서구의 관습상의 차이로 인해 본의 아니게 여러분을 당혹스럽게 만들 말을 하게 된다면 양해해 주길 바랍니다. 사실은 조금 심한 듯한 말이 수행에는 도리어 도움이 됩니다. 그러지 않으면 법문을 들으면서 자신을 일깨우기보다는 졸거나 지루해지기 십상이기 때문입니다. 그리하여 결국 아무것도 이해하지 못한 채 떠나게 되지요.

수행에는 다양한 방법이 있다고들 하지만, 실제로는 단 하나의 방법이 있을 뿐입니다. 과일 나무를 예로 들자면, 과일을 빨리 수확하기 위해서 속성재배를 하면 과일은 빨리 얻을 수 있으나 나무는 실하지 못합니다.

반면에 정상재배를 하면 과일은 더디게 얻더라도 나무는 실해서 오래 삽니다. 수행도 이와 같습니다.

내가 처음 수행을 시작했을 때는 이 점을 미처 이해하지 못했습니다.

그래서 때때로 좌선수행이 정말 눈물 날 정도로 지루하기만 했습니다. 어떤 때는 목표를 너무 높게 잡고 어떤 때는 너무 낮게 잡아 마음의 균형을 잃어버리곤 했습니다.

오늘 보니 여러분들은 국적이 다양한 것 같군요. 따라서 여러 스승들로부터 다양한 수행법들을 익혔으리라 짐작됩니다. 그럼에도 불구하고 이곳까지 찾아온 걸 보니, 마음이 이런 저런 의심에 시달리고 있음이 틀림없을 듯싶군요. 사실 어떤 스승은 이 방법이 좋다 하고 또 다른 스승은 저 방법이 좋다 합니다. 이처럼 세상에는 수많은 스승들과 가르침들이 있지만, 그 가르침들과 수행법들을 어떻게 조화시켜야 할지를 알 수 있는 사람은 아무도 없을 것입니다. 그 결과 혼란만 증대되고 의심과 불확실성이 팽배해졌을 따름입니다.

그러므로 너무 많이 생각하려 들지 마십시오. 생각을 하려면 각성된 상태에서 (알아차림과 함께) 하십시오. 필요한 것은 '아는 마음'이지 생각이 아닙니다. 알아차림은 지혜로 인도합니다. 그러나 일반적인 생각은 지혜가 아니라 각성되지 못한 마음의 무의미한 헤매임일 뿐입니다. 이것은 필연적으로 마음을 동요하게 만듭니다.

이제 생각은 더 이상 할 필요가 없습니다. 이미 지나치게 많은 생각들을 해 왔고, 그것들은 단지 마음만 뒤흔들어 놓았기 때문입니다. 미약한 지혜라도 일어날 수 있도록 노력해야 합니다. 강박적인 생각들로 인해 여러분은 심지어 눈물짓기까지 했을 것입니다. 그것들을 쫓아내도록 하십시오. 생각의 바다에서 헤매기만 한다면, 결코 진리에 이르지 못할 것입니다. 그것은 지혜가 아닙니다.

붓다는 진정 지혜로우신 분으로, 우리에게 생각을 끊는 방법을 가르쳐 주셨습니다. 오늘 여러분들도 이 자리에서 (붓다의 가르침대로) 생각을 끊고 평화에 이르기 위한 수행을 할 것입니다. 지혜는 '바로 여기에서' 일어납니다.

호흡에 마음챙김으로 지혜를 계발

지금은 마음을 수련하는 시간이지 생각을 하는 시간이 아닙니다. 마음을 왼쪽, 오른쪽, 또는 앞, 뒤, 위, 아래, 어느 곳으로도 보내지 마십시오.

지금 우리가 할 일은 단지 마음을 호흡에만 집중시키는 것입니다. 맨 먼저, 마음을 머리 꼭대기에 고정시키십시오. 그런 다음에 밑으로 쭉 훑어 내려가 끝까지 이르도록 하십시오. 다시 발끝부터 머리 꼭대기까지 거슬러 올라가십시오. 이것은 먼저 몸 자체를 이해하기 위한 기초행법입니다.

이제 명상수행을 시작합니다. 이때부터는 오직 호흡의 들이쉼과 내쉼만 관찰하십시오. 호흡을 길게, 또는 짧게 쉬려고 일부러 애쓰지 말고, 각각의 들숨과 날숨을 그저 자연스럽게 내버려두십시오. 이를 통해 '놓아버림'을 수련하게 되는 것입니다. 그러나 알아차림만은 항상 유지되도록 해야 합니다. 호흡을 위해 어떤 인위적 노력도 할 필요가 없으며, 어떤 제재도 가하지 말고 그저 자연스럽고 수월하게 흘러가도록 하십시오. 의무나 책임 같은 것들은 다 놓아 버리십시오. 때때로 이런 저런 생각들이 수행 중에 일어나면, 그것들에 관심을 보여 힘을 실어 주지 말고 저절로 사라지도록 지켜만 보십시오.

수행 중에 일어나는 심상(心像)들에는 주의를 기울일 필요가 없습니다. 마음에 어떠한 감정이나 느낌이 일어나면 그저 놓아 버리십시오. 그러한 느낌들이 좋든 싫든 간에 관심을 두지 말고 그냥 보내 버린 후, 다시 호흡으로 마음을 돌리십시오. 호흡이 들어옴과 나감을 계속 알아차리십시오. 그러나 어떤 방식으로든 호흡을 조절하려고 해서는 안 됩니다. -집착해서는 안 됩니다. 그저 자연스럽게 호흡을 이어나가십시오.

그러다 보면 이윽고 마음이 고요해질 것입니다. 이렇게 계속해 나가면, 마음은 점차로 모든 것을 내려놓고 쉬게 되고, 호흡도 점점 가벼워져서 나중에는 마치 전혀 숨쉬지 않는 것처럼 희미해집니다. 그리하여 심신이 가뿐해지고 힘이 충만해짐을 느끼게 되며, 종국에는 오직 한곳에 집중된, '아는 마음'만 남게 됩니다. 이때 비로소 마음은 변화되어 고요한 상태에 도달하게 됩니다.

만약 마음에 어떤 동요가 일어나면, 호흡을 깊게 들이쉬고 내쉬십시오. 더 이상 공기가 들어올 자리가 없을 때까지 깊게 들이마신 다음 완전히 토해 내십시오. 이를 두어 번 더 반복한 다음 다시 호흡에 집중하십시오. 마음이 훨씬 고요해질 것입니다. 마음이 심상들로 인해 동요하게 될 때마다 이 과정을 되풀이하십시오.

경행을 할 때도 마찬가지입니다. 걷는 도중에 마음이 흔들리게 되면, 고요히 멈추어 서서 마음을 진정시킨 후 다시 수행대상에 대한 알아 차림으로 돌아옵니다. 그런 다음에 경행을 계속합니다. 좌선이든 경행이든 수행상의 핵심은 같습니다. 단지 수행자세가 다를 뿐이지요.

때때로 회의가 밀려올 수도 있습니다. 그러므로 마음상태가 어떻게 변하든 간에 끊임없이 따라다니며 관찰하는, 그리하여 '아는 자'가 되게 하는 마음챙김[주시, sati, mindfulness]을 지속시켜 나가야 합니다. 이것이 바로 마음챙김을 지니는 것입니다. 마음챙김은 마음을 지켜보는 동시에 돌봅니다. 따라서 마음이 어떤 상태에 도달하든 이 '아는 마음'을 유지시켜야만 하며, 마음이 부주의해지거나 방황하도록 방치해서는 안 됩니다.

마음을 조절하고 관리하는 비결은 마음챙김을 '지니는' 것입니다. 마음이 마음챙김으로 보호되면 새로운 상태의 정화된 마음이 출현합니다. 고요함을 계발해 온 마음은 그 고요함에 의해 발목을 붙잡히게 되는 셈입니다.

마치 닭장 안에서만 돌아다닐 뿐 더 이상 바깥으로 나다닐 수 없는, 닭장 속에 갇힌 닭처럼 말입니다. 그 닭은 이리저리 돌아다녀도 닭장에 갇혀 있기 때문에 문제를 일으키지 않습니다. 마찬가지로 항상 마음챙김을 유지함으로써 고요해진 마음은 결코 문제를 일으키지 않습니다. 고요한 마음에서 일어나는 생각이나 감각들은 결코 장애를 만들지 않습니다.

어떤 이들은 아무런 생각도, 아무런 감정도 갖고 싶지 않다고들 합니다만, 그것은 무리입니다. 고요함 속에서도 감정은 일기 때문입니다. 그러나 그때의 마음은 아무런 장애도 없이 고요함과 감정, 양쪽 모두를 동시에 경험하게 됩니다. 고요함이 있는 곳에는 결코 해로운 일이 일어나지 않습니다.

문제는 닭이 닭장을 벗어났을 때 발생되는 것이지요. 예를 들어, 호흡의 들고남을 지켜보던 수행자가 어느새 본분을 잊고 호흡수련에서 벗어나 집으로 가게로 30분쯤 쏘다닌다고 합시다. 불현듯 그는 명상 중이라는 것을 떠올리고는 마음챙김이 부족했음에 스스로를 호되게 질책하게 됩니다. 바로 이런 경우들이 가장 경계해야 할 부분입니다. 닭이 닭장을 벗어난 격이기 때문입니다. 즉, 마음이 근원적인 고요함에서 벗어나게 되는 것입니다.

따라서 항상 마음이 주시(sati)와 함께 하도록 해야 하며, 마음을 제자리로 잡아당기도록 노력해야 합니다. 마음을 잡아당기라고 했지만, 그렇다고 해서 마음이 어디로 떠나 버리려 한다는 의미는 아닙니다. 단지 마음의 대상이 바뀌었음을 뜻할 뿐입니다. 마음을 '지금 여기'에 머무르도록 해야 합니다. 마음챙김[주시]이 지속되는 한, 마음은 원래의 자리를 지킬 수 있습니다. 마음이 이곳 저곳을 돌아다니는 것처럼 느껴지지만, 실제로 변화가 일어나는 곳은 바로 한 지점(육근이 육경과 만나는 지점)입니다. 그러므로 마음챙김만 회복시킨다면 그대는 전광석화처럼 즉시 원래 마음으로 되돌아올 수 있습니다.

매 순간 분명한 알아차림이 지속될 때, 즉 완전한 앎이 있을 때 이것을 청정한 마음이라고 이르는 것입니다. 항상 마음챙김(sati)과 분명한 알아차림(sampajañña)이 함께 하도록 해야 합니다. 지금 여러분들은 호흡을 분명하게 알아차리고 있습니다. 호흡을 지켜보는 수련은 마음챙김과 분명한 알아차림, 둘 다를 함께 계발시킵니다. 이들은 무거운 짐을 함께 나르는 두 명의 일꾼에 비유될 수 있습니다. 그런데 이들 두 일꾼이 무거운 짐을 들어올리려 끙끙거리고 있을 때, 어떤 선한 이가 도우러 달려와 셋이 힘을 합해 그 짐을 거뜬히 들어올리게 됩니다 – 이와 마찬가지로 마음챙김과 분명한 알아차림이 있는 곳에는 지혜가 일어나게 되며, 그리하여 이 셋이 힘을 합쳐 서로를 돕게 되는 것입니다.

지혜가 있으면 감각대상에 대한 올바른 이해가 뒤따르게 됩니다. 일례로, 명상수행 중에 어떤 감정이 일어나면, 지혜가 즉시 제동을 걸며 일깨워 줍니다 – '그만 둬!', '잊어 버려', '신경 쓸 것 없어!' 또한 어떤 사람이나 내일 해야 할 일들이 떠오를 때도 '아니야! 신경 쓰고 싶지 않아!', '그냥 놓아 버리자!', '모든 것은 불확실해. 절대로 확실한 건 없어!' 하는 식으로 벗어나게 해 줍니다.

이처럼 마음 안의 생각이나 대화 그리고 의심 등을 모두 제거해야만 합니다. 수행 중에 이러한 것들에 사로잡혀서는 안 됩니다. 그리하여 종국에는 마음챙김과 분명한 알아차림 그리고 지혜만이 지고지순한 형태로 마음 안에 자리잡게 됩니다. 만일 이 세 가지 요소들이 약화되면 의심이 일어납니다. 그때는 즉시 의심을 버리고 이 세 가지 요소만 남도록 해야 합니다. 언제나 마음챙김이 유지될 수 있도록 노력하십시오. 그러면 이 세 가지 요소들을 완전히 이해할 수 있게 되며, 동시에 보게 될 것입니다. 따라서 바깥의 감각대상에 이끌릴 때도 '이것 역시 불확실한 기야.' 하고 스스로를 일깨울 수 있게 됩니다. 그러한 감각들은 마음이 깨끗해질 때까지 끊임없이 쓸어 내야 하는 방해꾼일 따름입니다. 남겨 놓아야 할 것은 오로지 마음챙김, 분명한 알아차림, 삼매(흔들리지 않는 확고한 마음) 그리고 지혜뿐입니다. 이에 관해서는 다음 기회에 좀더 자세히 설명하도록 하겠습니다.

수행자의 덕목 - 자비와 계율지키기

이제부터는 명상수행에 도움이 되는 두 가지 덕목에 대해 이야기하려 합니다. 우선 첫 번째 덕목으로는 자비를 꼽을 수 있습니다. 자비란 관대함, 친절함, 그리고 남을 돕고자 하는 마음을 이릅니다. 이것들은 정신적 순도(純度)를 유지하기 위해 기본적으로 요구되는 요소들입니다. 이러한 요소들을 배양하는 방법들 중의 하나로, 베푸는 행위를 통해 이기심을 버리는 훈련을 들 수 있습니다. 마음이 이기적일 때는 행복해질 수가 없습니다. 이기심은 불만스러운 감정을 일으킵니다. 그러나 대다수의 사람들은 그런 악영향을 깨닫지 못하고 지극히 이기적인 경향을 고수하고 있습니다.

일례로, 배가 고플 때 마침 친구와 먹을 것을 나누게 된다면 친구에게 양이 많은 쪽을 내주기가 쉽지 않을 것입니다. 아마도 여러분은 친구에게 적은 쪽을 건넬 것입니다. 바로 이런 경향이(일반적으로 사람들이 간과하기 쉬운) 이기심의 한 형태입니다. 우리는 적은 쪽을 주고 싶어하는 마음을 넘어서야 합니다. 그런 유형의 마음들과 싸워 이기는 훈련을 스스로 쌓아 가야 합니다. 베푸는 법과 비우는 법을 배워서 이기심이 달라붙지 않도록 해야 합니다. 마음이 썩 내키지 않더라도 굳게 마음먹고 '큰 쪽을 내주는' 훈련을 하십시오. 극기하지 못하면 계속해서 이기심의 희생물이 됩니다. 이제까지 우리 모두는 이기적으로 살아왔습니다. 이것은 잘라 내야 하는 번뇌 중의 하나입니다. 빨리어로는 주는 것을 '다나(dāna)'라고 하는데, 남에게 행복을 베푸는 것을 뜻한다고 합니다. '베풂'은 마음을 번뇌로부터 벗어나게 하는 조건들 중의 하나입니다.

베푸는 것을 자칫 스스로를 푸대접하는 것으로 오인하기 쉬우나 실제로는 그렇지 않습니다. 정작 박대를 받는 것은 탐욕과 번뇌입니다. 마음속에 번뇌가 일어나면 치유하기 위해서 어떤 방법이든 강구해야 합니다.

번뇌는 주인 없는 고양이와 같습니다. 계속 먹이를 주면 그 고양이는 주인 곁을 떠나지 않을 것입니다. 그러나 더 이상 먹이를 주지 않으면 이 삼일 후면 떠나 버립니다. 번뇌도 이와 같습니다. 그러므로 번뇌를 두려워할 것이 아니라 번뇌가 그대를 두려워하게 만드십시오. 그러기 위해서는 지금 여기, 그대의 마음속에서 법(法)을 보아야만 합니다.

법은 어디에서 일어납니까? 법은 아는 것과 이해하는 것으로부터 일어납니다. 사람이면 누구나 이 법을 알고 이해할 수 있습니다. 법은 책 속에서 발견되어지는 것이 아니므로, 이것을 알기 위해 그다지 많이 공부할 필요는 없습니다. 단지 지금 여기에서 마음챙김을 하십시오. 그러면 그대는 내 말뜻을 이해하게 될 것입니다. 어느 누구든 법을 볼 수 있습니다. 그것은 바로 우리 마음속에 존재하고 있기 때문입니다. 우리 모두는 예외없이 번뇌를 지니고 있습니다. 그렇지 않습니까? 지난날 우리는 번뇌가 자신을 괴롭히도록 방치하거나 심지어 돌보기까지 했습니다. 그러나 이제부터는 그것들이 자신을 휘두르도록 내버려두지 마십시오.

두 번째 덕목은 도덕적 절제, 즉 계율을 지키는 것입니다. 계율은 부모가 자식을 돌보듯이 수행을 지켜 주고 자양분을 공급해 줍니다. 도덕적 절제란 단순히 남에게 해를 끼치지 않는 것만이 아니라, 남들을 도와주고 격려해 주는 것을 뜻하기도 합니다. 이를 위해서는 적어도 다음의 5가지 계율(五戒)만은 지켜야 합니다.

① 생명 있는 것을 죽이거나 해치지 말 것이며, 나아가 모든 존재에 대해 선의를 지니십시오.
② 남의 것을 훔치지 마십시오.
③ 성관계를 절제할 줄 알아야 합니다. 절제는 진실로 순결한 것입니다. 한 사람의 배우자로 족합니다. 먹는 것도 절제하지 않고 식욕이 끌리는 대로 지나치게 먹으면 문제가 생깁니다.
④ 정직하고 진실해야 합니다. 정직 또한 번뇌를 제거하는 좋은 도구입니다.
⑤ 술처럼 중독성이 있는 것을 취하지 마십시오. 우리는 이미 가족, 친척, 친지들, 물질적 소유물, 부 등에 충분히 중독되어 있습니다. 술에 중독되면 마음이 어두워집니다. 지나치게 많이 마시는 사람들은 서서히 줄여 나가 끊도록 하십시오.

계율을 지키면 타인에게 친절해지고 정직해집니다. 또한 근심과 회한으로부터 벗어나 충만함과 자유에 이르게 됩니다. 따라서 남에게 공격적이고 상처를 주는 언행을 저질러 후회하는 짓을 하지 않게 됩니다. 이처럼 해악한 언행을 삼가함으로써 선함이 일어나도록 하고, 아울러 도덕적 절제를 유지하게 되면 우리의 수행은 계속 향상되어 나갈 것입니다.

수행의 진보를 통해 사물의 있는 그대로의 모습을 알게 되면, 사랑과 미움의 실체를 파악하게 되고 모든 것이 불확실하다는 사실도 터득하게 될 것입니다. 그리하여 마음을 비운다는 의미를 제대로 이해하게 됨으로써 탐욕이 사라지게 됩니다. 탐욕이 사라지게 되면 마음은 더 이상 그 어떤 것에도 매달리거나 집착하지 않습니다. 마침내 그대는 집착으로부터 벗어나 평정을 이룬 마음을 지켜보면서 평온 속에 머물게 될 것입니다.

이것이 수행의 열매인 진정한 평화입니다.

3. 수행에 대한 질문과 대답

수행자들과의 법담(法談)

다음의 질의응답들은 왓 빠 뽕으로 아짠 차 스님을 찾아오는 방문객들(대부분이 태국인과 서구인들인)과 문하의 승려들의 질문에 답한 수행법담들 중에서 발췌해 엮은 것이다.

왓 빠 뽕의 수행가풍은 먼저 올바른 견해[正見]을 확립하고 마음을 챙겨 일상의 일과 상황에 정견을 적용시켜 보는 것이다.

불법의 핵심과 수행상의 문제점, 삶 속에서 부딪치는 의문점들에 대한 스님의 명쾌한 답변들은 이러한 수행가풍을 은연중에 전해 주고 있다. 이 가르침들 속에 심어져 있는 '깨달음의 씨앗'들을 캐내는 일은 독자들의 몫이다.(이책의 원문에는 이하의 질의 응답 부분만 있다. 나머지는 역자가 이해를 돕기 위해 보충했다.)

질의 응답

[문] 처음 수행에 입문하는 이가 갖추어야 할 것은 무엇입니까?

[답] 대부분의 사람들은 신심이나 정견(正見)에 대한 정확한 이해 없이 수행을 시작합니다. 그것은 그럴 수밖에 없습니다. 모든 일의 출발점은 자신이 서 있는 자리이니까요. 중요한 것은 수행에 들어가는 사람이 스스로 자기 마음과 주변 상황을 잘 관찰하여 자신의 본성을

직접 깨우치겠다는 자발적인 자세를 가져야만 한다는 점입니다. 그렇게만 하면 가슴속에 신심과 지혜가 자라나게 될 것입니다.

신심에는 두 유형이 있습니다. 하나는 불(佛)·법(法)·승(僧)에 대한 맹목적인 믿음으로, 우리는 이 믿음에 힘입어 종종 수행을 시작하거나 출가를 하게 됩니다. 다른 하나는 확고하고 흔들림 없는 참다운 믿음으로, 자신의 내면을 알게 되면서 자라납니다. 비록 아직은 극복해야 할 번뇌가 남아 있다 하더라도, 자기 안에서 일어나고 있는 모든 현상들을 수행을 통해 명확하게 보게 됨으로써 불법을 의심하는 마음에 종지부를 찍게 됩니다.

수행을 처음 시작할 때 중요한 것은 올바른 방향 감각을 갖는 일입니다. 어느 길로 갈지 상상만 하거나 이곳 저곳으로 방황만 해서는 안 됩니다. 지도를 들여다 보든가 이전에 가본 사람에게 물어 가는 길에 대한 감을 익혀야 할 것입니다.

붓다께서 최초로 가르치신 해탈에의 길은 감각에의 탐닉도, 고행도 아닌 중도(中道)였습니다. 수행자의 마음은 균형을 잃거나 양극단에 빠지지 않고, 어떠한 경험에 대해서든 열려 있어야 합니다. 이러한 마음이 수행자로 하여금 집착하지 않고 혐오감 없이 사물을 대하게 해 줄 것입니다.

[문] 새로 입문하는 제자들에게서 가장 문제로 여겨지는 점은 어떤 것들입니까?

[답] 그들이 가지고 있는 견해입니다. 모든 사물에 대해, 자기 자신에

대해, 수행에 대해, 부처님의 가르침에 대해 가지고 있는 의견과 생각들입니다.

이곳에 오는 대부분의 사람들은 사회에서 어느 정도의 지위에 있는 분들입니다. 돈 많은 사업가, 대학 졸업자, 교사, 공무원 같은 분들이지요. 그들의 마음은 사물에 대한 견해로 꽉 차 있습니다. 그들은 너무나 똑똑하기 때문에 다른 사람의 말을 들으려고 하지 않습니다. 너무나 똑똑한 분들은 얼마 머물지 못하고 떠나지요. 그래 가지고는 아무것도 배울 수가 없습니다. 사람은 똑똑함을 버려야 합니다. 더러운 물로 가득 찬 컵은 아무데도 쓸모가 없겠지요. 썩은 물이 비워진 다음이라야 그 컵은 쓰일 수 있게 될 것입니다.

그대 마음속에서 모든 견해를 비워 버리십시오. 그러면 보일 것입니다. 우리들의 수행은 똑똑함도 초월하고 어리석음도 초월합니다. 자기 스스로 '나는 머리가 좋아. 나는 돈이 많아. 난 중요한 사람이야. 불교에 대해서 난 모르는 게 없어.' 라고 생각한다면 그대는 아나따(anatta), 즉 무아의 진리를 깔아뭉개고 있는 셈입니다. 그런 사람에게 보이는 것은 모두가 자아(自我)고, 나이며, 나의 것입니다. 그런데 불교는 자아를 버리는 공부 아닙니까. 비어있음, 공(空), 열반을 배우는 것 아닙니까. 행여라도 자신이 다른 사람보다 낫다고 생각한다면, 고통만 당하게 될 것입니다.

[문] 불교는 다른 종교와 크게 다릅니까?
[답] 참다운 종교의 사명은, 사람들이 사물을 있는 그대로 명확하고 정직

하게 보게 함으로써 진정한 행복에 이르게 하는 것으로, 불교도 예외가 아닙니다. 어떠한 종교이든, 어떤 체계나 수행법이든 이 목적을 달성시켜 준다면, 언제든지 불교라 불러도 좋습니다.

예를 들면 기독교의 가장 중요한 기념일은 크리스마스입니다. 작년 크리스마스에는 서구에서 온 승려들이 선물도 나누고 그날 하루를 특별히 기리기로 했지요. 그러자 다른 제자들이 저마다 입을 모아 "불자가 계를 받고 비구가 되고 나서 어떻게 크리스마스를 축하할 수 있습니까? 이날은 기독교의 경축일 아닌가요?" 하더군요.

그날 법문 시간에 나는 세상 사람들이 어째서 근본적으로 다 같은 존재인지를 말해 주었습니다. 사람들은 외모는 각기 달라도 근본적으로 똑같은 몸과 마음을 가지고 있습니다. 인간은 누구나 생·로·병·사를 거치는 같은 과(科)에 속하니까요. 겉으로 나타난 상이성(相異性)은 별것이 아닙니다. 마찬가지로, 어떤 방식으로든 크리스마스가 특별히 남에게 착하고 도움되는 일을 하게 하는 계제가 될 수 있다면 그 명칭이 무엇이든 의미 있고 훌륭한 일이 아니겠습니까.

그래서 나는 마을사람들에게 이렇게 제안했습니다. "오늘은 우리 '크리스붓다마스'라고 부릅시다. 사람들이 올바르게 수행하고 있는 한 그들은 '기독불교'를 수련하고 있는 셈이며, 그 모두가 훌륭합니다." 사람들이 집착하고 있는 온갖 개념에서 벗어나, 실제로 무엇이 일어나고 있는지를 직접 자연스럽게 알 수 있도록 이런 방법을 쓰기도 하는 것입니다. 무엇이 진리인가를 직접 확인하고 선(善)을 행할 수 있도록 영감을 불어넣어 주는 것이라면, 어떤 것이든 '바른 수행'이라 할 수 있습니다. 그 명칭이 무엇이든 무관합니다.

  나도 기독교인을 상대할 때에는 하느님을 이야기합니다. 그들에게 붓다의 가르침에 대해 무언가 설하려 해도 제대로 이해 못할 것이기 때문입니다. 기독교 서적을 읽어 본 적은 한 번도 없지만, 나는 마음속으로 신을 찾습니다. 행여 하느님이 일년에 한 번씩 아이들에게 크리스마스 선물을 안겨 주는 산타 클로스라고 생각하는 이는 없겠지요? 신(하느님)은 곧 법(法)이며 진리입니다. 이것을 깨달은 사람은 모든 것을 알게 됩니다.

  무릇, 진정한 가르침이란 어떻게 고(苦)로부터 자유로워질 수 있으며 어떻게 하면 사랑하는 마음으로 충만해지고 지혜롭고 자비로워질 수 있는가를 깨우쳐 주는 일입니다. 어느 곳에서 어떤 용어로 설하든 이 가르침만이 진정한 법(法)입니다. 그러므로 이 법을 기독교라고 부를 수도 있는 것입니다. 그리하면 보통 서구인들은 이해하기 쉬울 테니까요.

[문] 불법의 진정한 목적은 무엇입니까?
[답] 진정한 불법 탐구에는 오직 하나의 목적만이 있을 수 있습니다.
  그것은 삶의 괴로움[苦]에서 벗어나는 길을 찾아내 자신과 일체 중생이 행복과 평화를 얻을 수 있도록 하는 것입니다. 우리가 괴로움을 겪는 것은 그럴 만한 원인들이 있어서이고 괴로움이 발붙일 곳이 있어서입니다. 이러한 진행과정을 제대로 살펴봅시다.

마음이 고요할 때는 평상심의 상태에 머물지만, 마음이 움직이면 생각[思念]이 일어납니다. 행복이니 고통이니 하는 것들은 이런 마음의 움직임, 곧 일어난 생각의 조각들입니다. 들뜬 마음이나 여기저기 가고 싶은 욕망 등도 또한 마찬가지입니다. 만일 마음의 이같은 움직임을 이해하지 못하면, 일어난 사념들을 좇아가다가 그 제물이 되고 말 것입니다. 그런 까닭에 붓다께서는 우리에게 마음의 움직임을 찬찬히 들여다보라고 가르치셨습니다. 마음의 움직임을 관(觀)해 보면, 마음의 기본적인 특성을 알 수 있습니다. 즉 그것은 끊임없이 변화하고[無常], 만족스럽지 못하고[苦], 실체가 없는[無我] 것입니다. 이와 같은 마음의 현상을 알아차리고 면밀히 관찰해야 합니다. 그렇게 관찰해 나가다 보면 다음과 같은 연기(緣起)의 과정을 알 수 있게 됩니다.

붓다께서는 어리석음[無明]이 모든 세간적 현상과 의지작용[行]의 원인이라고 하셨습니다. 의지작용[行]은 분별·판단하는 식(識)을 일으키고, 다시 식(識)은 마음[名]과 몸[色]을 일으킵니다. 마음과 몸[名色]에는 여섯 문인 육입[六入: 눈, 귀, 코, 입, 몸, 마음]이 있으며, 육입이 대상과 부딪혀, 접촉[觸]이 일어나고, 그 접촉을 통해 대상을 느끼게 되고[受], 좋아하고[愛], 집착하여[取], 존재[有]가 형성되고, 그 존재는 태어나 늙고 병 들어 죽게 됩니다[生死]. 이 과정이 인연에 의해 끊임없이 순환되는 것이 연기입니다. 이 같은 연기의 각 과정을 반야관으로 꿰뚫어 무상·고·무아로 알아차릴 때, 불법의 궁극적 목표인 몸과 마음의 본래 자리 즉 '참나', 열반,

해탈의 구현이 비로소 가능해지는 것입니다.

[문] 법(法)이란 무엇입니까?
[답] 법(연기, 인과, 진리)은 어디에 속해 있는 것이 아닙니다. 법은 주인이 없습니다. 세계가 모습을 드러낼 때 법은 세계 속에서 생동하지만 진리로서 홀로 존재합니다.

 법은 그대의 눈길 닿는 어디에나 존재합니다. 집을 짓든, 걸어가든, 화장실에 앉아 있든 이 모두가 법 그 자체이지요. 법은 언제나 여기에, 변함없이, 무한하게, 법을 찾는 이들을 위해 있습니다. 법은 마치 지하수와 같습니다. 누구든지 샘을 파면 물을 찾아낼 수 있습니다.
 하지만 샘을 파든 안 파든 물은 항상 거기, 지하에서 흐르고 있습니다.

 법을 구함에 있어, 우리는 너무 먼 곳으로 찾아 나서고, 지나쳐 버리고 본질을 간과해 버립니다. 법은 오랜 항해 끝에 망원경을 통해 발견되는, 그러한 것이 아닙니다.

 법은 바로 여기에 있으니, 우리에게 가장 가까이 있고, 우리의 진정한 본질이며, 진정한 자신이니 곧 무아(無我)입니다. 우리가 이러한 본질을 바로 볼 때, 더 이상 아무런 문제도, 아무런 갈등도 없게 됩니다. 선과 악, 즐거움과 고통, 밝음과 어두움, 나와 남, 이 모두가 실체가 없는 비어 있는 현상들일 뿐입니다. 이러한 본질을 알게 되면 나라는 고정관념에서 벗어나 진정으로 자유로워집니다.

 무릇 수행이란 버리기 위한 것이지 얻기 위한 것이 아닙니다.

붓다의 후예, 위빠사나 선사들

그러나 몸과 마음을 포기하기 전에 몸과 마음의 참성질을 알아야만 합니다.

그때에 비로소 집착으로부터 벗어날 수 있습니다. 그 무엇도 내가 아니고 나의 것이 아닙니다. 모든 것은 무상합니다. 열반이 나의 것이라고 할 수 없는 이유는 무엇일까요? 열반을 구현한 이는 '나'라든가 '나의 것'이라는 관념을 가지고 있지 않기 때문입니다. 그러한 생각을 한다면 열반을 구현할 수 없습니다. 그들은 꿀의 단맛을 알되 자신이 꿀의 단맛을 맛보고 있다고 여기지는 않습니다.

즐거운 일이 생기더라도 비어 있는 것으로 보십시오. 괴로운 일이 일어나도 그것은 그대 자신이 아님을 이해하십시오. 모든 것은 소멸하고 마니까요. 모든 현상을 자기 자신인 듯이, 혹은 자기가 그 소유주인 듯이 여기지 않게 되면 마음은 균형[中道]을 얻게 됩니다. 이러한 균형이 바로 붓다의 정법(正法)입니다. 이때 균형을 잡아 주는 받침대가 바로 집착하지 않는 마음입니다.

명료하게 볼 수만 있다면 순간순간의 모든 경험이 다 법인 것입니다. 즐겁거나 괴로운 일 그 모두가 실체가 없는 것이며, 이 세상 어떤 것도 본질적 가치를 갖고 있지 않다는 것을 통찰하고, 단지 보겠다는 마음만 지니게 되면, 그대는 가장 하찮은 사물 속에서도 붓다를 발견할 수 있게 될 것입니다.

[문] 법에 이르는 시름길은 무엇입니까?

[답] 만일 그대가 법을 알고자 한다면 그저 단념하십시오. 그저 놓아

버리십시오. 수행에 관해 생각만 한다면 그림자만 움켜쥐고 정작 실물은 놓치는 격입니다. 생각만으로 연구하는 것은 큰 도움이 되지 않습니다. 오직 법의 원리에 따라 수행해 나가면, 자신의 눈으로 직접 법을 보게 됩니다. 거기엔 그저 말로만 듣는 것 이상의 어떤 것이 있습니다.

반드시 자신과 대화를 나누고 자기 마음을 관찰하십시오. 만약 그대가 이 언어 차원의 알음알이 마음을 끊어 버리면, 진정한 판단 척도를 얻게 될 것입니다. 그렇지 못하면 사물을 보는 이해력이 대상을 깊이 꿰뚫지 못할 것입니다. 어떤 일을 겪든지 그 체험의 본질에 대해 아주 소박한 자세로 마음을 열어 놓는다면 그대는 붓다와 하나가 될 수 있습니다.

이와 같이 수행하십시오. 그러면 나머지는 저절로 따라옵니다.

[문] 법은 신통이 있습니까?
[답] 세상에는 오직 한 가지 진짜 신통이 있으니, 법의 신통력이 바로 그것입니다. 마음을 해탈하게 하고 고를 소멸시키는 가르침이야말로 진정한 의미에서의 신통이라 할 것입니다. 그 외의 신통은 모두 놀음판의 속임수처럼 망상일 뿐입니다. 그러한 거짓 신통들은 우리가 생·로·병·사와 맺고 있는 관계, 그것으로부터의 해탈이라는 인생의 진짜 게임을 이해 못하게 만들고 사람들을 미혹시켜 정신 팔게 할 뿐입니다.

나는 진짜 신통만을 가르칩니다.

[문] 불법을 공부하려면 어디로 가야 합니까?

[답] 그대가 진정으로 법을 구한다면 법이 숲 속이나 산이나 동굴 등과는 아무 상관이 없다는 것을 알게 될 것입니다. 법은 오직 마음속에 있습니다. 법은 그 자체의 언어, 즉 모든 사람에게 한결같은 언어인 체험이라는 언어를 갖고 있습니다. 개념과 직접적인 체험 사이에는 커다란 차이가 있습니다. 만약 그대가 마음속에서 법의 맛을 보게 된다면, 대가족의 일원처럼 다른 사람들과 하나가 될 것입니다.

[문] 붓다란 진정 어떤 존재인가요?

[답] 지혜의 눈으로 볼 때, 붓다는 태어남도 없고, 어떤 몸, 어떤 역사, 어떠한 형상과도 인연 맺을 필요가 없는 시공을 초월한 존재입니다. 붓다는 태어난 적도 없고, 깨달은 적도 없고, 열반에 든 적도 없습니다. 오로지 모든 존재의 근원이며, 흔들림 없는 마음의 본질에 대한 깨달음일 뿐입니다.

오온(五蘊)은 곧 사라지는 것들입니다. 몸에 집착하게 되면 곧 마음에 집착하게 되고 마음에 집착하면 몸에 집착하게 됩니다.

마음을 믿지 말아야 합니다. 계행을 닦고 마음의 고요함[定]을 이루어 감각을 제어하고 마음을 챙겨야 합니다. 그때 모든 것이 무상·고·무아임을 깨달아 행과 불행이 다가와도 그것들을 좇지 않게 될 것입니다.

고요해지도록 하십시오. 그 고요함 속에서 붓다의 참기쁨이 피어 납니다.

붓다의 가르침의 진수는 사물을 진실 그대로, 온전하게, 분명하게 보는 법을 배우는 것입니다. 진실 그대로를 보면 해탈을 얻습니다. 이처럼 시공을 초월한 붓다야말로 우리의 참고향이며 우리가 머물러야 할 곳입니다. 불·법·승에 귀의할 때 비로소 우리는 이 세상 모든 것으로부터 풀려 납니다. 그리하여 삼라만상 모두가 우리의 스승이 되어 인생의 진정한 본질을 드러내 보여 줄 것입니다.

[문] 인생의 진정한 본질이란 무엇인지요? 우린 왜 태어난 것입니까?
[답] 나로서는 답하기 힘든 질문입니다. 그대는 왜 먹는가요? 아마도 더 이상 먹지 않아도 되기 위해 먹을지도 모릅니다. 마찬가지로 그대는 더 이상 태어나지 않아도 되기 위하여 태어났는지도 모릅니다.

사물의 참다운 본성, 그 실체 없음에 관해 언급한다는 것은 쉬운 일이 아닙니다. 이 가르침을 들은 이들은 그 뜻을 이해하는 방법도 계발해 내야 합니다. 그 방법이 바로 위빠싸나(vipassanā)수행 입니다. 위빠싸나수행을 통해 우리는 삶의 진정한 해답을 찾을 수 있으며, 고(苦)에서 벗어나 참다운 평화를 누리게 될 것입니다.

[문] 영원한 해탈로 가는 길은 어떤 것입니까?

[답] 수행 과정에서 우리는 모든 경험을 '나 자신'이거나 '나의 것'으로 이해하고 받아들이는 버릇이 있습니다. '나는 평온하다, 나는 흔들리고 있다, 나는 착하다, 나는 악하다, 나는 행복하다, 나는 불행하다.'하는 식으로 계속 자신에게만 매달린다면, 태어남[生]과 존재함[有]만 더욱 양산하게 될 뿐입니다. 행복이 다하면 괴로움이 오고 괴로움이 다하면 행복이 다시 나타나고…, 이렇게 천당과 지옥 사이를 끊임없이 왔다갔다할 것입니다.

붓다께서는 일찍이 마음의 조건이 이와 같음을 보셨습니다. 태어남과 존재함 때문에 해탈이 성취되지 않음을 간파하신 것입니다. 그리하여 삶의 순환 과정인 12연기의 12가지 요소들을 가려 내 그 진면목을 관찰하셨습니다. 집착이 있으므로 태어남과 죽음이 있게 됩니다. 태어남은 기쁘고 죽음은 슬픕니다. 죽어야 태어나고 태어나므로 죽게 됩니다. 한 순간에서 다음 순간으로, 태어남과 죽음은 수레바퀴처럼 끝없이 돌고 돕니다(12연기). 붓다께서는 마음이 일으키는 것은 무엇이든 모두 무상(無常)하며, 조건 지어지고 실체가 없는[無我] 것임을 보셨습니다. 그리하여 모든 것을 놓아 버림으로써 고(苦)를 멸하는 법을 알아내셨습니다.

그대들도 이같은 삶의 실체를 있는 그대로 꿰뚫어 보아야 합니다. 사물을 있는 그대로의 모습대로 보게 되면, "마음은 아무것도 가진 것이 없고, 일어날 것도 없고 태어남도 사라짐도 없다."고 하신 부처님의 가르침대로, 마음을 이루고 있는 모든 요소들이 기실 하나의 속임수임을 알게 될 것입니다. 본래 마음은 무엇에도 얽매이지 않는, 더없이 자유롭고 청정하며 광대무변한 것입니다.

[문] 마음이 본래 청정하다는 것은 수행을 할 필요가 없다는 뜻인가요?
[답] 그런 의미가 아닙니다. 청정함에 조차도 집착해서는 안 됩니다.
  우리는 모든 이중적 개념, 즉 선과 악, 청정과 부정을 넘어서야만 합니다. 자아와 무아, 태어남과 죽음도 초월해야 합니다. 다시 태어나게 될 자아를 본다는 것은 고통스러운 일입니다. 진정한 청정은 경계가 없고 손 닿을 수 없는 것으로, 모든 상대적, 창조적 개념 너머에 있습니다.
  우리는 오로지 불·법·승 삼보에 귀의할 뿐입니다. 이는 이 세상에 출현하는 모든 붓다들이 남기는 유산입니다.

[문] 업(業, karma)이란 무엇입니까?
[답] 업은 행위이자 집착입니다.
  어떤 것에 집착하게 되면 우리의 몸[身]과 말[口]과 마음[意]은 모두 업을 짓게 됩니다. 그 업은 장차 우리를 괴로움에 빠져 들게 만듭니다. 그것이 바로 집착의 열매이고 과거에 일으킨 번뇌의 열매입니다. 우리가 어렸을 때 잘못을 저질러 부모님이 화를 내며 꾸짖으면, 당장은 화가 치밀어도 얼마 후에는 잘못을 깨닫게 되듯이, 업도 그와 같습니다. 모든 것은 원인에 의하여 조건 지어집니다. 몸뿐 아니라 말과 생각도 미래의 어떤 결과들에 대해 조건을 만든다는 사실을 잊지 마십시오.

그렇다고 해서 과거, 현재, 미래의 일들을 헤아리느라 온 신경을 쓸 필요는 없습니다. 오로지 지금 이 순간, 몸과 마음을 관찰하는 데 전력을 기울이기만 하면 됩니다. 자신의 마음을 지켜보면 자신의 업을 가늠할 수 있기 때문입니다. 수행을 하면 분명히 보일 것입니다. 오랜 수행 끝에 자연히 알게 됩니다. 다만 타인의 업은 그 자신의 몫으로 맡기십시오. 어떤 것에도 집착하지 말고 남에게 신경 쓰지 마십시오. 자신이 독을 지니고 있으면 괴로움을 당할 사람은 바로 자신입니다. 그대가 그것을 나와 함께 나누어 가질 필요는 없습니다. 스승이 그대에게 베풀어 주는 이로움을 거두십시오. 그러면 그대의 마음도 스승의 마음처럼 평온해질 것입니다.

[문] 선행을 많이 쌓아야 하지 않습니까?
[답] 참다운 수행으로써 선(善)을 계발하고 악(惡)을 제거함은 훌륭한 일입니다. 하지만 거기에는 한계가 있습니다. 궁극적으로 우리는 선과 악 모두를 넘어서야만 합니다. 그리하면 마침내 일체를 포용하는 자유를 얻게 되고, 자비와 지혜가 저절로 흘러 나오는 무욕의 경지에 도달하게 될 것입니다.

[문] 무아(無我)란 무엇입니까?
[답] 죽음을 바로 알지 못하면 인생은 참으로 갈피를 잡기 어려워집니다. 우리 몸이 진정 우리 자신의 것이라면 몸은 우리의 명령에 복종해야만 할 것입니다. 그러나 몸에게 "늙지 말라.", "아프면 안 된다."

고 한다 해서 우리 뜻에 따라 주던가요? 아닙니다. 거들 떠보지도 않습니다. 이 집은 우리가 빌려 쓰고 있을 뿐 우리의 소유가 아닙니다. 만일 이 집이 우리 것이라고 믿었다가는 우리가 집을 떠날 수밖에 없게 될 때 괴로움을 겪게 될 것입니다.

실제로 영구불변의 자아나 우리가 영원히 의지할 수 있는 견고하고 변함없는 어떤 실체 같은 것은 결코 존재하지 않습니다. 붓다께서는 궁극의 진리와 관습적 진리를 구분해 보셨습니다. 자아란 관념은 단지 하나의 개념, 하나의 관습에 지나지 않습니다. 미국인, 태국인, 스승, 제자 등 모든 것이 관습[개념]입니다.

궁극적으로는 아무것도 존재하지 않습니다. 다만 지(地), 수(水), 화(火), 풍(風)이라는 요소들이 임시로 모인 것에 지나지 않습니다. 우리들은 몸을 사람, 혹은 나 자신이라고 여기지만 궁극적으로 나란 없으며 단지 무아일 따름입니다.

이 무아를 바로 알기 위해 수행을 해야만 합니다. 만약 수행은 않고 지적 사유에만 기댄다면, 그대의 머리는 터져 버리고 말 것입니다. 일단 가슴으로 무아를 바로 보게 되면, 삶의 부담이 덜어지게 됩니다. 따라서 그대의 가정생활, 하는 일, 모든 것들이 훨씬 수월해질 것입니다. 그대가 자아를 초월하면 이제 행복에 집착하지 않게 됩니다. 행복에 집착하지 않게 될 때 그대는 비로소 진정 행복해지기 시작합니다.

[문] 그렇다면 참다운 사랑도 버려야 합니까?

[답] 참다운 사랑이란 무엇입니까? 그것은 다름아닌 지혜로움입니다.
　대부분의 사람들이 사랑이라고 믿는 것은, 단지 무상하기 짝이 없는 느낌일 뿐입니다. 맛있는 것을 매일같이 먹으면 곧 싫증을 느끼게 되듯이, 그러한 사랑 역시 결국엔 증오와 슬픔으로 변질될 따름입니다. 세속적인 행복에는 집착이 깔려 있어 항상 고통에 묶이게 됩니다. 마치 도둑의 뒤에는 경찰이 따라오듯이.
　그런데도 우리는 그러한 느낌이 일어남을 억누를 수도 없거니와 막을 수도 없습니다. 그러나 그러한 느낌들에 집착하고 자기 자신과 동일시할 것이 아니라 그 참모습이 어떤 것인지를 제대로 알아야 합니다. 그때에 법(法)이 드러납니다.
　사람은 사랑을 하게 마련입니다. 그러나 사랑하는 사람은 결국 떠나가거나 죽게 됩니다. 변해 버린 것을 한탄하고 그리워하며 집착하는 것은 고통이지 사랑이 아닙니다. 우리가 이같은 진리를 깊이 깨달아 더 이상 요구하거나 바라지 않게 될 때, 욕망을 넘어선 지혜와 참다운 사랑이 이 세상을 가득 채우게 됩니다.

[문] 고(苦)는 무엇이며 어디에서 옵니까?

[답] 고(苦)에는 두 가지가 있습니다.
　고를 더 증가시키는 고와, 고를 사라지게 하는 고가 그것입니다. 만약 고를 멸해 줄 고를 스스로 직시하려 들지 않는다면 그대는 계속 고를 겪게 될 것이 틀림없습니다.
[아짠 차 스님은 사원 안 마당에서 제자스님들을 만나면 종종 "오늘 고(苦)가 많은가?"라고 묻곤 했다. 만일 "그렇습니다."라고 대답

하면 "그래, 자네가 오늘은 집착이 많은 게로군." 하고 함께 웃었다.]

설탕은 왜 달고 물은 왜 아무 맛도 없을까요? 단지 원래의 성질이 그럴 뿐입니다. 망상과 고요함, 고통과 즐거움도 마찬가지입니다. 생각이 멈추어지기를 바라는 것은 잘못입니다. 어떤 때는 망상이 일고 어떤 때는 고요합니다. 양쪽 모두 본래 무상하고 고통스러운 것이며 영원한 행복의 요인이 못됨을 알아야만 합니다.

고를 관찰하고 고의 원인들을 제거해야 합니다. 만약 이를 보지 못한다면 결코 지혜가 생겨날 수 없을 것입니다. 어림짐작으로 봐서는 안 되고 사물을 있는 그대로 여실히 보아야 합니다. 느낌은 단지 느낌일 뿐이고, 생각은 생각일 뿐입니다. 만일 행복이 실상이라면 변하지 말아야 할 것 아닙니까? 이 점을 통찰하여 무엇이 참[眞]이고 실상인지를 알아내야 합니다. 이렇게 공부하고 수행해야 올바른 이해[正見]를 얻게 됩니다.

[문] 평상심이란 무엇입니까?

[답] 정신과 마음이 모든 것에서 홀가분하게 떨어져 나오면 그 마음은 평상심(平常心)에 머물게 됩니다. 마음이 평상심을 벗어나 흔들리게 되면 올바른 수행의 길을 벗어나, 쾌락에의 탐닉이나 증오라는 어느 한쪽 극단으로 넘어가 더 많은 망상과 생각의 틀을 짓게 됩니다. 선이든 악이든 하나같이 마음속에서 일어나는 것들입니다. 우리가 추구하는 것은 쾌락이 넘치는 삶이 아니라 마음속의 평화

입니다. 평화는 우리 내면 속에 있으며, 산란함과 고통이 있는 바로 그 자리에서 발견하게 되어 있습니다. 평화는 숲 속이나 산꼭대기에서 찾아낼 수 있는 것도 아니고, 스승이 줄 수 있는 것도 아닙니다. 그대가 고통을 경험하는 바로 그 자리에서 그 고통에서 벗어날 수 있는 자유도 찾아낼 수 있습니다. 고통을 피해 도망가려는 행동은 실제로는 고통을 향해 달려가는 것입니다. 고통을 관하고, 고통의 원인을 보십시오.

　결과로 나타나는 과보를 상대하지 말고 고통을 가져오게 만든 원인을 당장 끝내 버리십시오.

[문] 수행은 왜 하십니까? 그 결과가 무엇입니까?

[답] 여러분들은 왜 밥을 먹습니까? 어떻게 먹습니까? 잘 먹고 나면 기분이 어떻습니까?

　(그리고 나서 스님은 웃었다. 나중에 스님은 우리가 모든 것을 알고 있다는 것, 스승의 가르침은 제자들을 내적인 지혜 쪽으로, 그들 자신의 자연스런 법으로 돌아가게 하는 것이어야 한다고 설명했다.)

[문] 스님은 어떻게 수행하십니까?

[답] 나는 이론에 의지해서 수행하지 않습니다. 다만 '알고 있는 마음', 그것만을 들여다봅니다. 만일 누군가를 사랑하고 있음을 알게 되면, 곧 '왜'냐고 물으십시오. 일어나는 모든 것의 근원을 면밀히 조사해

들어가 보면 집착과 증오의 문제를 풀 수 있고 그것들로부터 풀려날 수 있습니다. 모든 것은 아는 마음으로 귀착되고 그곳으로부터 일어납니다. 가장 중요한 것은 반복적인 꾸준한 수행입니다.

[문] 스님의 연세는 얼마나 되셨습니까?
[답] 나는 아무 데도 살고 있지 않습니다. 그대가 나를 찾아낼 수 있는 곳은 없을 것입니다. 내게는 나이도 없습니다. 나이가 있으려면 존재해야만 하고 존재한다고 생각하는 것이 이미 문제를 만드는 것입니다. 문젯거리를 만들지 마십시오.
　더 이상 할 말이 없군요.

[문] 요즘은 스승이 너무 많고 명상체계도 가지각색이어서 혼란스럽기 짝이 없습니다.
[답] 그런 문제는 도시 외곽에서 시내로 들어가는 방법에 비유할 수 있을 것입니다.
　시내로 들어가려면 북쪽이든 남쪽이든, 어떤 방향에서도 갈 수 있지요. 그러한 여러 방법들은 그저 외형상으로만 각기 달라 보일 뿐입니다. 이쪽 길로 가든 저쪽 길로 가든, 빨리 가든 늦게 가든 그대의 마음이 깨어만 있다면 어떤 방법이든 상관 없습니다.
　모든 훌륭한 수행법이 궁극적으로 만나게 되는 귀착지가 있습니다. 바로 집착하지 않는 것입니다. 종국에는 그 수행법마저도 다 놓아 버려야 합니다. 마찬가지로, 스승에 대해서도 집착해서는 안 됩니다. 어떤 수행법이든 놓아버림, 곧 무집착으로 통하기만 한다면 올바른 수행법입니다. 가지각색 명상법을 다 안다고 해서 진리에 이르는 것은 아닙니다. 결국은 싫증만 느끼게 될 뿐입니다. 밖으로 찾아 나서는 것은 아무 소용도 없습니다. 결국엔 되돌아와 자신의 본래 면목을 직시해야만 할 테니까요. 그대가 서 있는 그 자리가 바로 법을 알게 되는 자리입니다.

[문] 혜능 선사의 《육조단경》을 보신 적이 있습니까?
[답] 혜능의 지혜는 대단히 날카롭습니다. 초보자들은 이해하기 어려운 대단히 심오한 가르침입니다. 그러나 그대가 우리 계율에 따라 집착함이 없이 인내하며 수행해 나간다면 언젠가는 그 가르침을 이해하게 될 것입니다.

  나의 제자 한 사람이 풀로 지붕을 이은 오두막집에 살았었습니다. 우기가 되어 비가 자주 내리던 어느 날, 강풍이 불어 지붕이 반쯤 벗겨져 버렸지요. 하지만 그는 지붕을 수선할 생각도 않고 비가 새도록 그냥 내버려두었습니다. 며칠 후 그에게 집이 어떻게 되었느냐고 물었더니, 무(無)집착을 수련하고 있다고 대답하더군요. 그러나 정작 그것은 지혜가 수반되지 않은 무집착입니다. 물소의 무심(無心)과 같은 것이지요.

  만일 그대가 실답게 수련하고 소박하게 살면서, 모든 이기심을 버리고 인내하며 수행해 나간다면 혜능의 지혜 또한 이해하게 될 것입니다.

[문] 우리 속인들이 당면한 문제는 어떻게 풀어야 합니까?
[답] 만일 진흙을 한 웅큼 손에 쥐어 꽉 짜면, 흙물이 손가락 사이로 줄줄 흘러 나올 것입니다. 마찬가지로 압박감이나 스트레스 속에 살아가는 사람들은 탈출구를 찾게 됩니다. 사람들은 나에게 오늘날의 세계가 당면하고 있는 문제들, 가령 지구의 종말 같은 것에 관해 묻습니다. 그러면 나는 되묻곤 합니다.

세간적이란 말은 무슨 뜻인가요? 세상이란 무엇인가요? 모르겠다고요? 바로 그 모른다는 것, 바로 그와 같은 깜깜함[無明]이 세간적인 것이고 그런 무명으로 가득 찬 곳이 이 세상인 것입니다.

여섯 감각기관[六根]에 얽매어져 있는 우리의 지식은 아무리 향상되어도 무명(無明)의 영역을 벗어날 수 없습니다. 무지가 지배하고 있는 이 세간의 문제들을 풀어 나가려면 본질을 정확히 알아, 세속의 어둠 저 위에서 비추고 있는 더 높은 차원의 지혜를 깨달아야 합니다.

오늘날의 물질문명은 탐(貪)·진(嗔)·치(痴)에 휩쓸려 방향감각을 상실한 채 추락 직전에 처해 있습니다. 그러나 붓다의 가르침은 결코 변하거나 퇴색하는 법이 없습니다. 붓다의 가르침은 자비와 법, 진리 자체를 안내자로 삼기 때문입니다.

[문] 세간의 지식은 수행에 방해가 됩니까?
[답] 많은 사람들이 대학에서 공부를 마치고 학위를 얻어 출세까지 하고도

여전히 그 삶 속에 무언가가 빠져 있다는 결핍감을 느끼곤 합니다. 그들은 생각하는 수준이 높고 지적으로 세련되었을지는 몰라도, 그 마음은 여전히 편협하고 의심으로 가득 차 있습니다. 제법 하늘 높이 날 수 있는 독수리이긴 하지만, 과연 제대로 된 먹이를 구할 수 있을는지요?

이같은 세간적 지식(조건 지어져 있고, 상대적이고, 일정한 한계를 넘지 못하는)의 범주를 뛰어넘는 바른 견해가 바로 법[佛法]입니다. 물론 세간의 지식도 훌륭한 목적에 사용될 수 있지만, 그러한 지식의 발달은 종교나 도덕의 가치를 퇴화시키는 원인이 될 수도 있습니다. 중요한 것은 세간의 지식에 집착하지 않으면서, 동시에 그것을 활용할 줄 아는 초(超)세간적 지혜를 계발하는 일입니다.

[문] 수행의 일부로서 경전을 많이 읽고 연구하는 것은 권할 만한 일인지요?

[답] 책 속에 붓다의 법이 들어 있는 것은 아닙니다. 그대가 진정 붓다의 가르침을 깨우치고 싶다면, 그대 자신의 마음을 지켜보십시오. 느낌이나 생각들이 어떻게 일어나고 사라지는지를 관찰하십시오. 어떤 것에도 집착하지 말고 감각에 와 닿는 것은 무엇이나 마음을 챙기며 대하십시오. 그것이 붓다의 진리에 이르는 길입니다.

평상심을 지니십시오. 그대가 세상을 살아가면서 하는 일이 모두 수행의 기회입니다. 모두가 다 법입니다. 사소한 일과를 할 때에도 마음을 챙기십시오.

수행할 시간이 충분치 못하다고 불평하는 사람들이 있습니다. 그러면 숨쉴 시간은 충분하답니까? 명상수행이란 다른 어떤 것이 아니라, 무엇을 하더라도 평상심을 지니고 마음을 챙기는 일입니다.

[문] 재가수행자들은 팔정도(八正道)를 어떻게 닦아야 합니까?
[답] 재가자의 팔정도 수행에 대해 묻는 경우가 많습니다. 재가자의 일상 생활은 어려우면서도 쉽습니다. 다시 말하면 실행하기는 어렵고 이해하기는 쉽다는 뜻입니다. 그런 질문은 마치 뜨거운 숯덩이를 움켜쥐고서 뜨겁다고 하소연하는 것과 다름없습니다. 나는 그대에게 그 숯을 버리라고 말할 수밖에 없습니다. 그러나 그대는 "버릴 수는 없어요. 금방 식을 겁니다."라며 버틸 것입니다. 그대는 그것을 놓아 버리든가 아니면 대단한 인내심으로 견디는 수밖에 없습니다.
 마음은 물론 길들이기가 쉽지 않은 물건입니다. 말[馬]을 길들일 때 저항이 너무 세면 얼마 동안 먹이를 주지 마십시오. 그러면 저절로 다가올 것입니다. 시키는 대로 말을 듣게 되면 먹이를 조금 주십시오. 우리 삶의 아름다움은 마음이 길들여질 수 있다는 데 있습니다. 우리는 올바른 노력[正精進]으로 지혜로워질 수 있습니다. 재가 수행자로 살아가면서 법(法)을 수행하려면 속세 속에서 살되 그 너머에 머물러야 합니다. 오계(五戒)를 위시하여 계를 지키는 것은 대단히 중요하며 모든 선행의 근본입니다. 계행은 마음에서 악을 씻어 내고 재앙과 근심의 원인을 제거해 줍니다. 마음을 다부지게 다스려 계(戒)를 잘 지키고, 기회가 되는 대로 정규적인 명상수행을

하십시오.

 수행이 잘될 때도 있고 그렇지 못할 때도 있을 것입니다. 걱정하지 말고 계속 꾸준히 하십시오. 의혹이 일어나면 마음속에 일어나는 다른 생각들과 마찬가지로 그런 의심 또한 무상(無常)한 것임을 깨달으십시오. 계속 수행해 나가면 선정이 일어날 것입니다. 선정을 이용하여 지혜를 계발하십시오. 감각이 대상과 마주침으로 해서 일어나는 좋아함이나 싫어함을 잘 알아차리고 거기에 집착하지 마십시오. 수행의 결과나 빠른 향상에 대해 조급하게 생각하지 마십시오. 어린애도 처음에는 기어 다니다 걷는 법을 배우고, 뒤이어 뛰는 법을 배웁니다. 계행을 철저히 준수하고 끊임없이 수행만 하십시오.

[문] 마음챙김(주시, mindfulness)에 대해 간략히 설명해 주시겠습니까?
[답] 마음챙김이란 위빠싸나수행의 대상인 사념처(身·受·心·法)의 염(念)을 뜻하며 빨리어로는 삿띠(sati)라고 합니다. 즉, 지금 여기에 있는 것을 이해하고 주시하고 알아차리는 것을 이릅니다. 분명한 이해란 어떤 일을 현재 진행되고 있는 흐름 속에서 파악하는 것입니다. 마음챙김(sati, 念)과 분명한 이해(sampajañña, 明智)가 함께 작용할 때 그들의 동반자인 지혜가 항상 일어나 어떠한 일도 성취할 수 있도록 도와줍니다.
 모든 명상기법들은 마음챙김을 키우는 데 도움이 될 때 그 값어치가 있는 법입니다. 감추어진 진리를 찾아내고자 할 때 마음챙김 수행은

중요한 역할을 합니다.

 마음을 챙김으로써 우리는 마음속에서 일어나는 모든 욕망들, 좋아함과 싫어함, 즐거움과 괴로움을 지켜보게 됩니다. 그리하여 그러한 것들이 항상 변하고, 고통스럽고, 개아가 없는 것임을 깨달아 놓아 버립니다. 그렇게 되면 무지 대신 지혜가, 의심 대신 깨달음이 자리잡게 됩니다.

 마음챙김 수행을 위해 하나의 대상을 택할 때는 자신의 특성에 맞는 것을 선택해야만 합니다. 어떤 대상을 마음챙김의 염처(念處)로 정하든, 그 수행은 마음에 지혜를 가져다 줄 것입니다.

 마음을 관찰하십시오. 어떤 경험이 일어나고 사라지는지 그 과정을 주시하십시오. 처음에는 움직임이 끝없이 이어집니다 - 하나의 현상이 일어나는 즉시 다른 현상이 일어날 것입니다. 사라지는 현상보다 일어나는 현상이 더 많아 보일 것입니다. 시간이 경과함에 따라 현상들이 어떻게 그처럼 빠른 속도로 일어나는가를 이해하게 되면서 더욱 분명하게 알아차리게 되고, 마침내 그것들이 일어났다 사라져 다시는 일어나지 않게 되는 시점에 다다르게 될 것입니다.

 마음챙김을 통해 우리는 사물의 참주인을 알 수 있게 됩니다. 이 세상이 그대의 것이고, 몸도 그대의 몸이라고 생각하는지요? 이 세상은 이 세상의 것이고 몸은 몸의 것입니다. 만약 그대가 몸을 보고 늙지 말라고 하면 몸이 그 말을 듣던가요? 그대의 위(胃)가 탈을 일으킬 때 그대 허락을 받고 그렇게 하던가요?

우리는 단지 몸이라는 집을 빌려 쓰고 있을 따름입니다. 누가 정말 그 진정한 주인인지를 왜 찾아보려 하지 않습니까?

[문] 위빠싸나 수행법을 알기 쉽게 설명해 주십시오.

[답] 허리를 곧게 세우고 앉아 주의를 집중하고 수행을 시작하십시오.
  방이나 마루에서, 혹은 걸상에 앉아서도 할 수 있습니다. 처음부터 무리하게 집중할 필요는 없습니다. 다만 들숨·날숨에 마음을 모으십시오. 혹시 도움이 된다면 호흡의 출입을 관찰하는 동안 '붓도[Buddho: 佛, Buddha의 주격]', '담모[Dhammo: 法, Dhamma의 주격]', '상고[Sangho: 僧, Shangha의 주격]'를 반복해 외워도 좋습니다.
  이처럼 숨이 들어오고 나감을 알아차림에 있어, 억지와 무리가 있어서는 안 됩니다. 호흡을 억제하려 들어도 안 됩니다. 호흡이 너무 짧거나 길게, 너무 부드럽거나 거칠게 느껴질지도 모릅니다. 호흡이 제대로 들락거리지 않는 듯한 느낌이나 편안하지 못한 느낌이 들 때도 있을 것입니다.
  부디 그대로 놓아두십시오. 저절로 자리잡게 두십시오. 언젠가는 호흡이 자유롭게 들어오고 나가게 됩니다. 그대가 알아차리고 있는 가운데 들숨·날숨이 잘 자리잡게 되면 제대로 된 것입니다. 간혹 마음이 산만해질 때면 어떤 식으로 되기를 바라는 마음이 일어날 것입니다. 그러나 억제하지 말고 안달하지 마십시오. 단지 호흡에 주목하면서 그대로 두십시오. 계속 그렇게 하십시오. 그러면 삼매가 저절로 이루어질 것입니다.

그런 식으로 수행을 계속해 나가면 종종 호흡이 멈출 때도 있습니다. 그럴 경우에도 역시 두려워하지 마십시오. 단지 호흡을 주시하는 수행자의 의식이 멈추었을 따름이니까요. 호흡을 느끼지 못하는 동안에도 오온의 미세한 요소들은 끊임없이 흐르고 있음을 아십시오.

때가 되면, 전과 다름없이 호흡이 되돌아 올 것입니다. 이와 같이 자신의 마음을 평온하게 할 수 있는 단계에 이르면, 의자에 앉아서든 차 안이나 보오트 속에서든, 수행자는 어디에서든지 집중을 이루고 즉시 평온 상태에 들어갈 수 있습니다. 처한 곳이 어디든지 좌선수행이 가능해지는 것입니다. 이 수준에 다다른 수행자는 팔정도 (八正道)에 대해 어느 만큼 알게 된 셈입니다.

그러나 수행자는 감각의 대상들도 계속 관찰하지 않으면 안 됩니다. 고요해진 그대의 마음을 보이는 것, 소리, 냄새, 맛, 감촉, 생각, 마음의 대상, 마음의 요소들 쪽으로 돌려 보십시오. 일어나는 것은 무엇이든 면밀히 살펴보십시오.

좋아하든 싫어하든, 즐겁든 괴롭든 간에 무엇이든 알아차리고 그 쪽에 휩쓸려 들지 마십시오. 좋아함이나 싫어함 등은 겉으로 드러난 현상세계에 대한 반응일 따름입니다. 수행자는 더 깊은 세계를 봐야만 합니다. 그렇게 되면 그 어떤 것이라도 (처음에 좋게 보였든 나쁘게 보였든 간에) 단지 무상하고 고통스럽고 실체가 없는 것에 불과함을 알게 될 것입니다.

이 세 가지 특성에 준해 일어나는 모든 것들을 통찰해 보십시오.

붓다의 후예, 위빠사나 선사들

이것이 바로 위빠싸나 수행법이니 이를 통해 모든 번뇌가 다스려질 것입니다. 그리하여 머지 않아 무상·고·무아를 꿰뚫어 보는 지혜와 통찰력이 생기게 됩니다. 이것이야말로 진정한 지혜의 시작이며 해탈로 이어지는 명상수행의 핵심인 것입니다.

수행이 진행되는 대로 따르십시오. 그 과정을 잘 지켜보십시오. 끊임없이 전력을 다해 정진하십시오. 진리를 터득하십시오. 체념하는 법, 버리는 법, 평온해지는 법을 배우십시오.

[문] '관찰하는 자'는 누구입니까?

[답] 마음은 그저 마음일 뿐인데 마음을 관찰하는 자라니 이해가 안 된다는 건가요? 마음이 그 무엇이라면 마음을 관찰하는 자인 '아는 마음'은 또 다른 무엇입니다. 마음은 사고하는 과정(thinking process)이자 동시에 아는 마음(knowing)이기도 합니다. 마음을 알도록 하십시오 – 마음이 감각의 대상을 만날 때, 그리고 그 대상에서 떠날 때 어떠한지를 제대로 알아야 합니다.

이와 같이 '아는 마음'이 마음을 관찰할 때 지혜가 솟아납니다. 마음은 대상을 만나게 되면 마치 벼를 본 물소처럼 그 대상에 휩쓸립니다. 마음이 어디를 가든 그 마음을 지켜봐야만 합니다. 소(마음)가 벼논(감각대상) 가까이 가거든 고함을 지르십시오. 만일 말을 듣지 않으면, 작대기로 후려갈기세요.

마음은 감각대상과의 촉(觸)을 경험하면 그것을 휘어잡습니다. 마음이 그처럼 대상을 휘어잡을 때는 '아는 마음'이 그를 깨우쳐

줘야 합니다. 무엇이 바른 것이고 그릇된 것인지를 알게 하고 인과(因果)의 작용을 일깨워 주어, 마음이 어떤 것에 집착하든 반드시 바람직하지 못한 결과를 가져온다는 사실을 이해시켜야 합니다. 즉, 마음이란 놈이 이치를 알게 될 때까지, 그리하여 마침내 움켜쥔 것을 놓아버릴 때까지 가르치지 않으면 안 됩니다.

이와 같이 하면 수행은 점점 주효해지고 마음은 평온해질 것입니다.

[문] 감각기관에 대한 관찰은 어떻게 합니까?

[답] 수행을 해 나갈수록 수행자는 안(眼), 이(耳), 비(鼻), 설(舌), 신(身), 의(意)의 감각기관을 통해 지각되는 모든 것을 자세히 관찰하려는 자세를 지녀야 합니다. 이를테면 소리[聲]와 같은 한 가지 지각대상을 대상으로 삼아 수행하여 봅시다. 잘 들어 보십시오. 귀에 들리는 것과 소리는 별개의 것입니다. 우리는 단지 그렇다는 사실을 알고 있을 뿐이고, 실재하는 것은 그게 전부입니다. 그 밖에는 아무도, 아무것도 존재하지 않습니다. 세밀하게 주의를 집중시키는 법을 배우십시오. 이와 같이 자연현상에 의지하여 관함으로써 진리를 찾아내십시오. 그대는 사물들이 어떻게 각기 따로따로인지를 알게 될 것입니다. 마음이 집착하지 않고, 속세 일에 정신 팔리지 않고, 뭔가에 사로잡히지 않을 때, 비로소 모든 것이 명백해집니다. 귀가 소리를 듣고 있거든, 그대는 마음을 지켜보십시오. 마음이 소리에 끌린 나머지 소리와 결부시켜 또 다른 엉뚱한 이야기를 만들어 내고 있지는 않습니까? 산란해지지는 않습니까? 그대는 상황을

파악할 수 있고, 그 상태에 머물 수 있고, 알아차릴 수 있는 존재입니다.

 종종 소리로부터 달아나고 싶을 때가 있을 것입니다. 그러나 그같은 도피는 대상으로부터 벗어나는 방법이 못 됩니다. 수행자는 알아차림을 통해 벗어나지 않으면 안 됩니다. 법(法)이 우리 마음에 들 때가 있고 그렇지 않을 때도 있지만, 문제는 법에 있는 것이 아닙니다. 수행을 시작하자마자 곧바로 평온을 얻게 되리라고 기대해서는 안 됩니다. 마음이 멋대로 생각하도록, 하고 싶은 대로 하게 내버려두십시오. 우리는 그저 관찰만 할 뿐, 반응할 필요가 없습니다.

 그런 다음, 감각대상들[육경(六境 : 色 · 聲 · 香 · 味 · 觸 · 法)]이 감각기관들[육근(六根 : 眼 · 耳 · 鼻 · 舌 · 身)]에 와 부딪힐 때, 평온을 닦아야만 합니다. 모든 감각의식들[육식(六識 : 眼識 · 耳識 · 鼻識 · 舌識 · 身識 · 意識)]을 동일한 것으로 보십시오. 감각의식들이 어떻게 일어나서 사라지는지를 보십시오. 마음을 현재에 머물게 하십시오. 이미 지나간 것들에 대해 마음을 기울이지 마십시오. 그리고 내일 할 일에 대해서도 생각하지 마십시오.

 이처럼 우리가 항상 지금 이 순간 속에서 사물의 참본성을 보게 된다면, 그때 삼라만상은 법(法) 그 자체가 되어 저절로 모습을 드러낼 것입니다.

[문] 깨달음의 7가지 요소인 7각지 중 택법각지(擇法覺支)는 어떻게

일어납니까?

[답] 마음이 확고해질 때까지, 어떤 경험도 담아 두지 않게 될 때까지 마음을 길들이십시오. 그리하면 대상이 다가와도 집착함이 없이 대상을 지각하게 됩니다. 마음과 감각대상을 서로 떨어지게 하려고 억지로 애쓸 필요는 없습니다. 수행을 해 나감에 따라 그들은 저절로 분리되어 단지 몸과 마음을 구성하는 요소에 지나지 않음을 보여 줄 것이기 때문입니다. 그대가 진리에 비추어 육경, 즉 색·성·향·미·촉·법에 대해 알게 되면, 모두가 무상·고·무아라는 공통적 특성을 지니고 있음을 깨닫게 될 것입니다.

　일례로, 소리를 들을 때마다 수행자는 이 공통적 특성을 마음속으로 되새기게 됩니다. 따라서 소리를 들었어도 듣지 않은 것이나 매한가지입니다. 이처럼 마음챙김은 마음을 보호해 주면서 항상 수행자와 함께 합니다. 그대의 마음이 이러한 단계에 이르면 그대가 어디에 있든 그대 안에 지혜가 자라게 될 것이니, 바로 이것이 깨달음의 일곱 가지 요소[七覺支] 가운데 하나인 택법각지(擇法覺支), 즉 법을 선택하는 지혜인 것입니다.

　그것은 스스로 일어나고, 스스로 돌아가며, 스스로 자신과 대화하고, 스스로 해결하며, 감각[受], 인식[想], 생각[行], 의식[識]으로부터 초연합니다. 그 무엇도 이 지혜에 접근할 수 없습니다. 택법각지는 스스로 해야 할 일을 가지고 있습니다. 법을 선택하는 이 지혜는 마음속에 본래 내재하는 자율적인 자질로, 수행의 초기 단계에서 수련을 통해 발견할 수 있습니다.

무엇을 보든지, 무엇을 하든지, 항상 주의 깊게 살피십시오. 휴식을 위해 수행을 미루는 짓은 하지 마십시오. 어떤 이들은 대중수행을 끝내고 돌아오면 이제 수행을 그만두어도 된다고 생각합니다. 그리하여 대중수행을 마치자마자 곧바로 마음챙김과 관(觀)수행을 중단합니다. 그리하여서는 안 될 것입니다.

무엇이 눈에 들어오든지 그것을 관하여 보십시오. 선량한 사람이든, 악한 사람이든, 부자이든, 가난한 사람이든, 그저 살펴보기만 하십시오. 노인이든 어린아이든 모두 관하십시오. 이것이 우리 수행의 핵심입니다. 진리(眞理)를 찾아 관함에 있어, 수행자는 크든 작든, 희든 검든, 선하든 악하든, 모든 감각대상의 특성들과 인과관계가 뒤얽혀 노는 모습을 지켜봐야 합니다.

생각이 일어나거든 단지 생각으로만 관하십시오. 이들은 모두가 무상(無常)하고, 고통스럽고[苦], 실체가 없는[無我] 것이니, 집착할 것이 못 됩니다. 그것들이 마지막으로 들어갈 무덤은 '알아차림'이니 몽땅 가져다 그 알아차림 속에 던져 버리십시오. 그리하면 모든 사물에서 무상·고·무아를 보게 되어, 고(苦)를 종식시킬 수 있습니다. 그렇게 이 삶의 모습을 끊임없이 관하고 살피십시오. 우리의 삶은 무상하여 끊임없이 변하지 않고는 못 배깁니다. 그대는 인생의 참특성을 보아야 합니다. 일단 이러한 일상사 가운데 하나만이라도 철저하게 꿰뚫어 보게 되면 나머지 모두도 알게 됩니다. 모두 같은 특성을 지니고 있기 때문입니다. 그대에게 다가오는 변화무쌍한 경계들이 모두 다 같은 것임을 알게 되면, 비로소 오로지 법(法)만이 모습을 드러내게 될 것입니다.

일단 이 흐름에 발을 들여 놓아 해탈의 맛을 보게 되면, 다시는 되돌아가지 않을 것이며 악행을 짓고 삿된 견해를 내는 단계를 넘어서게 됩니다. 마음은 진로를 바꾸어 성자의 길로 들어섰으므로 다시는 고해에 떨어지지 않습니다. 마음은 완전히 도(道)에 이르러 그 의무와 작용을 알아 팔정도를 알고 그 본성을 알게 됩니다.

그러므로 지체 말고 당장 수행을 시작하십시오. 주저하지 말고 오직 나아 가기만 하십시오! 결코 후회하지는 않을 것입니다.

[문] 수행 중에 나타나는 특이한 현상들은 어떻게 받아들여야 합니까?
[답] 수행을 하다 보면 여러 가지 형상들이나 환상들이 나타납니다.

매혹적인 형상이나 자극적인 소리에 부딪히게 되며, 좌선수행 중에 특이한 체험을 하거나 빛이나 천사, 불상 따위의 환상을 경험할 수도 있습니다. 그러한 것들을 보게 되면, 수행자는 먼저 스스로를 관찰하여 자신의 마음이 어떠한 상태에 있는지를 확인해야 합니다.

기본을 잊지 마십시오. 정신을 가다듬으십시오. 그러한 상(像)이 일어나기를 바라지 말 것이며 사라지기를 바라지도 마십시오.

만약 그러한 신비한 경험을 추구하여 좇아간다면, 마음은 안정을 잃게 되고 쓸데없는 허튼 소리나 지껄이다 끝나 버리고 말 것입니다.

혹시 그러한 현상이 나타나거든 즉각 그 현상을 관찰하십시오. 그렇게 했을 때 그 환각에 속지 않도록 하십시오. 그러한 현상은 그대 자신이 아니라는 사실을 알아야만 합니다. 그 역시 단지 무상하고 고통스럽고 실체가 없는 것임을 알고, 곧이곧대로 대하지 마십시오.

 만일 그런 현상들이 쉽게 사라지지 않거든 다시 한번 마음을 챙겨 힘껏 호흡에 집중하십시오. 그리고 적어도 세 번 이상 깊이 숨을 들이마시고 내쉬십시오. 그리하면 그것들을 없앨 수 있습니다.

 어떤 현상이 일어나든 계속해서 마음챙김을 이어나가고, 그 어떤 것도 자신으로 착각하지 마십시오.

 그 모든 현상들은, 좋아하거나 집착하거나 두려워하게 만드는 환상일 뿐이며 마음이 만들어 낸 속임수일 뿐입니다. 마음이 꾸며 낸 그러한 구조물들에 휘말려 들지 마십시오. 지혜로운 수행자에겐 기이한 경험이나 환영들도 모두 도움이 될 수 있지만 현명하지 못한 이들에겐 해를 끼칠 위험이 있습니다. 그러한 현상들에 말려 들지 않게 될 때까지 수행을 계속하십시오.

 이와 같이 하여 그대의 마음을 믿을 수 있게 되는 단계에 도달하면 더 이상 아무것도 문제될 것이 없습니다. 마음이 즐거워지고 싶어하면 그 즐거움이 불확실하고 불안정한 것임을 알아차리기만 하십시오. 수행 중에 일어나는 환상들이나 여타의 경험들을 두려워하지 말고, 도리어 그러한 현상들을 수행대상으로 삼아 공부하도록 하십시오. 그렇게 되면 번뇌를 마음 길들이는 데 활용할 수 있게 되어, 극단적인 치우침에서 벗어나 맑고 집착 없는 평상심의 경지에 이르게 됩니다.

 마음은 우주의 중심으로서 마치 하나의 점과 같고, 마음의 상태는 잠시 혹은 장기간 이곳에 머물려고 찾아오는 손님과 같습니다.
 이 손님들을 잘 유념해 보십시오. 자기들을 따라오게 하려고 그려 보이는 생생한 그림들과 늘어놓는 그럴싸한 꼬드김을 환히 꿰뚫고 있어야만 합니다.
 하지만 그대가 차지한 자리를 내주지는 마십시오. 그대가 발붙일 곳은 거기 뿐이니까요. 그대가 부단히 한눈 팔지 않고 그 자리를 지키면서 알아차림 수행을 확고히 하여 찾아오는 방문객들을 눈여겨 본다면, 그들은 결국 발걸음을 끊고 말 것입니다. 그대가 그 방문객들의 정체를 꿰뚫어 보게 되었는데도 다시 찾아오겠습니까?
 당장 그들과 얘기를 나누어 보십시오. 그들 하나하나의 정체를 제대로 간파하게 될 테니까요. 그래야만 그대의 마음은 평온해 질 수 있습니다.

[문] 경행(걷는 수행)을 제대로 하고 있는지 점검해 보고 싶습니다.
[답] 매일 경행수행을 하십시오. 우선 마음이 산만해지지 않도록 가볍게 긴장시키고 손을 모아 합장합니다. 평상시 걸음으로 경행대의 이쪽 끝에서 저쪽 끝까지 빈틈없이 자신을 알아차리며 걷습니다. 경행대 끝까지 가면 되돌아섭니다. 마음이 옆길로 나가면 조용히 서서 본래대로 되돌아오도록 합니다. 그래도 마음이 계속 빗나 가면 호흡에 주의를 집중시킵니다. 언제나 원래의 위치로 돌아오지 않으면 안 됩니다. 이와 같이 숙련된 마음은 항상 이로움을 줍니다.
 몸이 피곤을 느끼면 자세를 바꾸도록 하십시오. 그러나 바꾸고

싶다는 충동을 느끼는 즉시 바꾸는 것은 좋지 않습니다. 먼저 자세를 왜 바꾸려고 하는지 알아보십시오. 육체적 피로 때문인지 정신적 불안정 혹은 게으름 때문인지를. 몸이 고통스럽게 여기는 부분을 주목해 보십시오. 정직하고 면밀하게 관찰하는 법을 배우십시오. 수행정진은 마음의 문제이지 육체의 문제가 아닙니다. 좋아하거나 싫어하는 마음이 생길 때면 그대로 좇아가지 말고 마음속에서 벌어지는 일들을 알아차리면서 쉬지 않고 관찰해야 합니다. 만약 이와 같은 관찰이 제대로 이루어지지 않는다면 밤을 새워 하는 좌선이나 경행도 용맹정진이라 할 수 없습니다.

  미리 정한 한 지점에서 다른 지점까지 걷는 동안 수행자는 두 걸음 정도 앞쪽에 시선을 떨어뜨리고 몸의 느낌에 집중하든가 아니면 '붓도(Buddho)'를 되풀이합니다. 마음속에 일어나는 현상을 두려워하지 마십시오. 그러한 현상을 있는 그대로 알아보십시오. 진리는 사념이나 느낌을 넘어섭니다. 그러한 것들을 믿거나 현혹당하지 마십시오. 일어나고 사라지는 진행을 주시하십시오. 이러한 이해는 지혜가 생겨나도록 합니다.

  의식이 일어나면, 전구에 불빛이 들어올 때처럼 즉시 알아차려야 합니다. 만일 수행자가 정신을 차리지 않고 있으면 장애를 일으키는 현상들에 마음을 빼앗기게 마련인데, 오직 정신 집중만이 이러한 현상들을 퇴치시켜 줄 것입니다. 도둑이 나타났다고 하면 재물을 지키려는 경계심이 강화되듯이, 징애를 싱기하는 수행자는 정신집중을 게을리하지 않게 됩니다.

[문] 열심히 수행을 하고 있는데, 아직 아무것도 이루어지는 것 같지 않습니다.

[답] 수행에서 뭔가를 성취하려 하지 마십시오.

해탈을 얻으려 하거나 깨달음을 얻으려는 그 욕망이 바로 그대의 해탈을 방해하는 요소입니다. 수행은 자기하고 싶은 만큼 얼마든지 열심히 할 수 있으며 밤낮을 가리지 말고 정진하면 됩니다. 하지만 뭔가를 성취하고자 하는 욕망을 항시 품고 있다면 결코 평안을 얻을 수 없습니다. 그와 같은 욕망은 회의와 불만의 원인이 될 뿐입니다. 욕망으로부터 지혜가 나오는 법은 없습니다. 오로지 놓아 버리십시오.

마음챙김으로 몸과 마음[오온: 물질, 감정, 인식, 반응, 의식]을 관찰하고 그 무엇이든 성취하려 하지 마십시오. 그렇지 않으면 명상수행을 시작해 마음이 가라앉을 만하면 즉시 '아, 벌써 첫째 단계에 왔나? 대체 얼마나 더 해야 할까?' 하는 조바심이 나게 됩니다. 그 순간 모든 것이 수포로 돌아가고 맙니다. 그저 수행이 어떻게 자연스럽게 진행되고 있는지를 관찰하는 것만이 최선책입니다.

수행자는 선입견 없이 자기 마음속에서 일어나고 있는 현상들을 있는 그대로 꾸밈없이 주시해야만 합니다. 관찰을 하면 할수록 그만큼 더 분명하게 보이게 됩니다. 마음을 집중시키는 법을 완전히 터득한다면 자신이 지금 어떤 단계에 와 있는지 신경 쓸 필요가 없습니다. 수행의 본질에 관해 내가 무어라고 말할 수 있겠습니까? 해탈을 측정하거나 분류할 수 있는 방법은 없습니다. 올바른 방향으로 계속 수행만 하십시오. 모든 것이 자연히 본래의 모습을 드러낼 것입니다.

  수행을 할 때는 자신의 몸과 마음을 잘 지켜보십시오. 그렇게 해 나가면 지혜와 통찰력이 저절로 일어날 것입니다. 만약 좌선하겠다고 앉아서 수행이 이러저러하게 되었으면 하는 바람을 갖는다면 차라리 그 자리에서 그만 두는 편이 낫습니다. 수행 속에 어떤 이상이나 기대를 끌어들이지 마십시오. 지금까지 배운 것이나 의견들은 접어 넣어 두십시오. 그대는 모든 언어를 넘어서고 모든 상징들을 넘어서고 수행을 위한 계획들마저도 다 넘어서야 합니다. 그때 비로소 '지금 여기에서' 드러나는 진리의 모습을 스스로 보게 될 것입니다.

  만일 그대가 방향을 '안'으로 돌리지 않는다면, 결코 실상(實相)을 바로 보지 못할 것입니다.

[문] 망상 때문에 수행에 진척이 없습니다.

[답] 염려하지 마십시오. 마음을 현재 순간에 두십시오. 마음에 무엇이 일어나든지 오직 알아차리기만 하고 그대로 두십시오. 없애려고도 하지 마십시오. 그러면 마음이 평상 상태로 돌아올 것입니다. 좋거나 나쁘거나, 뜨겁거나 차갑거나, 빠르거나 느리거나 간에 차별심을 두지 마십시오. 나도 없고 너도 없고 자아라는 것도 없고 모두가

있는 그대로일 뿐입니다.
 걸어가고 있다면 특별히 다른 무엇을 할 필요가 없습니다. 오로지 걷기만 하십시오. 그리고 눈앞에 있는 것을 주시하십시오. 홀로 있거나 은둔해야만 한다고 집착할 필요도 없습니다. 어디에 처해 있든지 평상심 상태에서 관찰함으로써 자신을 알도록 하십시오.
 의혹이 일어나면 그 일어나고 사라짐을 관찰하십시오. 매우 간단합니다. 무엇에도 매달리지 마십시오. 수행은 길을 따라 걷는 일과 비슷합니다. 가끔은 장애물과도 마주치게 될 것입니다. 번뇌를 만나면 오직 알아차리기만 하십시오. 그리고 그냥 보내 버림으로써 극복해 보십시오. 이미 지나쳐 온 장애물들은 생각하지 마십시오.
 앞으로 다가올 일들에 대해서도 걱정하지 마십시오. 현재에만 머무십시오. 갈 길이 얼마나 먼지, 목적지가 어디인지도 신경 쓰지 마십시오. 모든 것은 변하기 마련입니다. 무엇을 만나게 되든지 집착하지 마십시오.
 결국 마음이 자연스러운 균형을 이루게 되면서 수행이 저절로 되어갈 것입니다. 모든 것은 저절로 왔다가 저절로 사라지니까요.
 수행이란 지금까지 길들여진 습(習)에 더 이상 먹이를 주지 않고, 번뇌들을 퇴치하려고 시도할 때 시작되는 것입니다. 갈등과 장애가 일어나는 곳, 바로 그 곳이 손을 대야 할 부분입니다. 버섯을 딸 때도 무턱대고 따지는 않습니다. 어떤 버섯이 먹을 수 있는 종류인지를 알아 본 다음에 땁니다. 수행도 마찬가지입니다. 독사에게 물렸을 때처럼, 갖가지 맹독성을 지닌 번뇌로부터 벗어나려면 그

위험한 독성에 대해 알아야만 합니다.

 탐(貪), 진(瞋), 치(癡)라는 번뇌들은 고통과 이기심의 뿌리에 자리 잡고 있습니다. 우리는 번뇌를 극복하여 그 영향에서 벗어나 마음의 주인이 되는 법을 배워야 합니다. 물론 그것은 쉬운 일이 아닙니다. 어린 시절부터 친했던 친구와 이별하는 일처럼.

 번뇌는 호랑이와 같습니다. 우리는 정념(正念), 정진력, 인내력을 총동원해 견고하게 잘 만든 우리 안에 그 호랑이를 가두어야 합니다. 그런 다음 습관적인 욕구들을 채워 주지 않음으로써 호랑이(번뇌)를 굶어 죽게 할 수 있습니다. 굳이 칼로 난도질할 필요까지는 없습니다. 가령 부모가 자식을 두었는데 자라면서 불경스러워졌다고 칩시다. 자식의 행동에 곤혹스러워진 부모는 "대체 어디에서 이런 자식이 나왔을꼬?"라고 자문하게 될지도 모릅니다.

 이와 같이 고(苦)는 우리가 사실상 진리를 잘못 이해하고[邪見], 갖가지 정신작용에 집착하는 데서 오는 것입니다. 우리는 자신의 마음을 물소를 길들이듯 길들여야 합니다. 물소는 우리의 생각이고 주인은 수행자이며 물소를 키우고 훈련시키는 일은 수행입니다. 길들여진 마음만이 진리를 볼 수 있으며, 자아의 생성 원인과 그 끝, 즉 모든 고(苦)의 멸(滅)을 알 수 있습니다. 그것은 복잡한 게 아닙니다.

 수행 과정에서는 누구에게나 번뇌가 있습니다. 번뇌가 일어나면 부딪쳐 싸우면서 번뇌들과 더불어 수행해야만 합니다. 이것은 생각만으로 될 일이 아니라 직접 체험으로 겪어 봐야 할 일입니다. 거기에는 엄청난 인내가 요구됩니다. 차츰차츰 우리는 습관적 사고방식과 느끼는 방식을 바꿔 나가야만 합니다.

우리가 모든 사물을 '나'나 '나의 것'이라는 관점에서 볼 때 얼마나 고통을 받게 되는지를 알아야 합니다. 그 점을 확실히 알게 되면 놓아 버릴 수 있습니다.

[문] 마음이 자유롭지 못합니다.

[답] 우리에게 필요한 것은, 진리를 책 속에서 혹은 하나의 관념으로 만나는 것이 아니라 바로 우리 자신의 마음에서 발견하는 일입니다.

아직도 마음이 자유롭지 못하다면 마음이 모든 것을 분명히 볼 수 있게 됨으로써, 스스로 초래한 조건에 얽매인 상황에서 풀려 나올 수 있을 때까지 순간순간 직면하는 모든 상황의 원인과 결과를 통찰해 보아야 합니다. 다시 마음이 집착하게 되더라도 새로운 현상들 하나하나를 살펴 나가되, 절대로 관찰을 멈추지 말고 그대로 지속하여 그 현상들의 실체를 꿰뚫으십시오.

그렇게 되면 집착은 발붙일 곳을 찾지 못할 것입니다. 이것이 내가 스스로 수행해 왔던 방법입니다.

그대가 좌선에 들면서 감각적 대상과 접촉하지 않게 되기를 바라거나, 아무 생각도 하지 않게 되기를 바란다면, 그 바람 자체가 바로 욕망입니다. 생각과 싸우면 싸울수록 생각은 더 힘이 세어질 뿐입니다. 생각 따위는 신경 쓰지 말고 계속 수행만 하십시오. 감각의 대상과 접하게 되면 그저 관찰하십시오. 그리하여 그 모두가 단지 무상하고, 불만족스럽고, 실체가 없는 것임을 통찰하십시오. 모든 것을 이 세 가지 특성에 비추어 계속 관찰하십시오.

그리하면 마음의 굴레에서 서서히 벗어날 수 있을 것입니다.

[문] 저는 출가 수행자가 된 뒤로 어려움과 고통이 더 커졌다고 느낄 때가 많은데요….

[답] 여러분들 중에는 과거에 물질적 즐거움과 고등교육, 외형적 자유를 누렸던 분들이 적지 않을 것입니다. 그에 비하면 지금 여러분은 힘든 상황에 있습니다. 하지만 누구나 수행 과정에서 어느 정도는 이러한 어려움들을 극복해 나가야 합니다. 고통을 마감시켜 줄 고통을 겪어야만 하니까요.

화가 나거나 속이 상할 때야말로 마음을 이해할 수 있는 좋은 기회입니다. 붓다께서도 번뇌가 스승이라고 했습니다. 교육정도와 세속지식이 낮은 사람일수록 수행하기가 쉬운 법입니다. 참고 견딤은 우리 수행의 필수요소입니다.

나도 젊었을 때 절망에 빠지는 날이 많았습니다. 아예 승복을 벗어 던지고 싶은 때도 있었고, 자살을 생각한 적도 있습니다. 그러나 이런 괴로움은 잘못된 견해에서 오는 것입니다.

그대가 진리를 보게 되면 자신의 견해와 관점에서 풀려 나오게 (解脫) 됩니다. 그때, 모든 것은 평온해집니다.

[문] 의혹이 일어날 때는 어떻게 합니까? 어떤 날은 수행 자체에 의혹을

품게 되고, 자신의 계발이나 스승에 대한 의심으로 괴로워지기도 합니다.

[답] 의혹을 품는 것은 당연한 현상입니다. 사람들은 으레 의혹을 품은 채로 수행을 시작합니다. 그리고 의혹을 품는 가운데 많은 것을 배우게 됩니다.

중요한 것은 그 의심하는 마음을 자기 자신이라고 착각하지 않는 것이지요. 즉 의혹은 가지되 사로잡히지는 말라는 것입니다. 자신의 마음을 끝없이 맴돌게 할 테니까요. 그 대신 의혹을 느끼고 방황하는 과정을 빠짐없이 지켜보십시오. 의심하는 자가 누구인지를 보십시오. 의심이 어떻게 와서 가는지를 보십시오.

그리하면 의혹 때문에 희생당하는 일은 없게 될 것입니다. 스스로 의심에서 빠져 나와 마음이 가라앉게 되면서, 모든 일이 어떻게 일어나 사라지는지를 볼 수 있을 것입니다.

자신이 집착하고 있는 것을 그대로 놓아 버리십시오. 의심하는 마음을 놓아 버리고 다만 지켜보기만 하십시오. 이것이 의심을 제거하는 유일한 방법입니다.

[문] 욕망과 성냄 같은 번뇌는 환(幻)입니까? 아니면 실체입니까?

[답] 양쪽 다입니다. 우리들이 탐·진·치라고 부르는 번뇌들은 표면상 나타난 이름과 모양들입니다. 그것은 마치 발우를 보고 크다, 작다, 예쁘다 하는 것과 같지요. 큰 발우를 원하는 사람은 기존의 발우를 보고 작다고 할 것입니다. 갈애 때문에 우리는 그런 개념들을 만들어

냅니다.

갈애는 차별심을 일으키지만, 진리는 그저 있는 그대로일 뿐이지요. 예를 들어 봅시다. 그대는 남자입니까? 그렇다고요? 그것은 사물의 겉모습일 뿐입니다. 그대라는 존재는 실상 원소들의 결합, 즉 변화하는 집합물의 모임일 따름입니다. 해탈한 마음은 차별심을 내지 않습니다. 크지도 작지도 않고, 너도 아니고 나도 아닙니다. 아무것도 아닙니다. 이것을 '아나따(anattā)' 즉 무아라고 합니다. 하지만 궁극에는 아(我)도 없고 무아(無我)도 없습니다.

[문] 저는 성냄과 욕망은 쉽게 관찰됩니다만, 어리석음[無明]은 어떻게 관해야 합니까?

[답] 그대는 말을 타고 앉아서 "말은 어디에 있는가?"라고 묻고 있군요. 정신차리십시오.

[문] 진심(嗔心)이 일어날 때는 마음을 어떻게 닦아야 할까요?

[답] 저절로 사라지도록 놔 두든가 아니면 자비심을 이용하여 닦아야 합니다. 성내는 마음이 뻗쳐오를 때는 자비의 감정을 계발함으로써 이를 없앨 수 있습니다.

남이 나쁜 짓을 하거나 화를 내더라도 덩달아 화내지 마십시오. 만일 화를 내면 그 사람들보다 더 어리석은 사람이 됩니다. 지혜롭게 구십시오. 마음속에 연민을 가지십시오. 그 사람도 괴로워하고 있을 테니까요. 그가 마치 사랑하는 형제라도 되는 양, 그대의 마음을 자비심으로 가득 채우십시오. 자비의 염을 모아 염처로 삼으십시오. 그것을 이 세상 모든 중생을 향해 넓게 펼치십시오. 증오는 자비심을 통해서만 극복될 수 있습니다.

[문] 수행 중의 성욕은 어떻게 극복할 수 있습니까? 때때로 성욕의 노예가 된 듯한 느낌이 들 때도 있습니다.

[답] 모든 욕망은 역겨운 것을 관함으로써 없앨 수 있습니다.
　육체적 외형을 보고 일으키는 집착은 일종의 극단적 현상이니, 마음을 그 반대편에 두도록 시도해야겠지요. 살아 있는 몸을 죽은 시체로 여기면서 썩는 과정을 관하거나 육체의 각 부분들, 즉 폐, 지라, 비계, 배설물 등으로 해체시켜 관합니다[不淨觀]. 욕망이 일어날 때 이러한 것을 염두에 두면서 몸의 더러운 면들을 떠올려 보면 욕망에서 벗어날 수 있습니다.

[문] 저는 감각을 억제하기 위해 극도로 주의를 기울여 왔습니다. 눈길을 아래로 두고 모든 사소한 행동까지 마음챙김을 하고 있는데 제대로 하고 있는 건지요?

[답] 감각 억제는 올바른 수행법입니다. 우리들은 하루 종일 감각에 대해 마음을 챙겨야만 합니다. 하지만 너무 지나치지는 마십시오. 걷고 먹고 행동하는 일들을 자연스럽게 하십시오. 그리고 자신의 내면에서 무슨 일이 일어나고 있는지를 자연스럽게 마음에 챙기 도록 하십시오. 자신에게 수행을 강요하거나 인위적인 틀에 억지로

자신을 맞추어 넣는 것은 또 다른 형태의 욕망입니다. 참고 견디는 것이 필요합니다. 자연스럽게 행동하고 마음을 챙기면 저절로 지혜가 생기지요.

[문] 수행자에게는 어느 정도의 수면이 적당할까요?
[답] 내가 대답할 성질의 물음은 아닌 것 같군요. 하지만 중요한 것은 스스로 관찰하여 스스로 아는 것입니다. 너무 적게 자면 몸이 불편하고 마음챙김을 유지하기 어렵습니다. 너무 많이 자도 마음이 무뎌지고 불안정해집니다. 그대 스스로 자연스러운 균형을 찾으십시오. 몸과 마음을 주의 깊게 관찰하십시오. 자신에게 얼마큼의 수면이 적당한지 알게 될 때까지 필요한 수면량을 주의 깊게 유념하십시오. 아침에 일어나 졸음을 못 이겨 다시 쓰러진다면 수행에 장애만 될 테니까요. 눈을 뜨자마자 즉시 마음챙김을 확고히 해야 합니다.

　졸음을 극복하는 방법에는 여러 가지가 있습니다. 좌선을 어두운 곳에서 하고 있다면 밝은 곳으로 자리를 옮기십시오. 눈을 떠 보십시오. 일어나서 세수를 하거나 얼굴을 때리거나 목욕을 해보십시오. 졸리울 때는 자세를 바꾸십시오. 계속 걸으십시오. 뒤로 걸어 보십시오. 뭔가에 부닥뜨릴지도 모른다는 생각에 잠이 달아날 것입니다. 그래도 안 되면 조용히 멈추어 서서 마음을 맑게 하고 밝은 대낮이라고 상상해 보십시오. 아니면 까마득한 절벽 가나 깊은 우물 가에 앉아 보십시오. 잠이 달아나고 말 것입니다. 이 모든 것이 다 소용없을 땐 가서 자는 수밖에 없겠지요. 주의를 집중시킨 채 자리에 누워 잠에 떨어지는 순간까지 마음을 챙기십시오. 그리고 잠에서 깨는 즉시 곧장 일어나십시오.

[문] 먹는 것은 어느 정도가 적당합니까?
[답] 먹는 것도 잠자는 것과 같습니다. 스스로 알아내야 합니다. 음식은 육체적인 필요에 맞추어 취해져야 합니다. 음식을 약으로 보도록 하십시오. 식사 후에 식곤증을 느끼고 나날이 살이 찔 정도로 많이 먹고 있지 않은가? 적게 먹도록 노력하십시오. 자신의 몸과 마음을 관찰하여 다섯 술이 넘지 않게, 만복에 이르기 전에 숟가락을 놓고 나머지를 물로 채우십시오. 그리고는 가서 앉으십시오[坐禪]. 잠과 배고픔을 지켜보십시오. 음식의 적정량을 감지해야 합니다. 수행이 깊어 지면 힘이 넘치고 적게 먹게 될 것입니다. 하지만 그 단계에 이를 때까지는 자기 스스로 조정해 나가야 합니다.

[문] 절을 많이 하라고 권하시는데 그 이유는 무엇입니까?
[답] 절은 매우 중요한 수행법으로 격식에 맞춰 제대로 해야 합니다. 절을 할 때는 천천히 몸을 굽혀 이마가 땅에 닿도록 하십시오. 양 팔굽은 무릎 가까이 3인치쯤 떨어지게 하십시오. 천천히 절을 올리는 동안 몸에 관해 마음챙김을 하십시오. 절은 자만심을 삭게 하는 좋은 처방법입니다. 기회 있는 대로 하고 또 하십시오. 세 번 절을 올리는 동안 불·법·승 삼보의 특성을 상기해도 좋습니다. 즉

청정함과 밝음과 평온의 덕목들을 상기하십시오.

절을 하는 것은 자기 수련을 위해, 몸과 마음의 조화를 꾀하기 위해 외형적 형식을 빌리는 것입니다. 남들은 절을 어떻게 하는지 뜯어보는 짓거리는 하지 않는 게 좋겠지요. 사람은 길들이기 힘든 존재입니다. 빨리 배우는 사람도 있고 배움이 느린 사람도 있습니다. 다른 사람에 대한 분별심은 자신의 자만심만 키울 뿐입니다. 그러는 대신 자신을 지켜보십시오.

이미 법과 조화를 이룬 사람은 외형적 형식을 초월해 있습니다. 이기심의 차원을 넘어섰으므로 그의 행위 모두가 절의 자세입니다. 걷는 것도, 먹는 것도, 용변 보는 것도 모두 절하는 자세가 되는 것이지요.

[문] 장기간의 묵언 용맹정진을 제자들에게 권하시는지요?

[답] 그것은 매우 개인적인 문제입니다. 수행자는 시장 한가운데서든 아주 외딴 곳에서든, 그 어떠한 상황에서도 수행을 할 수 있어야 합니다. 다만 처음에는 조용한 곳에서 시작하는 것이 좋겠지요. 우리가 숲 속에서 사는 이유 중 하나가 거기에 있습니다. 처음에는 천천히 진행시키면서 마음챙김을 유지하는 데 주력해야 합니다. 어느 정도 지난 다음에는 어떤 상황에서든 마음챙김을 할 수 있게 됩니다.

어떤 이는 6개월이나 1년 정도 묵언 용맹정진을 하는 게 어떤지를 묻습니다. 여기에 어떤 정해진 규칙이 있는 것은 아닙니다. 그 기간은 개인에 따라 다르게 정해져야 합니다.

　스승과 제자는 묵언수행의 가능성과 한계에 대해 함께 세심하게 점검해야 합니다. 이러한 수행을 할 각오가 되어 있는지, 지금이 적당한 시기인지 등을 면밀하게 따져 봐야 합니다. 그대 자신의 한계를 파악해 참작하도록 하십시오. 그렇게 하는 것 또한 지혜입니다.

　묵언수행 중이 아니더라도, 수행자는 항상 말을 삼가해야 합니다. 꼭 해야 할 말 외에는 가급적 말을 삼가십시오. 계를 받은 사람은 잡담이나 사교에 흥미를 가져서는 안 됩니다.

　세월이 흐를수록 훌륭한 선원을 찾아내기가 점점 어려워집니다. 대부분의 승려들이 불교를 연구대상으로 여길 뿐, 실천적 수행을 하지 않습니다. 도처에서 마음을 닦는 일보다는 숲을 베어 내 절들을 새로 짓는 일에 더 열을 올리고 있습니다. 예전의 선사(禪師)들은 자연을 벗삼아 살아갈 뿐 절을 짓는 일 등은 하지 않았습니다.

　요즈음은 법당 불사를 하는 일이 신도들의 관심을 가장 많이 끄는 종교 활동이 되었습니다. 그런대로 좋은 일이지만, 절을 건립하는 목적을 알아야 합니다.

　승려의 일과 가운데 80~90%이상은 수행으로 채워져야 합니다. 그 나머지 시간은 일반 대중들에게 이로움을 회향시키는 데 쓰일 수 있을 것입니다. 이때에도 대중을 가르치는 사람은 그 자신을 통제할 수 있어 남을 도울 수 있는 사람이어야 하며, 자신의 짐도 무거워 쩔쩔매는 사람이어서는 안 될 것입니다.

스승이 때때로 들려 주는 법문은 수행자들의 마음상태와 수행 향상도를 점검하는 기회로 유념해야 합니다. 법문의 요점들은 수행을 통해 확실히 다져야 할 중요한 사항들입니다. 그대는 자기 안에서 그런 요점들을 스스로 알아볼 수 있습니까? 지금 제대로 수행을 하고 있는가? 잘못을 범하지 않고 바른 견해를 갖고 있는가? 스스로 알기 전에는 어느 누구도 그런 것들을 가르쳐 줄 수 없습니다.

남의 말을 듣고 의혹을 없앨 수는 없습니다. 의혹을 없애는 유일한 길은 자기 힘으로 영원히 잠재워 버리는 것입니다. 우리는 물리적으로 단절되어 있는 숲 속 생활의 이익을 마음챙김을 닦는 데 써야만 하며, 고립이나 도피를 목적으로 오용해서는 안 될 것입니다.

[문] 이곳 선원에는 수행을 소홀히 하는 스님들이 많은 것 같습니다. 게으름을 피우고 마음챙김을 하는 것 같지도 않아 보기가 언짢습니다.

[답] 그대는 다른 스님들의 좋지 않은 행동거지를 보면 "나는 이렇게 열심인데 저 스님은 무슨 수행을 저렇게 하나. 나만큼 열심히 정진하려면 멀었어. 엉터리 중들이야."하며 공연히 화를 내고 괴로워합니다.

모든 이들이 그대가 바라는 대로 행동하기를 원하는 것은 자신의 고통만 초래할 뿐입니다. 아무도 그대를 위해 대신 수행해 줄 수 없으며, 그대 또한 다른 누구를 위해 수행해 줄 수 없습니다. 다른 사람을 살펴보는 일은 자신의 수행에 결코 도움이 되지 않습니다.

남을 살펴본다고 지혜가 늘지는 않으니까요. 그런 행위는 그대에게 큰 번뇌만 안겨 줄 따름입니다. 비교하지 마십시오. 차별하지 마십시오.

차별심(分別心)은 급한 커브길처럼 위험합니다. 다른 사람이 나보다 낫다거나, 못하다거나, 같다는 등의 생각들은 우리를 그 길 밖으로 튕겨 나가게 만듭니다. 차별하면 괴로움만 옵니다. 승려로서 지켜야 할 계율은 자신의 수행을 위한 도구이지 남을 비판하거나 결점을 찾는 데 쓰는 무기가 아닙니다. 그대 자신의 견해는 치워 버리고 자신을 지켜보십시오. 이것이 우리의 법입니다.

만약 괴로워지면 자기 마음속의 괴로움을 지켜보십시오. 오로지 그대 자신의 행동에 마음을 챙기십시오. 자신을 점검하고 느낌을 점검하십시오. 그리하면 '알게'될 것입니다.

그것이 수행하는 방법입니다.

[문] 수행 중 지루할 때는 어떻게 합니까?
[답] 수행자에게는 지루함을 느낄 겨를이 없습니다. 마음을 자세히 들여다 보고 있으면 잠시도 가만있지 않음을 알 수 있습니다. 따라서 수행자에게는 끊임없이 해야 할 일이 있는 셈입니다.

[문] 조급할 때는 어떻게 합니까?
[답] 현대인들은 일반적으로 조급합니다. 그래서 행복하든 고통스럽든 번뇌에 빠지든 간에, 한결같이 극단으로 치닫습니다. 하지만 수행을

제대로 하게 되면, 해결해야 할 문제들이 무수히 많다는 사실 또한 깊은 지혜에 이르게 하는 동인이 될 수도 있습니다.

[문] 장시간의 좌선수행을 꼭 해야만 크게 깨닫습니까?

[답] 그렇지는 않습니다. 계속해서 몇 시간씩 앉아 있는 것이 반드시 필요한 것은 아닙니다. 어떤 사람은 오래 앉아 있을수록 더욱 더 지혜로워진다고 착각합니다. 여러 날 앉아 있기로는 둥지에서 알을 품고 있는 암탉들이 더 잘하겠지요. 지혜는 어떤 자세로든 쉬지 않고 마음을 챙기는 가운데서 얻어집니다. 사람에게는 제각기 자연스런 삶의 속도가 있습니다. 수행의 속도도 모두 똑같을 수가 없지요. 이런 문제를 놓고 고민할 필요는 없습니다. 오직 마음챙김에 노력하십시오.

모든 일이 자체적으로 자연스럽게 흘러가도록 놓아두십시오.
그렇게 하면 그대의 마음은 어떠한 환경에서든 점점 더 고요해질 것입니다. 숲 속에 있는 맑은 연못처럼 말입니다. 그때, 별의별 기이하고 희귀한 동물들이 그 못에 물을 마시러 올 것이며 그대는 모든 존재의 본성을 분명하게 볼 수 있을 것입니다. 희한하고 기이한 것들이 수없이 오고 감을 보게 되겠지만 그대 마음의 고요함은 흔들림이 없을 것입니다. 바로 그것이 붓다의 행복입니다.

[문] 마음이 좀 고요해지려 하면 주위가 시끄러워 방해가 됩니다. 수행 과정에서 선정에 들 수 있는 능력이 반드시 필요한지요?

[답] 수행을 하면서 좀 조용히 있고 싶은데 소음이나 자동차 소리, 사람 목소리, 시선을 끄는 것들이 못살게 굴며 주위를 산만하게 만든다는 생각을 합니다. 하지만 누가 누구를 성가시게 하는 것일까요? 그것들이 우리를 괴롭히는 것이 아니라 우리가 그들을 성가시게 하며 좇아간다는 사실을 알아야 합니다. 세상을 거울이라고 생각하십시오. 세상 모든 것은 자기 마음의 반사입니다. 그것을 깨달으면 언제랄 것 없이 항상 모든 시간이 향상의 기회이고 모든 경험이 진리를 드러내고 깨달음을 가져다 줍니다.

원래, 길들여지지 않은 마음에는 걱정과 근심이 가득 차 있습니다. 그래서 명상수행으로 약간의 평온함을 맛보게 되면 자칫 그 평온 상태가 수행의 마지막 종착점인 줄로 잘못 알고 거기에 집착하게 됩니다. 심지어는 자신이 욕망이나 갈애나 증오심을 완전히 극복했다고 생각할 때도 있지만, 결국에는 그러한 것들에게 눌리어 꼼짝 못하는 꼴을 당하기도 합니다.

실제로, 마음이 고요함에 빠져 헤어나지 못하는 것은, 혼란스러운 상태를 벗어나지 못하는 것보다 더 위험스럽습니다. 왜냐하면 혼란스러운 상태에 있을 때는 적어도 거기에서 벗어나고자 애를 쓰게 되지만, 고요함 속에 머물러 만족하게 되면 더 이상 나아가지 못하기 때문입니다.

평온의 맛이 달콤하기 그지없겠지만 그 역시 무상·고·무아로 보아야만 합니다. 붓다께서는 명상수행의 본질이 삼매(三昧)라고 생각하지는 않으셨습니다. 수행할 때 삼매나 어떤 특별한 경지를 얻기를 바라지 마십시오. 그저 마음이 고요한지 아니한지만 알아차리십시오. 그리고 만일 고요하다면 고요의 깊이가 어떤지 알아차리십시오. 그리하면 마음이 저절로 향상을 이룰 것입니다.

　수행상에 선정이 온다면 좋은 일이지만, 선정이 반드시 필요한 것은 아닙니다. 그렇긴 해도 지혜가 생겨나도록 하려면 어느 정도의 정(定)과 정신집중이 확고히 자리잡혀야 합니다. 그리고 나서 자신을 관찰하는 데에 그것을 이용하십시오.

　만트라 같은 수행방편에도 집착하지 마십시오. '붓도'라는 만트라로 마음을 선정에 들게 했다면, 만트라를 놓아 버리십시오. 붓도는 '아는 자(覺者)'라는 뜻이니, 그대가 아는 자가 되었다면 무엇 때문에 그 말을 계속 반복하겠습니까? 붓다께서는 법에도 집착하지 말라 하셨습니다.

[문] 수행 덕분에 평온한 마음상태를 이루게 되었습니다. 이제부터는 어떻게 공부해야 하겠습니까?

[답] 좋은 현상입니다. 마음을 평온하게 가지고 삼매상태에 머물도록 하십시오. 그 삼매의 결과를 몸과 마음을 관찰하는 데 쓰십시오. 마음이 평온을 유지하지 못할 때에도 지켜보기를 계속하십시오. 그러면 진정한 의미의 평온을 알게 될 것입니다. 왜냐고요? 마침내 무상을 보게 되기 때문입니다. 평온마저도 무상으로 보여져야 합니다. 혹시라도 평온 자체에 집착을 가진다면 평온하지 못할 때 고통을 당하게 됩니다. 모든 것을 버리십시오. 심지어 평온마저도.

[문] 저는 여러 해 동안 수행을 해 오고 있습니다. 마음은 열려 있고 거의 어떤 상황에서도 평온을 유지하고 있습니다. 이제는 수준 높은 삼매와 마음의 몰입을 닦고 싶습니다.

[답] 그같은 수행은 그대에게 이익을 가져다 주는 정신적 훈련들입니다. 좌선수행을 통해 마음이 고요해지고 선정이 이루어지면 그것은 훌륭한 도구로 쓰일 수 있습니다.

그러나 만일 선정상태의 행복감이나 즐거움을 느끼는 맛에 좌선을 한다면 시간낭비만 하는 셈입니다. 본래 수행이란 선정을 이룬 다음에 다시 그 선정을 몸과 마음의 본성을 관찰하는 데 쓰는 것입니다. 그것이 '해탈수행'입니다.

그런 관찰이 이루어질 때에만 마음이 집중(定)을 이룰 수 있고 참다운 지혜가 자연스럽게 생겨날 수 있습니다. 처음에 들리는 지혜의 소리는 너무 나직하여, 지혜를 지나치게 대단한 것으로 여긴 나머지 제대로 알아보지 못하고 밟아 뭉개 버리는 우를 범할 수도 있습니다.

만일 그대가 고요함 속에서 지혜를 알아본다면, 무상(無常)과 공성(空性), 몸과 마음의 무아성(無我性)을 깨닫게 될 것입니다.

마음이 어떤 것인가를 관하여 이해하게 될 때, 선정이나 책의 한계도 아는 지혜를 갖추게 됩니다. 그리하여 어디에도 집착하지 않는 지혜로써 책을 대하거나 남을 가르칠 수도 있을 것이며 삼매선정의 수행으로 돌아갈 수도 있을 것입니다.

[문] 사마타와 위빠싸나, 즉 선정(禪定)과 지혜(智慧)는 같다고 하셨는데, 좀더 자세히 설명해 주시겠습니까?

[답] 매우 간단한 이야기입니다. 정견(正見)이 있으면 선정(사마타)과 지혜(위빠싸나)는 같이 작용합니다. 우선 마음은 수행의 대상에 집중함으로써 고요해집니다. 우리가 눈을 감고 앉아 있으면 마음이 매우 고요해지지요. 이것이 사마타입니다.

결국 이 집중은 지혜 즉 위빠싸나를 일어나게 하는 원인이 됩니다. 눈을 감고 앉아 있을 때나 바쁜 도시를 걸어 다닐 때나 마음은 여전히 고요합니다.

예를 들면 이렇습니다. 한때 그대는 어린아이였습니다. 그런데 지금 그대는 어른이 되어 있습니다. 그 어린애와 어른은 동일한 사람일까요? 동일인물이라고 말할 수 있겠지요. 하지만 어떻게 보면 다른 사람이라고 말할 수도 있지 않을까요? 이처럼 사마타와 위빠싸나는 별개의 것으로 보일 수도 있지요. 혹은 음식과 배설물과의 관계와 같다고도 할 수 있겠지요.

내가 하는 말을 그대로 믿지 말고 수행을 통해 스스로 확인해 보십시오. 특별히 필요한 것은 아무것도 없습니다. 지혜와 선정이 어떻게 일어나는지를 보면 자기 스스로 그 사실을 알게 됩니다.

오늘날 대부분의 사람들은 말 자체에 매달려 있습니다. 어떤 이들은 위빠싸나가 진정한 수행이라며 사마타를 경시합니다. 또 다른 이들은 사마타가 필수적인 수행이라며, 위빠싸나를 수행하기 전에 사마타를 수련해야만 한다고 주장합니다. 이 모두가 다 어리석은 생각입니다. 이런 식으로 생각을 굴리는 데 시간을 낭비하지 마십시오. 오직 수행만 하십시오. 그러면 스스로 알게 됩니다.

[문] 지금까지의 말씀 가운데 요점만 다시 좀 정리해 주시겠습니까?
[답] 자신을 관찰하십시오. 자신이 누구인지를 아십시오. 오로지 관함을 통해 자신의 몸과 마음을 아십시오. 앉아 있을 때, 누워 잘 때, 먹을 때에도 자신의 한계가 어디까지인지를 알도록 하십시오. 지혜를 쓰십시오.

수행은 무언가를 성취하려고 하는 것이 아닙니다. 오직 있는 그대로를 알아차리십시오. 우리의 수행은 오직 마음을 곧장 들여다보는 일일 뿐입니다. 그리하면 고(苦)와 고의 원인과 고의 끝이 보일 것입니다. 하지만 많이 참고 견디지 않으면 안 됩니다. 차츰차츰 배워가야겠지요.

붓다께서는 제자들에게 스승 밑에서 적어도 5년은 머물러야 한다고 가르치셨습니다. 지나치게 엄격한 수련은 피하도록 하십시오. 겉모습에 사로잡히지 마십시오. 다만 평정심을 지니고 그 마음을 바라보십시오.

승려의 계율과 사원 내의 규칙은 대단히 중요한 것입니다. 소박하고 조화로운 환경을 이루기 위한 필수요소이지요. 그것을 잘 활용하십시오. 그러나 계율의 핵심은 본래의 의도를 알아차리고 마음을 관찰하는 것입니다. 모든 것을 지혜로써 행하십시오.

남을 지켜보는 것은 좋지 못한 수행법입니다. 차별심을 내지 마십시오. 숲 속의 작은 나무를 보고 다른 나무들처럼 크지 않고 쭉쭉 뻗지도 않는다고 화를 내겠습니까? 남을 비판하지 마십시오. 서로가 각기 다를 따름입니다. 남들을 모조리 바꾸어 보겠다는 짐을 걸머질 필요는 없습니다.

그대들은 보시와 헌신의 가치를 알아야 합니다. 참으십시오. 계를 지키십시오. 소박하고 자연스럽게 살아가십시오. 마음을 지켜보십시오.

이처럼 수행하면 이기심이 사라지고 평온을 얻게 될 것입니다.

제2장
아찬 붓다다사
(Achaan Buddhadasa)

ACHAAN BUDDHADASA

1. 선·교를 겸한 대선지식

붓다다사(*Ajahn Buddhadāsa*) 스님은 20세 되던 해인 1926년에 출가하여 불문에 귀의, 승려가 되었다. 방콕에서 몇 년간에 걸쳐 수행 정진한 후, 부처님께서 그러하셨듯이 대자연과 가까이 하라는 영감을 받고 불법의 본질을 깨닫기 위하여, 1932년 태국의 남부지방 그의 고향 근처에 수완목 선원(*Suan Mokkhabalārāma* : 자유의 정원)을 설립하였다. 당시 수완목은 그 지역에서는 유일하게 담마 수행을 위한 선원이었으며, 태국 내 몇 되지 않는 불교 정통의 위빠싸나 수행을 위한 도량 중 하나였다. 그와 수완목 선원의 명성은 몇 년 사이에 전국적으로 퍼져 널리 알려지게 되었는데, 그의 수행 가풍과 업적은 샴(태국의 옛 이름)의 불교 역사상 가장 훌륭하고 영향력 있는 것으로 평가되고 있다.

여기에서는 영원히 잊혀지지 않을 그의 수많은 업적 중 몇 가지만 소개하기로 한다. 그는 신성한 불법을 굳건히 확립하여, 대중에게 바르게 포교하기 위하여 뼈를 깎는 수행을 하였다. 그가 설한 법문의 내용은 빠알리어로 씌어진 경전을 광범위하게 연구해서 터득한 지혜에 기초를 두고 있으며, 특히 부처님의 경전 내용을 몸소 수행하고 실천하였다.

그는 고(dukkha:苦)의 고리를 완전히 끊어서 절멸시키는 담마의 비밀을 밝혀냈으며, 이에 관심 있는 사람들 누구에게라도 즐거이 전수하여 깨칠 수 있도록 온 정성을 다하였다. 그는 현재와 미래에 연구하고 수행하는 데 꼭 필요하며 도움이 될 수 있는 완전한 참고 문헌을 저술하는 것을 제일의 목표로 설정했다. 담마에 대한 그의 접근법은 언제나 과학적이었으며, 솔직하고 실용적이었다. 그가 정규 교육을 받은 기간은 7년에 불과하다. 그러나 그는 타이 대학교에서 무려 7개의 명예박사 학위를 받았다. 그리고 현재에도 여전히 그가 정립한 붓다의 수행 세계와 업적은 미국과 영국 유럽전역에 걸쳐 많은 사람들에 의해 박사 학위 논문으로 씌어지고 있다. 그가 저술한 책들(직접 저술했거나 그의 설법으로부터 채록 전사된)은 현재 타이 국립도서관의 서가를 메우고 있으며, 진지하게 수행하고 있는 태국의 모든 불자에게 큰 영향을 미치고 있다.

태국의 진보적인 인사들, 특히 젊은 세대들은 그의 폭넓은 사고와 심오한 설법, 그리고 타인에 대한 헌신적인 자세에 깊은 감명을 받고 있다. 1960년대 이후로 교육, 사회복지 등의 각 분야의 저명인사들뿐만 아니라 사상가들조차도 그의 심오한 설법과 지혜로운 조언과 우정에 매료되고 있다. 그의 업적은 사회문제에 관심이 있는 새로운 세대의 승려들을 격려하고 고무시키는 데 큰 역할을 하였다. 그는 불법의 모든 부파(종파)를 공부하였고, 또한 중요한 종교적인 전통들을 연구했다.

그것은 그가 불교를 학문적인 측면이 아닌 실용적인 측면에 가치를 두었기 때문이었다. 그는 세계 평화를 위하여 신앙심이 돈독한 사람들을 한 데 묶어 통일시켜서 서로 협력하는 분위기를 조성하려는 시도를 하고 꾸준히 노력을 기울여왔는데, 이는 현대인들의 이기심과 더불어 그들의 종교적 이기심을 극복하기 위한 노력 중 하나였다. 이러한 폭 넓은 아량과 혜안으로 인해 그 주위에는 항상 그를 아끼고 존경하는 사람들이 모였으며, 그런 사람들 중에는 기독교인, 무슬림교도, 힌두교도, 시크교도들도 있었다.

그는 국제 담마 수련원을 설립하였는데, 그 곳에서는 지금도 외국인들이 불법을 바르게 이해하고 수행에 매진할 수 있도록 하기 위하여, 매달 초순 영어로 진행되는 강좌가 열리고 있다. 또한 매달 하순에는 집중 수행인 '결제'를 한다. 그는 전 세계 도처에서 몰려오는 수행자들이 불법의 정수를 이해하고 체득할 수 있도록, 이를 목적으로 하는 모임이 조직되기를 희망했다.

그는 세상의 모든 중생을 돕고 부처님과 그들에게 봉사하기 위하여 몇 가지 새로운 기획을 확정했는데, 첫 번째 기획은 외국인 승려들이 거처하며 수행에 정진할 수 있도록 국제 담마 수련원 근처에 소규모의 도량인 수완 아땀마야따라마(*Suan Atammayatārāma*)를 건립하는 것이었다. 그 곳에는 그의 지침이 씌어져 걸려 있는데, 그 내용은 다음과 같다.

"부처님의 가르침에 정통하고 위빠싸나를 성실히 수행하여 불법(**Buddha-Dhamma**)을 세상사에 적용시키는, 담마를 전파하는 수행자를 양성하는 것이 이 도량의 설립 목적이다."

또 다른 기획은 담마마따(***Dhamma Mātār***, 담마 어머니)이다. 현대 사회는 자격을 갖춘 여성 수행 지도자를 필요로 하는데, 그 수가 절대 부족하다. 간혹 그런 여성들이 있기는 하지만, 사회로부터 능력을 인정받지 못하고 있으며, 대우 또한 제대로 받지 못하고 있다. 담마마따 기획의 목표는 그들에게 보다 폭넓은 기회를 주고, 수련원에서의 생활과 수행에도 적극적인 지원을 함으로써 사회에서 여성의 지위를 향상시키는 것이다. 즉 담마로써 불자를 양성하여 더 많은 여성 수행 지도자들을 배출하는 것이다.

 붓다다사 스님은 1993년 7월 8일, 수완목 선원에서 열반하였다. 오늘날도 수완목 선원은 이러한 전통과 자연의 법칙에 따라 그의 수행 가풍이 전승되고 있다.(붓다다사 선사의 외국인을 위한 아나빠나 수행서인 〈마음으로 숨쉬는 붓다 - 한길〉와 〈붓다의 호흡법, 아나빠나 삿띠 - 불광〉도 시중에 번역되어 있다.)

2. 자연스런 지혜 수행법

자연스러운 지혜 수행법

어떻게 해서 선정이 일어나는지와 어떻게 체계화된 수련으로 선정이 일어나는지를 알아보자. 결국에는 이 두 가지가 일치된다. 즉 마음이 면면 밀밀하게 내관(內觀)할 수 있도록 집중되고 조절된다.

그러나 여기에서 한 가지 주목해야 할 것이 있다. 자연스럽게 일어나는 선정의 강도는 내관을 위하여 충분하고 적당한 반면, 조직화된 수련에서 오는 선정은 필요 이상으로 지나치게 된다. 뿐만 아니라 계발된 선정으로 인해 자만심이 일어나는 결과를 초래할 수도 있다. 마음이 완전히 집중되어 있는 동안에 뿌듯한 희열이나 충만한 행복감 같은 것을 체험하면 열반에서 오는 도(道)·과(果)로 착각하여 집착하기 쉽다.

자연스럽게 일어나는 선정은 지혜 수행을 위하여 충분하고 알맞으며 위험이 없고, 집중 수련에 의해 계발된 선정의 고유한 단점도 없다.

경전에는 깨달음의 모든 단계를 자연스럽게 나아간 사람들에 대한 수많은 사례들이 있다. 이것은 부처님 당신에게도 해당된다. 여러 선지식들도 마찬가지다. 그들은 숲 속으로 가서 특정한 대상에 강하게 집중하기 위하여 좌선하지 않는다. 다섯 수행자가 부처님의 무아에 대한 초전법륜을 듣는 순간 깨쳤을 때나, 천명의 수행자가 불(火)에 대한 설법을 듣는 순간 깨쳤을 때도 체계화된 정진이 없었다. 이 경우 예리하게 꿰뚫어보는 통찰력은 지극히 자연스럽게 일어난다.

이런 사례들이 명백하게 보여주는 것은, 자연스러운 선정이란 어떤 의문을 분명히 이해하려고 애쓰고 있는 동안에 절로 계발되는 경향이 있으며, 그것이 밑바탕이 되어 있는 한 그 결과로써 오는 통찰력은 아주 강하고 안정성이 있다. 그것은 자연스럽게 어려운 산수 문제를 풀고 있는 동안에 마음이 집중되는 것과 같은 식으로 저절로 일어난다.

이와 마찬가지로 사격을 할 때도 조준과 동시에 마음은 절로 집중되고 안정된다. 이것은 자연 발생적인 선정이 어떻게 일어나는지를 보여주는 좋은 예이다. 우리는 보통 이것을 간과해버린다. 왜냐하면 마술처럼 신기하고 놀랄 만한 현상이 없기 때문이다. 그러나 이런 자연 발생적인 선정의 힘을 통해 실제로 해탈할 수 있다. 우리는 자연스럽게 일어나는 선정을 통해 완전히 깨칠 수 있다. 그러므로 자연발생적인 선정을 간과하지 마라. 그것은 이미 우리들 거의가 다소 체험했거나 앞으로 계발할 수 있는 것이다. 오늘날과 같은 선정 수행법을 모르면서도 옛 수행자들은 대부분 깨쳤듯이 우리도 그럴 수 있다. 자, 지금부터 오온(五蘊)의 세계로 완벽한 통찰력이 투과하도록 이끌어주는 내적 알아차림의 특성을 단계별로 알아보자.

알아차림의 단계

희열과 정신적 행복감은 마음의 즐거움이다. 어떤 형태로든 공덕을 쌓는 것, 예를 들면 선행의 기본적인 모습인 공양을 올리는 것도 기쁨의 원천이 될 수 있다. 완전한 도덕성과 순수한 언행에도 환희심이 인다. 이것을 넘어서서 선정의 희열이 찾아온다. 낮은 단계의 선정에서도 강한 희열이 있다.

희각(喜覺)은 계발됨에 따라 경쾌안각(輕快安覺)을 유도하는 힘이 있다. 일상의 마음은 전혀 자제되어 있지 않아서, 외부 세계로부터 들어오는 모든 사념과 감정의 노예가 되어 있다. 마음은 항상 불안하다. 그러나 정신적인 희열이 충만함에 따라 고요함과 안정이 비례해서 커진다. 마음속에 안정이 확고히 자리잡을 때, 완전한 선정 상태가 된다. 마음은 평온하다. 이 마음은 어떠한 목적으로도, 특히 마음의 오염을 정화하기 위하여 사용될 수 있다.

희각과 경쾌안각이 일어난다고 해서 마음이 바위처럼 굳어지거나 침묵의 상태가 되는 것은 아니다. 그런 상태는 결코 일어나지 않는다. 그때 몸은 정상이나 마음은 지극히 고요하여, 사유나 내관하는 데 적절하게 된다. 그것은 맑게 가라앉아서 환히 비추인다. 다른 말로 하면 무엇이든 이해할 준비가 되어 있고, 일상 업무를 이행할 자세를 갖추고 있다. 그것은 알아차림이 전혀 없는 석상처럼 뻣뻣하게 앉아 있는 깊은 삼매 상태가 아닌, 목표를 알아차릴 수 있는 선정이다. 석상처럼 앉아 있다면 그것은 아무것도 알아차릴 수 없는 상태다. 너무 집중된 마음은 내관을 할 수 없다. 그것은 알아차림의 상태에 있지 않아서 지혜를 위해서는 쓸모가 없다. 깊은 삼매는 지혜 수행을 위하여 커다란 장애가 된다. 내관(insight : 통찰)하기 위해서는 우선 근접 삼매로 돌아가야 한다. 그때 마음은 마음의 힘을 이용할 수 있다. 깊은 삼매는 단지 하나의 도구에 불과하다.

우리는 깊은 삼매보다 오히려 바른 마음을 목표로 해야 한다. 왜냐하면 그것이 지혜 수련 과정에서 우리를 세상에 대한 바른 지혜로 인도하기 때문이다. 그렇게 해서 되찾은 지혜는 자연스러운 지혜이며, 부처님의 설법을 앉아서 듣는 동안에 깨친 사람들의 지혜와 같은 것이다. 그것은 바른 견해(正見)와 바른 의도(正思惟)이다. 그것은 의식적인 절차나 기적을 내포하지 않는다.

그렇다고 "통찰 지혜는 순간적으로 일어난다"라고 말하고 있는 것은 아니다. 곧바로 완전하게 깨달을 수는 없다. 지혜는 언제라도 찾아오지만, 선정의 강도와 그 적용에 달려 있다. 선정과 알아차림을 통해 깨어난 지혜는 아주 맑고 심오하다. 만약 그 지혜가 바른 지혜라면 실상을 직접 체험하게 될 것이다.

수행이 깊어짐에 따라 지혜의 문은 열리고, 궁극적으로 모든 현상을 바르고 참되게 이해할 수 있는 수준으로 계발된다. 지혜가 어느 정도 계발되면 수행자는 성자의 반열에 입문할 수 있다. 또는 그 정도까지는 안 되더라도 마음이 상당히 수양된 선량한 사람으로 인격자가 될 것이다. 만약 환경이 조화롭고 심신의 균형이 잡히면 오늘날에도 얼마든지 해탈할 수 있다. 가령 우리가 가야 할 목적지가 까마득하다 하더라도 마음이 자연스런 선정을 유지하고 있는 한 지혜는 차오르게 되어 있다. 지혜는 실재와 가까이든 멀리든 밀접하게 연결되어 있다. 만약 수행자로서 이 세상 즉 오온(五蘊)의 본성을 완전히 알 수 있다는 희망으로 있는 그대로 오온을 관찰하고 탐구한다면, 고요하게 집중된 상태에서 지혜가 깨어나 우리를 바른 길로 안내할 것이다. 그것은 언제나 유익하다.

통찰 지혜의 과보

"사물의 본성을 지혜로 통찰한다"라는 말은 무상·고·무아를 꿰뚫어 보는 것을 의미한다. 가질 만한 것은 아무것도 없고 이루고자 할 만큼 가치 있는 일은 어디에도 없다. 어떤 대상도 붙잡을 수 없다. 상상이든 추억이든 좋아하거나 싫어하는 것은 집착이다. 가질 만한 것이나 무엇이 되고자 할 만큼 가치 있는 일은 없다는 말은 집착할 만한 대상이 아무것도 없다는 말이다.

'갖는다'는 자기 마음을 소유물이나 즐거움의 대상에 두는 것을 의미한다. '된다'는 자신의 상을 남편(또는 부인), 부자(또는 가난뱅이), 성공인(또는 실패자), 그리고 자기 이미지와 동일시하는 것을 말한다.

만약 우리가 참으로 깊이 그것을 들여다본다면 '나'라는 존재마저 흥미가 없어질 것이다. 왜냐하면 무엇인가 되려고 하는 것은 또 하나의 고통의 원천이기 때문이다. 만약 자기 존재나 이미지에 대한 집착을 완전히 놓을 수 있다면, 그때는 괴로움으로부터 해방될 것이다. 집착을 놓는 순간, 무엇인가 되려는 대상의 무가치함을 알게 된다. 무언가 되려고 할 때는, 그 되려는 상태에 비례해서 괴롭다.

나 자신이 존재할 때, '나'와 '나의 것'이 있다. 그때 자식과 아내뿐만 아니라 갖가지를 소유하게 된다. 그러면 남편으로서, 주인으로서, 하인으로서의 의무가 갖춰진다. 그리고 그것을 지탱하려면 투쟁을 해야 한다. 자기 지위를 유지하기 위한 투쟁은 단지 사물에 대한 맹목적인 갈애와 집착의 결과이다.

만약 우리가 무엇을 가지려고 하거나 뭔가 되려는 욕망을 포기한다면 어떻게 계속 살아남을 수 있지? 이것이 이 문제에 대해 심사숙고하지 않으려는 사람들의 변명이다. 뭔가 '가지려고 함'과 '되려고 함'은 정신적으로 오염된 욕망에 그 바탕을 두고 있다. 그래서 마음을 '갖고자' 하거나 '되고자' 하도록 유도하여 "가질 만한 가치가 있고 이룰 만한 가치가 있다"라는 고정 관념을 유지한다. 이것이 근심 걱정으로 마음이 무거워지는 원인이다. 이제 이 사실을 알게 되었으므로, 갈애와 집착에 의한 '갖고자 함'과 '되고자 함'의 노예로 전락하지 않기 위하여 마음을 계속 관찰해보자. 이 악영향으로부터 초연할 만큼 당신은 현명해야 한다.

만약 소유하려는 것이나 되려는 것을 완전히 포기한 상태가 아니라면, 매사에 자기 마음 상태를 관조하며 고요히 깨어 있어야 한다. 그래야만 뭔가 가지려고 하거나 되려고 할 때 감정의 개입 없이 그렇게 할 수 있다.

세상에 존재하는 모든 것은 영원하지 않고 가치 있는 것은 하나도 없으며, 누구에게도 소유되지 않는다. 무언가 가지려고 하는 사람은 그 집착 때문에 괴롭다. 그것을 가지려고 하는 바로 그 순간부터 괴로우며, 그걸 가진 후에도 잃을까봐 불안하다. 뭔가 되려고 할 때는 그 순간부터 되는 전 과정에서, 그리고 된 후에도 거기에 집착하는 마음에 의해 연쇄적으로 속박된다.

그것은 누구나 높은 가치를 부여하는 선행에도 그대로 적용된다. 만약 누군가가 선행에 너무 집착한다면, 악행으로부터 받는 고통 못지않게 선행으로부터도 고통을 받을 것이다. 선행을 할 때 우리는 이 사실을 명심해서 무집착으로 할 수 있게 마음을 챙겨야 한다.

바른 지혜의 유용성

의심이 많은 사람은 의문을 제기할 것이다. 만약 가질 만한 가치 있는 것이 하나도 없다면 아무도 일하려고 하지 않을 것이고, 부나 재산을 축적하려고 하지 않을 것이다. 그러나 이것을 잘 이해한, 바른 의도와 바른 견해를 지닌 사람은 어리석은 사람이 강한 욕망에 얽매어 있는 것보다 실제로 더 나은 입장에서 의무를 이행하게 된다.

우리는 이 세상에서 소명을 마무리할 수 있다. 누구나 소명의식으로 마음을 온전히 집중해서 일하면 욕망에 이끌리지 않는다. 그때 당신은 당신이 하는 일에 어떤 결과가 오더라도 초연하게 대처할 수 있다. 부처님과 그의 제자 중 완전히 깨친 아라한들은 욕망으로부터 자유로워서 훨씬 더 유용한 많은 일들을 완수했다. 부처님의 일상생활을 살펴보면, 그분은 오직 네 시간만 주무시고 나머지 시간들은 일하면서 지내셨다는 사실을 알 수 있다. 우리는 하루 중 네 시간 이상을 자신을 즐기는 데 보낸다.

오욕이 없는 부처님과 그의 제자 중 완전히 깨친 아라한들에게 동기를 부여한 힘은 무엇일까? 그들은 자비로운 지혜의 힘에 의해 움직였다. 그들은 어떤 대상을 소유하려고 하지 않고, 어떻게 되려고 하지 않았다. 그들은 일을 할 때 할 만한 가치가 있는 것과 할 만한 가치가 없는 것을 식별해낼 능력을 가지고 있었다. 예를 들어 음식을 얻으면 좋든 싫든 전혀 개의치 않는다. 열병으로 통증이 심할 때 그들은 어떻게 처리하는지를 안다. 그래서 지혜롭게 처리한다. 만약 열병으로 위독해지면 죽음이 자연스러운 현상임을 알고 결국에는 몸을 통제할 수 없음을 상기한다.
살아 있든 죽든 그들에게는 아무런 의미가 없다. 그들에게는 이 양자가 똑같다. 그들은 욕망으로부터 벗어나 있다.
 만약 괴로움에서 완전히 자유로울 수 있다면, 이것이야말로 최상의 삶의 자세이다. 몸의 주인으로서 자아의 관념이 있을 필요는 없다. 몸과 마음의 과정을 자연스럽게 드러내서 애착 없이 또렷이 볼 수 있게 하는 것이 바로 통찰지(洞察智)이다. 순수한 지혜와 자비의 힘만으로 이 세상의 욕망으로부터 벗어나 살 수 있고, 아직도 욕망에 얽매어 있는 사람보다 훨씬 더 많은 선행을 할 수 있음을 부처님이 모범을 보이셨다. 욕망으로 사는 사람은 그 자신에게 이익이 있는 행위만 하려고 한다. 왜냐하면 그는 이기심에서 행동하기 때문이다. 이와 대조적으로 깨달은 이(覺者)의 행동은 전적으로 자비롭다.
 대체로 세속적인 사람은 가질 만하고 이룰 만한 가치 있는 일이 아무 것도 없다는 얘기를 들을 때, 그것을 이해하지 못해서 믿으려고 조차 않는다. 그러나 이 말의 진정한 의미를 이해하는 사람은 누구나 용기 있게 되고 환희에 넘친다. 그의 마음은 사물을 다스려서 사물로부터 초연하다. 그는 어떠한 일도 지혜롭게 처리할 수 있어서 일의 노예가 되지 않는다. 우리가 임무를 완전무결하게 처리하지 못하는 이유는, 자기 욕망에 이끌려서 무언가 가지려고 하고 뭔가 되려고 하는 데 있다.
 결과적으로 자신이 자기 주인이 되지 못하여 떳떳하지 않다. 실패하거나 패망하는 근본 원인은 욕망에 있다.

순수한 평화

사물의 본성을 아는 것이 모든 불교인의 진정한 목표이다. 이것이야말로 우리를 욕망으로부터 해방시킬 수 있는 길이다. 우리가 세속적인 이익을 추구하거나, 내생에 천상에 태어나기를 바라거나, 초세속적인 열반을 바라거나 그 무엇에 상관없이 거기에 이르는 바른 길은 지혜와 통찰력이다. 누구나 통찰에 의해 내적으로 진보한다. 누구든지 지혜로 정화된다. 자유로 가는 길은 자각이다. 그러므로 조건지어진 모든 것은 값어치가 없음을 분명히 자각하자.

우리는 무언가 소유하고 뭔가가 되어 있다. 일상에서 가끔 "나는 이러하다"라고 중얼거린다. 왜냐하면 사회에서 명예나 지위와 자신을 동일시하는 것은 당연하기 때문이다. 우리는 상대적인 가치 기준에 따라 하는 말을 액면 그대로 받아들여서는 안 된다. 그러는 것은 귀뚜라미처럼 행동하는 것이다. 귀뚜라미는 그의 얼굴에 먼지가 쌓이면 방향 감각을 잃어서 죽을 때까지 서로 물어뜯는다. 우리 인간도 욕망과 미혹의 지배 하에 있을 때는 삶의 목표를 잠시 잊어서 정상적인 행위에 역행하게 되고, 심지어 살생까지 하게 된다.

그러므로 사회에서 생계 수단을 위해서는 필요하지만, 그 이상은 아무것도 아닌 상대적인 가치에 맹목적으로 매달리지 말아야 한다. 우리는 이 몸과 마음이 무엇인지, 그리고 그것의 참 본성은 무엇인지를 알아야 한다. 특히 그것이 무상·고·무아임을 알아야 하고, 거기에 집착하지 말아야 한다. 그것 없이는 살 수 없다고 여기는 것에 대한, "이것은 여기에 속하고 저것은 저기에 속한다"라는 고정 관념에서 벗어나자. 그것은 어디까지나 상대적인 기준일 뿐이다. 고정 관념을 놓아 버리면 소유권에 집착하지 않게 된다.

 우리는 물건을 단순히 편의를 위해 소유해야지, 그것이 우리 마음을 지배하게 해서는 안 된다. 이 분명한 앎이 있을 때 물건에 수동적으로 지배받기보다 오히려 능동적으로 이용할 수 있다. 만약 우리가 그걸 소유하거나 그렇게 되는 것을 의식해서 거기에 집착한다면, 대상이 우리를 지배할 것이다. 그때 우리는 삶을 이미 축적한 부를 잃어버릴까봐 전전긍긍하면서 허비할 것이다. 그러면 욕망의 노예로 전락한다. 상황이 이렇게 전개되기 전에 우리는 항상 주의하자. 바깥 대상을 소유하려는 욕망을 알아차려서 집착이 없을 때, 우리는 자신이 초연한 상태에 있음을 알게 된다.

 참으로 가질 만한 것이 없고 될 만한 것도 없다는 사실을 분명히 알 때, 세속으로부터의 초연함은 통찰력과 비례한다. 그것은 집착이 떨어지려는 징조이다. 그것은 또한 우리가 지금까지 너무 오랫동안 노예로 살아오다가 드디어 이 상태에서 벗어나려는 한 생각이 일어났음을 알리는 계시이다.

 이러한 각성은 오욕락에 집착해서 매달리는 어리석음에 진절머리가 날 때 생긴다. 각성이 자리잡는 순간, 해방의 과정이 자연스럽게 밀물처럼 밀려온다. 그것은 마치 꽉 묶인 밧줄이 풀어지듯이, 얼룩진 때가 적절한 세제에 의해 지워지듯이 정화된다. 집착의 대상에서 이탈되는 과정을 부처님은 '해탈'이라고 부르셨다. 이 단계가 매우 중요하다.

이 정도까지 자유로워졌을 때 고통으로부터의 완전한 자유는 보장된다. 외형이나 감정으로부터 자유로워졌을 때, 다시는 이 세상의 노예가 되지 않는다. 노예의 상태에서 자유로운 상태로 전환되는 것이다. 이 혼돈으로부터 자유로운 상태를 부처님은 '순수한 평화'라고 부르셨다. 그것은 모든 경계에서 초연함을 유지하는 것이며, 바로 지금 일상생활에서 일종의 열반을 체험하는 한 방법이다.

열반(涅槃)은 '고(苦)의 멸(滅)'로 번역된다. 열반은 '적멸(寂滅)'을 뜻한다. 열반이라는 말은 매우 중요한 의미를 지니고 있다. 첫째로 모든 결박으로부터 벗어나서 갈애가 소멸한 것을 뜻하며, 둘째로 갈애를 일으키는 연료가 완전히 소진된 적멸을 뜻한다. 이 두 의미가 결합된 것이 완전한 자유의 상태이다. 그것은 고(苦)의 끝, 마음의 오염이 깨끗이 정화된 상태, 모든 업의 활동이 멈춘 상태를 의미한다.

열반이라는 말이 여러 다른 종파에서 사용되고 있지만, 그들이 사용하는 의미는 전혀 다르다. 예를 들면 한 그룹에서는 열반을 단순한 평온 상태로 받아들인다. 왜냐하면 그들은 열반을 깊은 선정과 동일시하기 때문이다. 다른 그룹에서는 심지어 감각에 완전히 몰입된 상태를 열반으로 착각하기도 한다.

부처님은 열반을 단순히 세상의 조건성과 모든 사물의 본성을 발견함으로써 결박하는 고뇌로부터 자유로워져서, 모든 집착에서 벗어난 상태로 정의한다. 사물의 본성을 직시하는 지혜의 위대성을 인식해서, 다양한 방법으로 지혜를 계발하기 위하여 끊임없이 노력해야 한다. 그 한 방법은 마음의 정화에서 오는 정신적인 기쁨과 평정을 유지하고 계발하여, 우리가 지금까지 서술해왔던 특성들이 드러날 때까지 지혜가 저절로 자연스럽게 솟아나도록 하는 것이다.

다른 한 방법은 선정과 지혜 수련을 체계화한 것으로, 마음의 힘을 계발한다. 후자의 방법은 특별한 성향을 가진 사람에게 적절하다. 인연이 닿으면 그는 급속한 진전을 이룬다. 그러나 언제 어디서나 우리는 지혜를 계발할 수 있다. 우리 자신의 일상생활을 순수하고 정직하게 영위함으로써 사물의 본질을 직시하는 지혜의 각성이 일어나게 하여, 마침내 열반에 이르게 된다. 이와 같이 고통에서 해방된 자유의 맛을 서서히 자연스럽게 매일, 매달, 매년 느끼다 보면 완전한 자유인 열반에 점차적으로 다가간다.

자연스러운 선정과 지혜의 길을 요약하면, "가질 만하고 될 만한 가치가 있는 것은 아무것도 없다."라는 진리를 매일 조금씩이나마 생활속에서 맛봄으로써 열반에 어떻게 이를 수 있는지 알게 된다. 거기에 이르려는 사람은 스스로 자신을 정화해서 마음을 계발하기 위하여 노력해야 한다. 그럼으로써 내면의 정신적 기쁨을, 여가를 즐기면서는 물론이고 일하면서도 되찾을 수 있다. 이 기쁨이야말로 바로 마음의 평정을 유도하여 자연스럽게 자동적으로 회광반조(廻光返照)하고 사유할 능력을 갖게 해준다.

이 내관으로 참으로 가질 만한 것은 없고 될 만한 것도 없다는 지혜가 생겨, 지금까지 붙잡고 매달렸던 대상을 향한 모든 욕망을 놓게 된다. 마음은 '나' 혹은 '나의 것'으로 여겼던 대상으로부터 자유로워서, 객관적인 사물에 대한 맹목적인 사랑을 하지 않게 된다. 고통은 많이 줄어들고,

그 어디에도 머무를 데가 없어서 잠재되어 있는 고통을 제거하는 작업도 이미 착수되었다. 이 작업은 누구나 자연스럽게 시작할 수 있다. 집착을 초월하고 경험이나 대상을 '나' 혹은 '나의 것'으로 동일시하지 않는 내적 평화가 진정한 붓다의 자유이다.

체계화된 지혜 수행법

이 토론을 마무리하기 위하여, 부처님이 가르치신 게 아니라 후대의 선지식들이 계발한 체계화된 수행 방법에 대해 살펴보려고 한다. 그것은 스스로 자연스럽게 세상에 존재하는 고(苦)를 인식하지 못한 사람들에게 적절하다. 그렇다고 해서 이 방법에 의해 얻어진 결과가 자연스러운 방법에 의해 얻어질 수 없는 어떤 새로운 특성을 지니고 있음을 의미하는 것은 아니다. 경전을 상세히 살펴보면 자연스러운 방법이 언급된 유일한 방법임을 알 수 있다.

어떤 사람은 자연스런 방법을 이해하기 어렵다고 하면서, 자연스러운 지혜 수련은 상당한 공덕을 쌓은 사람이나 어린아이들처럼 순수해서 쉽게 사물을 이해하는 능력이 있는 사람에 의해서만 계발될 수 있다고 굳게 믿는다. 그렇지 못한 사람은 어떻게 수행해야 할까? 그에게 스승은 처음부터 철저하게 체계적으로 정확한 과정을 거치도록 가르친다.

지혜를 일깨우기 위한 수행 체제를 '위빠사나'라고 부른다. 위빠사나 즉, 지혜 통찰은 연구나 지적인 탐구와는 다르다. 이 양자를 최근에는 수련을 보완하는 데 이용하고 있다. 위빠사나는 내적인 관찰이다. 그것은

붓다의 후예, 위빠사나 선사들

엄격한 마음 수련이다. 위빠사나는 경전에 직접 언급되어 있지는 않다. 후대의 책에만 나타난다. 그럼에도 불구하고 위빠사나는 고통을 제거하려는 사람들을 위해 만들어진 부처님의 정통 수련법이다. 그것은 지속적으로 꿰뚫어보는 내관(內觀, 廻光返照)법이다. 위빠사나를 일반인들에게 설명하기 위하여 이전시대의 선사들은 다음과 같은 질문을 했다.

"위빠사나의 기본 원리와 그 근거는 무엇인가? '이것이 위빠사나다'라고 우리가 알 수 있는 특징은 무엇인가? 위빠사나의 기능은?"

거기에 대한 대답은 도덕성(戒)과 선정(定)이라고 말할 수 있다. 위빠사나는 '분명한 앎(慧)'을 뜻하고, 우리 마음이 기쁨으로 충만해서 어떤 욕망도 없을 때 솟아나는 통찰력을 말한다. 계행이 청정할 때 기쁨이 샘솟는다. 계행이 선결 조건이다. 이것은 불교 경전에 서술되어 있다.

거기에는 일곱 가지 정화 단계를 거쳐서 열반에 이르는 전 과정이 설명되어 있다. 선사들은 청정한 계행의 실천을 일곱 정화 단계 중 첫 단계로 보았다. 그것이 완성되었을 때, 즉 언행의 청정함이 이루어졌을 때 마음의 청정함이 이루어진다. 사견(邪見)에서 벗어나 의심으로부터 자유로워지면 해야 할 일과 하지 말아야 할 일에 대한 앎이 생겨서, 그 과정에 대한 통찰력으로 마침내 완전한 지혜에 이른다. 일곱 정화 단계의 마지막 다섯 단계들이 위빠사나의 특성이다. 신·구·의 삼업의 정화가 위빠사나로 가는 유일한 길이다.

현재 조직화된 지혜 수련이 많은 불교 스승들에 의해 가르쳐지고 있다. 그들은 호흡의 집중 같은 선정 수련을 먼저하고 다음으로 위빠사나 즉 지혜 수련을 하게 하거나, 처음부터 지혜 수련을 가르친다. 체계화된 수련을 하기 위하여 수행자는 일정 기간 결제 수련을 하는 곳으로 간다.

이 결제 기간 동안에 그의 생활은 오로지 집중 명상 수련만으로 짜여져 있다. 그는 마음의 균형을 잡기 위하여 선정과 마음 챙김을 충분히 계발하고, 초세속적인 열반의 자유를 체험하기 위하여 도전한다.

수행자가 고립된 환경에서 집중 수련을 하든, 자연스러운 방법으로 하든 결국 일상생활에서 위빠사나의 마음 챙김은 저절로 하게 된다.

참으로 현명한 사람은 과거와 미래가 없다. 그는 잃어버릴 것도 없고, 가질 것도 없고, 될 것도 없다는 깨달음에서 자유가 온다는 것을 안다. 이 앎이 모든 살아 있는 중생에게 자유를 찾아줄 것이다.

3. 붓다의 호흡법, 아나빠나삿띠 16단계

다음 내용은 붓다다사의 대표작 붓다의호흡, 아나빠나삿띠(불광출판)에서 발췌한 내용으로 역자가 추가한 내용이다.

선정과 열반에 이르는 여덟 과정

1. 도과를 성취하기까지 여덟 단계의 과정

여기서 잠시 멈추어 수행 전체를 요약해 보기로 하자. 처음부터 끝까지, 즉 성스러운 도와 과(ariya-magga-phala)를 성취하기까지의 과정은 다음과 같이 여덟 단계로 나눌 수 있다.

1) 수식(gaṇanā, 數息)

수식은 호흡의 길이를 측정하는 데 활용되고, 또한 그 시작과 중간과 끝을 체험하는 방식으로 호흡을 조절하고 제어하는 기능을 한다. 수식은 호흡이 아직 거친 동안 행해지고 아나빠나삿띠의 1, 2, 3단계에 적용된다.

2) 상수(anubandhanā, 相隨)

"상수"는 호흡을 면밀하게 중단 없이 따라가는 수련으로, 마음챙김으로 마음을 호흡에 묶는 것이다. 이것은 숫자를 세거나, 호흡의 처음과 중간과 끝을 구분하지 않는다. 이는 아나빠나삿띠의 제3단계에 특히 적용된다.

3) 접촉(phusanā)

여기서 마음챙김은 호흡이 피부표면과 접촉하는 한 지점으로 향한다. 이는 초기 영상인 익힌 표상(uggaha-nimitta)을 그 지점에서 일으키기 위함이다. 접촉은 아나빠나삿띠의 제4단계에 적용된다.

4) 고정(ṭhapanā)

이 과정에서 마음은 익힌 표상이 일어난 지점에 굳게 고정된다. 이는 이 익힌 표상이 조만간 뚜렷하고 잘 확립된 선명한 영상인 닮은 표상(patibhāga-nimitta)으로 전환되도록 하기 위함이다. 닮은 표상은 완전한 집중 또는 선정으로 이끈다. 고정은 아나빠나삿띠의 제4단계에 관련된다.

5) 관찰(sallakkhaṅā)

수행자는 마음과 물질을 관찰하고, 그것들을 무상·고·무아로 자각하고자 통찰력을 계발한다. 이것은 제5단계에서 마지막 단계까지 적용된다.

6) 전환(vivaṭṭanā)

이것은 오염 또는 불순으로부터 벗어나고 그것들을 제거하고 그 대신 선한 품성을 얻고자 하는 방법이다. 평정 또는 사라짐(離貪, virāga)으로 시작하여 성스러운 도(道)의 성취로 바로 이어진다. 아나빠나삿띠의 제13단계와 제16단계에 적용된다.

7) 정화(parisuddhi)

번뇌를 무너뜨려 성스러운 과(果)를 얻는 것이다. 이것은 흔히 "해탈(vimutti)" 또는 "번뇌의 근절에 의한 해탈(samuccheda-vimutti)"로 알려져 있다. 이것은 마지막 제16단계에 따라 아나빠나삿띠를 계발한 결과이다.

8) 반조(paṭipassanā)

오염 또는 족쇄의 파괴와 그로 인해 얻어진 과(果)를 반조하고 검토하는 것이다. 수행자는 마음챙김 하여 호흡하는 동안 성스러운 과(果)를 반조한다.

이 여덟 과정 중 마지막 네 과정은 직관적인 통찰과 성스러운 도와 과(ariya-magga-phala)를 다룬 것이다. 셋째, 넷째 과정인 접촉과 고정은 몸의 형성을 고요하게 하는 것과 직접 관련된다. 첫 번째 과정인 수식(數息)은 단순히 아나빠나삿띠 제1단계와 제2단계의 길고 짧은 호흡에 마음챙김을 확립하는 것이다. 두 번째 과정인 상수(相數)는 각각의 들숨과 날숨에 마음챙김을 중단 없이 계속 이어나가는 것을 의미한다. 아나빠나삿띠 제3단계와 제4단계의 성공은 제1단계와 제2단계의 정확한 이해와 바른 수행에 달렸다. 따라서 아나빠나삿띠의 제1단계부터 제4단계까지가 닙바나에 이르는 여덟 단계의 과정 중 앞의 네 과정과 어떻게 관련되어 있는가를 다시 한번 자세하게 고찰하고 설명하는 것이 필요하다.

2. 수식(數息, gaṇanā)의 방법

아나빠나삿띠로 선정에 이르는 그 첫 번째 과정인 수식(數息)은 두 가지 목적으로 쓰인다. 첫째, 호흡의 길이를 발견하려고 이용한다. 둘째, 마음이 호흡에서 벗어나 방황하는 것을 막으려고 이용한다.

수행자가 숫자를 헤아릴 때는 적어도 다섯까지는 세어야 하고, 열 이상을 세어서는 안 된다. 숨을 들이쉬거나 내쉴 때마다, 수행자는 "하나, 둘, 셋, 넷, 다섯"을 센다. 마지막 숫자는 호흡의 끝 부분과 일치해야 한다. "하나, 둘, 셋……여덟, 아홉, 열"이라고 마음속으로 말함에 의해 10까지 숫자를 세더라도, 수행자는 각각의 들숨과 날숨의 끝 부분에서 숫자세기가 끝나도록 해야 한다. 그리고 어떤 숫자를 세더라도, 수행자는 숫자세기의 끝이 호흡의 끝과 일치하도록 해야 한다. 숫자 세기는 호흡이 자연적으로 또는 정상적으로 길어질 때와 호흡의 시작과 중간과 끝이 분명히 관찰될 때 이용된다.

너무 느리거나, 너무 급하거나, 지나치게 간격을 길게 하거나, 지나치게 짧은 간격으로 수를 세는 것은 바람직하지 않다. 이러한 잘못들은 마음에 부작용을 가져오고 마음을 혼란스럽게 한다. 이것이 숫자세기의 기술이다. 수행자는 다양한 형식으로 이것을 실험해보아야 한다. 이 방법은 수행자의 거친 마음을 훈련시키고 마음을 다듬어진 상태로 유지시키며 또한 마음이 마음 자체를 더 잘 볼 수 있게 돕는다.

 수행자는 초조해 하거나, 지나치게 무리하거나, 게으르거나, 느슨해서는 안 된다. 호흡관찰은 작은 새를 손안에 움켜쥐는 것과 같아서 손으로 느슨하게 잡으면 새가 손가락 사이를 빠져나가 버리는 것과 같고, 너무 세게 잡으면 죽어버리는 것과 같다. 이 둘 중 어느 경우에도 새를 살아있는 채로 유지할 수는 없다. 이러한 두 극단을 피하지 못하는 수행자도 마찬가지이다.

일단 호흡이 어느 정도 매끄러워지거나 차분해지면, 숫자 세기와 같은 거친 기술은 더 이상은 적절하지 않다. 이때 더 섬세한 하나의 기술이 요구되는데, 특정한 한 지점을 포착해서 그 지점에 호흡을 집중하는 것이다. 이 방법은 접촉(phusanā)이라는 명칭으로 자세히 다루어진다. 여기서는 그것을 간략히 논의하고, 숫자세기와 합치되는 데까지만 설명하겠다.

 수행자는 마음이 아주 평온해져서 호흡을 계속 따라가는 것이 더 이상 필요하지 않다는 것을 알았을 때, 공기가 그의 콧구멍이나 입술을 스쳐 들어오고 나가면서 접촉하는 한 지점에 집중해야 한다.

 이러한 기법의 변화는 매우 이롭고 적절하다.

"성문을 지키는 보초"의 비유가 이 기법을 확실하게 설명하는데 도움이 된다. 성문의 보초는 성문에 남아서 그곳을 떠나지 않는다. 그는 성문에 아직 도착하지 않은 사람들을 조사할 필요가 없다. 이미 문을 통과해서 지금 성안에 있는 사람들도 조사할 필요가 없다. 그는 오직 성문을 지금 실제로 통과해 가는 사람들만 조사한다. 그것이 그가 해야 할 일이다. 이런 방식으로 그는 지치거나 시간낭비 없이 바라는 결과를 성취한다. 이와 마찬가지로, 이 단계의 수행에서 수행자는 코끝의 호흡에, 더 정확하게 말하면, 코끝의 안쪽 한 지점에 마음챙김 해야 한다. 그는 그 지점의 살이 마치 예민한 상처처럼 매우 부드럽다고 상상해야 한다. 그래서 공기의 미세한 움직임까지도 그곳에서 분명하게 느껴질 수 있어야 한다. 그의 마음챙김은 이 한 점에 고정되어야 하며, 그 지점은, 뒤에 상세히 다루게 되겠지만 미리 말하자면, "접촉의 지점(phusanā)"이라고 알려진 곳이다. 보통의 사람에게도 이 지점의 위치는 쉽게 파악될 수 있다. 그리고 코가 굽거나 매부리 모양인 사람은 그곳을 찾기가 더 쉽다. 그러나 버선코나 평평한 코를 가진 사람은 공기가 코끝보다는 윗입술에 직접 부딪치거나 느껴지기 때문에 코끝의 공기를 느끼기가 다소 어려울 수 있다. 그러한 수행자는, 코끝 대신에 윗입술의 한 지점에 주시를 고정해야 한다. 각자의 특성에 맞게 스스로 조정해야 한다.

 호흡의 모든 과정을 따라 수식을 수련할 때는 앞에서 언급한 대로 두 지점 중 한 곳에 마음을 고정하면서 숫자를 세는 것에 기반을 둔 마음챙김이 된다. 숫자를 세는 기법도 또한 변한다. 각각의 숨이 접촉지점을 "통과할 때" 다섯 단위 즉, "다섯, 열, 열다섯, 스물, 스물다섯"하는 식으로 숫자를 세도록 수행자에게 권장된다. 또는 수행자는 십 단위로 즉, "열, 스물, 서른, 마흔, 쉰"하는 식으로 숫자를 셀 수 있다. 수를 세지 않고 호흡의 길이를 측정하는 기법은, 숨이 들어오고 나가는지,

긴지 짧은지, 무거운지 가벼운지, 거친지 섬세한지 등등을 알아차려 마음을 접촉 지점에 곧바로 고정함으로써 마음챙김 하는 것이다.

3. 상수(相隨, anubandhanā)의 방법

여기서 수행자는 호흡을 마치 그림자처럼 계속 따라간다. 이 수행은 제3단계 즉, "온몸을 체험하면서"와 매우 유사한 방법이다. 여기서도 마음챙김은 정상적인 호흡 위에 확립되지만, 수행은 더욱 더 섬세해진다. 보조적인 기술들은 최소한도로 억제된다.

숫자를 세거나 시작과 중간과 끝을 관찰함에 의해 마음챙김이 확립되는 한, 그 기술은 아직 거칠다. 호흡 단위의 시작과 중간과 끝을 관찰하는 수행자는 호흡이 "일어나고 사라지고, 일어나고 사라지는"것으로 인식한다. 마음챙김을 고정시키기 위해 그가 사용하는 일으킨 생각, 또는 처음의 일으킴(vitakka, 尋)은 아직 거칠고 불안정하다. 마음챙김은 전체적으로 호흡 단위 쪽으로 향하지 않고, 그 다양한 국면들 쪽으로 향한다. 즉 어느 때는 시작 쪽으로 향하다가, 또 어느 때는 중간 쪽으로 향하다가, 또 어느 때는 끝 쪽으로 향한다. 이처럼 마음은 거친 방식으로 일어난다.

그래서 수행자는 이제 이 방법을 버리고 호흡을 중단 없이 면밀히 조사해야 한다. 이 중단 없는 면밀한 조사는, 전체 호흡 단위(호흡의 시작, 중간, 끝)를 따라 알아차리든, 또는 접촉 지점에 고정함으로 알아차리든 더욱더 섬세하고 미묘해진다. 이 시점에서 숫자세기 기법과 같은 거친 방법은 완전히 포기된다. 수행은 제3단계 ,즉 "온몸을 체험하면서"에서부터 시작과 중간과 끝을 더 이상 관찰하지 않는 수준으로 진보해온다. 심지어 마음챙김이 접촉 지점에만 고정되어 호흡의 경로를 따라가지 않을 때도, 수행자는 온몸의 형성을 체험한다거나 호흡의 모든 과정을 체험하고 있다고 말할 수 있다. 이러한 수행자는 마치 사람들이 성문을 출입하는 것만 조사하고 나머지는 무시하는 성문의 보초와 같다. 마음챙김을 한 곳의 접촉 지점으로 제한시키는 것은 숨이 들어오고 나가는 것을 중단 없이 알아차리는 것과 동일하다. 집중을 위한 두 번째 과정인 상수(相隨)는 이런 의미에서 이해되어야 한다.

4. 접촉(phusanā)과 고정(ṭhapanā)의 방법

선정을 위한 세 번째 과정은 "접촉(phusanā)"이다. 이 과정은 네 번째 과정인 고정(ṭhapanā)과 함께 살펴보아야 한다. 고정은 접촉의 지점에서 마음을 확고히 하여 빗나가지 않도록 초점을 맞춘다는 뜻이다. 그렇다면, 분명히 고정과 접촉은 밀접하게 관련되어 있다. 더구나, 그 둘은 두 번째 과정인 상수(相隨)와도 중첩되어있다.

1,2,3단계에서 호흡은 시작부터 끝까지 모두 관찰된다. 이 단계들에서 접촉이 있지만, 접촉을 관찰하는 것과는 특정한 관련이 없다. 초기 단계에서 목표는 호흡 그 자체에 마음챙김을 확립하는 것이다. 호흡은 집중의 예비적 대상 또는 준비 표상(parikamma-nimitta)으로서, 상대적으로 거칠다고 할 수 있다.

접촉에 기반을 둔 기술에서, 마음은 하나의 특정한 지점 즉, 공기가 피부에 닿는 지점으로 향하고, 그 지점을 더욱 섬세한 단계의 수행을 위한 표상으로 받아들인다. 그러므로 수행자는 그의 모든 주시를 그 접촉 지점으로 향하게 하고, 마침내 코끝에서 그 지점을 찾는다. 이런 방식으로 집중의 대상인 표상은 "호흡 따라가기"에서 "코끝"으로 바뀐다. 그렇게 되면 코끝은 더 높은 단계에서 이용될 "익힌 표상(uggaha-nimitta)"으로 불리는 또 하나의 새로운 표상을 만드는 토대가 된다. 그러면 수행자는 이 새로운 익힌 표상을 중단 없이 계발해야 한다. 그렇게 하는 과정에서 수행자는 여러 종류의 장애물을 극복하는 데 성공한다. 이 새로운 표상이 굳게 확립되는 과정이 고정(ṭhapanā)이라는 과정이다. 고정의 절정은 닮은 표상(patibhāga-nimitta)의 나타남이다. 그리고 이 닮은 표상으로 삼매(absorption, 定)에 든다.

이것은 "손으로 물건을 잡아 쥐는 과정"에 비유할 수 있다. 일단 물건을 잡아 쥐게 되면, 손이 물건을 잡고 있지만, 잡아 쥐는 행위는 이미 이루어진 것이다. 여기서 "잡아 쥐기"는 접촉과 같고, "꽉 쥐고 있는 손의 상태"는 고정과 같다. "물건을 잡아 쥐는 것"과 "물건이 잡아 쥐어진 상태"를 구분하고자, 즉 접촉과 고정을 구분하고자 주시가 필요하다. 접촉과 고정의 성격은 수행자가 분명히 인식할 수 있다. 그래서 수식(隨息)과 상수(相隨)는 준비 표상(parikamma-nimitta)을 토대로 두고, 접촉은 익힌 표상(uggaha-nimitta)과 관련 있고, 고정은 닮은 표상(patibhāga-nimitta)과 관련 있다.

5. 세 가지 표상(nimitta)

표상은 세 가지가 있다. 경우에 따라서 어떤 명상주제들(kammaṭṭāna)은 이 세 가지 표상들이 모두 나타나지는 않는다. 즉 어떤 명상주제들은 집중의 결과를 가져오지 않기도 한다. 반면에, 세 가지 표상들이 정상적으로 모두 나타나는 명상주제들은 수행자를 집중으로 이끈다.

첫 단계의 표상은 준비 표상(parikamma-nimitta)으로, 준비단계에서 수행자가 집중을 위한 토대로 삼는 대상이다. 아나빠나삿띠의 경우에 집중의 대상, 즉 주제는 항상 생멸 변화하며 이어지는 호흡이다.

두 번째 표상은 익힌 표상(uggaha-nimitta)이다. 이 표상은 시각화된, 즉 마음의 눈에 의해 보이는 표상이다. 이것은 마음이 만들어낸 영상으로, 준비 단계에서 대상으로 취해진 표상과는 명확히 다르다. 아나빠나삿띠에서 이 두 번째 표상은 하얀 점으로 나타나며, 이는 접촉(phusanā)의 지점, 즉 코끝에서 또렷하게 보이는 마음의 영상이다.

세 번째의 표상인 닮은 표상(patibhāga-nimitta) 또한 마음의 영상으로, 익힌 표상의 수정된 모양이고, 형태, 특징, 색깔, 크기 등에 있어 여러 변화를 겪어온 것이다. 닮은 표상은 마음대로 변화될 수 있다. 수행자는 자신이 바라는 어떤 특정한 상태로 유지할 수 있고, 그것을 하나의 특정한 상태로 굳게 확립한 후에, 이 표상을 마음의 가장 미묘하고 숭고한 토대와 거점으로 사용할 수 있다. 마음이 이 닮은 표상을 토대로 하여 완전하게 집중될 때, 선정(禪定) 상태(jhāna)를 성취한다.

이 상태를 쉽게 이해하려면 아나빠나삿띠를 선명한 형태의 표상을 가진 수행과 비교해보아야 한다. 까시나(kasiṇa, 원반) 수행을 할 때를 예로 들자면, 수행자는 눈앞에 파란 또는 빨간 원반을 놓고 그것에 집중한다. 이 경우에 준비 표상은 원반 그 자체이다. 그 원반에 집중하는 과정은 예비

또는 준비 작업(parikamma)에 해당한다. 그 준비 작업은, 수행자가 그 표상에 한동안 계속 집중한 후에 마음의 눈으로도 그것을 뚜렷하게 볼 수 있게 될 때 완성된다. 마음의 눈에서 하나의 영상으로 보이는 이 새로운 표상이 익힌 표상이다. 그다음 단계에서는 그 자체가 집중의 대상이 된다.

이것이 준비 표상과 익힌 표상의 구분을 분명하게 해준다. 즉 준비 표상은 외부적인 장치이고, 익힌 표상은 그 준비 표상에 집중함에 의해 만들어진 마음의 영상이다.

내적으로 얻어진 이 익힌 표상을 그 원래 형태 그대로 제대로 볼 수 있을 때까지 계속 꾸준히 집중한 다음에, 수행자는 그 형태와 크기를 조절할 수 있는 능력을 기르는 수련을 한다. 일반적인 예로, 준비 표상으로 사용되는 빨간 원반이나 파란 원반은 약 6인치의 지름을 가지고 있다. 이것이 수행자의 마음에 의해 태양 또는 달의 크기로 확대될 수도 있고, 또는 한 점의 크기로 줄어들 수 있고, 또는 어떤 다른 식으로도 변할 수 있다. 결국, 집중에 가장 적합한 특징들이 계발되고, 표상은 그 형태로 고정된다. 이런 식으로 굳게 확립되었을 때, 그 표상은 "못으로 박은 것처럼 고정되었다"고 말해진다. 이것이 고정이며, 그것은 집중의 절정을 이룬다. 그러한 변화를 거치면서 확립된, 안정된 표상이 "닮은 표상"이다.

선정의 계발

1. 근접 삼매(Upacāra-samādhi)와 본 삼매(Appanā-samādhi)

참된 사마디(samādhi, 三昧), 즉 집중에는 두 가지 종류인, 근접 삼매(Upacāra-samādhi)와 본 삼매(Appanā-samādhi)가 있다.

근접 삼매(Upacāra-samādhi)는 문자적으로 "근접한 선정"을 뜻하며, 이는 선정(jhāna)에 매우 근접하여 사실상 선정을 거의 성취한 단계에서의 집중을 뜻한다.

본 삼매(Appanā-samādhi)는 완전한 집중, 즉 확고한 집중이며 완전한 몰입상태의 집중이다. 수식(數息)이나 상수(相隨)와 같은 시작 단계에서의 집중은 진정한 사마디(삼매)로 볼 수 없다. 그것은 준비 삼매(parikamma-samādhi)라고 부른다. 준비 삼매는 삼매의 정의상 선정 상태의 특성들을 하나도 가지고 있지 않으므로, 사마디에 포함되지 않는다. 따라서 두 종류의 사마디만을 설명해보고자 한다.

실제로 수행이 진보되면, 장애들이 사라지자마자 바로 근접 삼매는 성취된다. 즉 장애가 없는 것이 근접 삼매의 유일한 조건이 된다. 반면에 본 삼매는 모든 선정의 요소들, 특히 일념(一念)인 심일경성(에까가따, ekaggatā)이 완전히 일어나야만 성취된다. 여기서 장애들이 사라지는 것과 선정 요소들이 나타나는 것은 반드시 동시에 일어나는 것은 아니라는 점에 주목해야 한다.

보다 구체적으로 설명해보면, 아나빠나삿띠로 근접 삼매의 단계에 이르렀을 때, 마음은 집중의 대상으로서 닮은 표상을 갖는다. 다섯 가지 선정의 요소들은 아직 완전히 확립되지 않은 상태라서 일어남과 사라짐을 반복한다. 그러므로 주시는 닮은 표상에서 선정의 요소들로 옮겨질 수 없다. 이것이 바로 마음이 아직 선정 요소들의 수준으로 향상되지 못하는 이유이다. 마음은 아직 완전한 집중(본 삼매)을 성취할 만큼 확고하지 못하다. 완전한 집중을 이루려면, 닮은 표상으로부터 다섯 가지 선정의 요소들로 주시를 옮겼을 때, 그 다섯 요소가 확고하게 집중해야 할 대상으로서 분명하게 나타나도록 해야만 한다.

 이러한 방식으로 완전한 집중을 이룰 수 있을 때, 수행자는 일념의 상태에서 다섯 가지 선정 요소들을 모두 한꺼번에 의식할 수 있다.

 수행상 이 단계에서 중요한 점은, 마음이 선정 요소들을 성공적으로 한데 모을 수 있을 때까지 닮은 표상을 계속 유지하는 것이다. 그 표상이 희미해지면, 마음은 선정의 다섯 요소를 충분히 계발하여 한데 모을 수 없게 된다. 다시 말하면, 수행자는 표상이 현전하고, 명확하고, 확고해야만 선정의 다섯 요소를 모두 한데 모을 수 있다. 또 다른 방식으로 설명하면, 수행자는 마음이 근접 삼매에 확고히 고정되어있는 동안, 선정의 다섯 요소를 모두 한데 모아 마음을 집중시킬 수 있다.

 이처럼 닮은 표상은 매우 중요하므로, 그것이 며칠, 몇 달 또는 몇 년일지라도, 마음이 근접 삼매에 있는 기간 내내 닮은 표상은 계속 유지되고 지탱되어야 한다. 선정(jhāna)을 성취하기를 바란다면, 수행자는 본 삼매(완전한 집중)를 이룰 때까지 불요불굴의 노력으로 닮은 표상을 유지해야 한다.

 수행자는 마치 여왕벌이 후계자가 될 수정란을 보호하듯이, 닮은 표상을 보호하고 항상 그 표상을 안전하고 견고하게 지켜야 한다. 여기서 닮은 표상은 자라나는 여왕벌의 수정란에 비유된다. 그리고 여왕벌 애벌레를 낳는 것은 선정의 성취에 비유된다. 여왕벌이 주의하지 않으면, 수정란은 어미 뱃속에서 죽을 것이고, 따라서 여왕벌은 새로운 수정란을 가질 때까지 기다려야 한다. 여왕벌과 수정란이 모두 죽는 것은 선정 수행을 모두 포기하는 것으로 비유할 수 있다. 그 경우에는 모든 것을 잃게 된다.

닮은 표상이 선정의 요소들을 완벽하게 모으는 기초가 될 수 있을 만큼 충분히 확고해지려면 수 주일이 걸릴 수도 있다. 어떤 사람들은 몇 달 또는 몇 년을 수행해야 할지도 모른다. 또한, 어떤 사람들은 부적합한 성향이나 다른 여러 가지 이유 때문에 본 삼매에 도달하는 데 완전히 실패할 지도 모른다. 그러한 사람들은 집중 수행을 그만두고 대신 "통찰 지혜를 통한 해탈(pañña-vimutti, 慧解脫)"을 목표로 하는 통찰 수행을 택해야 한다.

집중 수행(사마타 수행)에 적합한 성향이 있는 사람들은 먼저, 선정 요소들을 모으고 선정을 단계적으로 이룬 후, 강력한 집중(사마디)의 도움을 받아 통찰 명상을 수행하여 "마음의 해탈(ceto-vimutti, 心解脫)"을 성취할 수 있다. 그러므로 이러한 본 삼매의 수행에 관심을 둔 사람은 본 삼매에 아직 이르지 못했더라도 낙담하지 말고 닮은 표상을 보호하는 특별히 강력한 인내력과 노력을 유지해야 한다. 이것은 근접 삼매 기간 중에도 본 삼매를 성취할 때까지는 닮은 표상을 보호하고 지속해야 한다는 것이다.

닮은 표상을 계속해서 보호하다보면 따분하고 지루해질 수도 있다.

지루함을 피하고 열의와 만족감을 얻으려면, 수행자는 "선정으로 이끄는 현상들의 순서"를 이해해야 한다. 그 순서는 다음과 같다.

(1) 닮은 표상의 발생은 장애들을 감소시킨다. 그러나 본 삼매는 아

직 확고히 자리 잡지 못하고 불안정하여, 선정의 다섯 요소가 모두 한데 모일 때까지 일어나고 사라지기를 반복한다.

(2) 일단 장애들이 감소하면, 선정의 요소들이 나타난다. 수행자는 이 요소들을 계속 발전시켜 마침내 수행의 다섯 요소가 모두 완전하게 현전하도록 해야 한다. 이때 수행자는 닮은 표상을 토대로 삼고 다섯 요소를 대상으로 삼아야 한다.

(3) 선정의 다섯 요소가 완전하게 현전할 때, "초선정"이라고 불리는 집중이 성취된다.

이 순서는, 이러한 수행 단계에서 수행자가 해야 할 노력이 닮은 표상을 보호하여 확고히 안정되게 하고, 동시에 수행의 다섯 요소를 한데 모아서 본 삼매를 유도하는 것임을 분명하게 알게 해준다.

2. 본 삼매(Appanā-samādhi)를 유도하는 기법

표상을 보호하는 단계에서 본 삼매의 성취를 촉진하는 방법들이 있다. 이것은 "앗빠나 코살라(*Appanā-kosalla*)", 즉 본 삼매를 유도하는 방법이라고 불린다. 권장되는 10가지는 다음과 같고, 그 각각을 하나하나 살펴보도록 하겠다.

가. 적합한 신체 조건을 만들기

머리카락, 수염, 손발톱, 치아, 피부 등은 수행자가 편안함을 느끼고 방해받지 않도록 깨끗하게 유지되어야 한다. 그 밖에 옷과 숙소도 가능한 깨끗하게 관리하여, 단정한 상태를 적절히 유지해야 한다. 이 첫 번째 기술의 요점은 수행자가 신체적 편안함을 충분히 확보해야 한다는 것이다.

나. 마음의 다섯 가지 기능(五根, Indriyas)을 조화시키기

인드리야(Indriyas)라는 용어는 특정한 영역에서의 탁월한 기능을 의미한다. 마음계발의 관점에서, 마음의 기능들은 다섯 가지 요소이다. 즉 확신(saddhā, 信), 노력(viriya, 精進), 마음챙김(sati, 念), 집중(samādhi, 삼매, 定), 통찰지혜(pañña, 慧) 등이다.

〈마음챙김(sati, 正念)〉은 모든 것에 필요한 요소이다. 마음챙김은 5근의 중심적인 위치를 차지하는 것으로, 다른 네 가지 기능들이 처음부터 끝까지 올바르게 짝을 이루어 조화롭고 균형 있게 각각의 임무를 실행하는 방법을 그것들에게 충고해주는 역할을 한다. 예를 들면 마음챙김은 믿음에 있어서 얼마만큼 믿어야 할지 판단하게 해주고, 믿음이 지혜와 동행하도록 이끌어주며, 믿음과 지혜가 함께 조화롭게 나아가도록 해준다.

수행자에게는 여러 다른 것들, 특히 다른 네 가지 기능들을 통제하는 수단으로 마음챙김이 필요하다. 주의를 기울이면 수행자는 5근을 안정되고 조화롭게 조정할 수 있다.

5근이 올바르게 상호 작용할 때, 수행자의 마음은 견고해지고, "깜마냐야 바와 (Kammanāya-bhāva)"인, 민첩성과 적응능력을 갖추게 되며, 그로 말미암아 점진적으로 더욱 섬세한 일을 할 수 있게 된다.

다. 표상에 관련된 기법

5근(信, 精進, 念, 定, 慧)이 균형 잡히면 표상에 관련된 기법은 쉽게 발휘된다. 표상을 다루는 기술력을 갖춘 수행자는 여러 현상이 연속적으로 일어나는 것을 관찰할 수 있다. 즉 그는 무엇이 일어나는지 관찰하고, 무엇에 의존하는지 관찰한다. 또한, 무엇에 집중해야 하고 무엇에 집중하지 말아야 하는지를 안다. 그는 무엇을 가속화하여야 하고 무엇을 늦추어야 하는지도 안다. 그래서 ① 표상을 유도하고, ② 표상을 계발하고, ③ 표상을 보호하는 단계에서, 그가 원하는 대로 모든 것이 순조롭게 잘 진행된다.

수행상 5근이 균형 잡힌 단계에서의 표상이라는 용어는, 마음의 초점이 맞추어진 하나의 대상을 의미한다. 이때의 표상은 선정의 5요소 중 하나인 심일경성을 의미한다. 그리고 이 표상으로부터 위에 언급한 1)~3)의 세 가지 기법들이 얻어져야 한다. 수행자가 이 기법들을 완전히 성취해낼지의 여부는, 5근이 균형 잡히기 전인 이전 단계의 표상들, 즉 익힌 표상과 닮은 표상을 그가 얼마나 능수능란하게 계발해 왔는가에 달렸다. 따라서 익힌 표상과 닮은 표상의 단계에서도 수행자는 세 가지 기법들을 계속 계발하여 그 기법들에 완전히 숙달하도록 해야 한다.

① 표상을 유도하는 기법

수행의 초기 단계에서 집중 대상에 마음을 모아서, 다음 단계에서 더 높은 표상을 일으키도록 마음의 방향을 지정하는 것을 말한다. 앗빠나 꼬살라(Appanā-kosalla) 중에서 "표상을 유도하는 기"란, 장애들이 사라지고 선정의 5요소가 한데 모일 때까지, 마음을 닮은 표상에 철저히 고정시키는 기술을 의미한다. 이 단계에서 가장 중요한 선정의 요소는 심일경성이다. 심일경성이 새로운 표상이 되어 닮은 표상을 대신하기 때문이다.

② 표상을 계발하는 기법

표상이 뚜렷하지 않을 경우 그것을 계속 점진적으로 강화시키거나, 선정의 5요소인 위따까(vitakka, 尋, 일으킨 생각), 위짜라(vicāra, 伺, 지속적인 고찰), 삐띠(pīti, 喜, 희열), 수카(sukha, 樂, 행복), 에까가따(ekaggatā, 心一境性, 하나의 대상에 집중된 상태) 중에서 약해지거나 희미해지거나 동요하는 어느 하나를 강화시키는 것을 말한다.

③ 표상을 보호하는 기법

표상이 처음 계발되는 초기 단계에서나, 표상이 완전히 계발된 나중 단계에서나, 항상 모든 종류의 표상들을 보호하는 것을 말한다. 새롭게 일어난 표상은, 마치 갓 얻게 된 손기술이 그러하듯이 반복해서 실행되지 않으면 곧 희미하게 사라진다. 심지어 표상이 완전히 확립된 이후에도, 조심하여 그것을 보호하지 않으면 방해 요소들이 나타날 수 있다. 그것은 마치 완벽해진 손기술이라 할지라도 너무 오랫동안 방치되면 완전히 잊혀지는 것과 같다. 그러므로 익힌 표상과 닮은 표상의 모든 단계에서 보호되어야 한다. 선정에 완벽하게 숙련된 이후에야 수행자는 표상을 보호하는 일에서 떠날 수 있다.(자세한 내용은

'붓다의 호흡, 아나빠나 삿띠'-불광, 참조)

[선정 상태에 따라 나타나는 열 가지 특성]

선정을 성취하는 수행 단계를 이해할 수 있도록, 우리는 다시 닮은 표상이 나타나는 지점으로 돌아가야 한다. 닮은 표상(patibhāga-nimitta)이 나타나기 바로 직전에 익힌 표상(uggaha-nimitta)은 매우 또렷해진다.

이때 수행자는 수행에 만족감을 느끼고 마음은 매우 고요해진다. 수행자가 의도적인 노력을 기울이지 않아도 집중은 저절로 이루어진다. 이것은 닮은 표상이 나타나려고 할 때의 예시들이다.

일단 닮은 표상이 나타나게 되면 앞서 설명한 방식으로 닮은 표상을 필요로 할 때까지 보호해야 한다. 이 단계에서 수행자에게 장애들이 나타나지 않더라도 삼매는 또다시 무너질 수 있다. 이것은 선정의 요소들이 아직 확고하고 완전하게 확립되지 않았기 때문이다. 수행자는 가능한 한 신속하게 본 삼매에 도달하기 위하여, 선정을 성취하기 위한 열 가지 기술적 방법들을 이용하여 마음의 균형을 잘 유지해야 한다.

그는 선정의 다섯 요소를 점진적으로 모아 뚜렷이 현전케 하여 굳게 확립시킴으로써, 마음을 한데 모아서 본 삼매에 이를 수 있다. 선정의 5요소가 굳게 확립될 때 수행자는 "본 삼매(appanā-samādhi), 또는 초선정(paṭhama-jhāna)을 이루었다"고 말할 수 있다.

선정의 상태에서 마음은, 선정의 5요소(위따까[vitakka, 尋, 일으킨 생각], 위짜라[vicāra, 伺, 지속적인 고찰], 삐띠[pīti, 喜, 기쁨, 희열], 수카[sukha, 樂, 행복], 에까가따[ekaggatā, 心一境性])와 마음의 다섯 가지 기능(五根, Indriyas : 확신[saddhā, 信], 노력[viriya, 精進], 마음챙김[sati, 念], 집중[samādhi, 삼매, 定], 통찰지혜[paññā, 慧]) 외에, 열 가지 특성을 부여받으며, 그 열 가지는 모두 아주 명백하게 수행자에게 현전한다. 이와 같이 선정의 성취에 관여하는 요건들에는 모두 20가지가 있다. 그 중 열 가지 특성들은, 선정 상태를 세 가지 단계로 나누어 살펴볼 때 각 단계에 나타나는 특성들이다.

가. 선정의 시작 단계
이는 "수행의 완성"이라고도 알려진 단계이며, 다음의 세 가지 특성들을 가지고 있다.

1) 마음이 초선정을 방해하는 모든 장애로부터 자유롭다.
2) 자유로워진 마음에 사마타표상(samatha-nimitta)이 현전한다.
   여기서의 표상은 선정의 5요소를 말한다.
3) 사마타표상을 얻은 마음은 그 속에 몰입한다.

초선정이 "그 처음에 있어 빛나는" 것으로 묘사되는 것은 바로 이러한 시작 단계의 세 가지 특징들 때문이다.

나. 선정의 중간 단계
이것은 "평등심의 증장(upekkhā-bruhanā)"으로도 알려진 단계이며, 세 가지 특성이 있다.

1) 선정을 방해하는 모든 장애들로부터 자유로워진 마음을 "평등심으로 분명하게" 바라본다.
2) 사마타의 표상에 몰두한 마음을 "평등심으로 분명하게" 바라본다.
3) 충분히 정화된 통일성(ekattā, 統一性)을 갖춘 마음을 "평등심으로 분명하게" 바라본다.

여기서 "충분히 정화된 통일성"이란, 수행자가 장애와 반대되는 각각의 선정요소를 갖춘 완전한 선정 상태를 말한다.

초선정이 "그 진행에 있어 빛나는"것으로 묘사되는 것은 바로 이와 같은 중간 단계의 세 가지 특징들 때문이다.

다. 선정의 마지막 단계

"기쁨(sampahaṃsanā)"으로 알려진 선정의 마지막 단계에는 네 가지 특성이 있다.

1) 초선정의 모든 특성들 특히, 선정의 5요소가 완전히 현전함으로 인해 기쁨이 있다, 이를 두고 "선정요소들의 통합"이라고 부른다.
2) 마음의 다섯 가지 기능(五根)이 모두 통합되어 동일한 목적으로 작용함으로 인해 기쁨이 있다.
3) 당면한 초선정을 성취하기 위한 필수적인 노력을 지속할 수 있는 마음의 능력과 마음의 다섯 가지 기능을 통합할 수 있는 능력에 대한 기쁨이 있다.

4) 마음이 선정의 경험에 매우 즐거워하여 기꺼이 그 선정 속에 침잠하므로 기쁨이 있다.

선정의 마지막 단계에 있는 위의 네 가지 기쁨으로 인해, 초선정은 "그 완성에 있어 빛나는"것으로 묘사된다.

위와 같이 선정의 세 가지 단계는 열 가지 특성들로 구성된다. 이 특성들은 성취할만한 선정의 "빛나는 영광"을 구성하는 요소이며 마음을 수련하고 계발하는데 관심을 가진 모든 지혜로운 사람들에게 큰 만족을 준다.(더욱 자세한 내용은 '마음으로 숨쉬는 붓다'-한길, '붓다의 호흡, 아나빠나 삿띠'-불광, 참조)

네 가지 선정
네 가지 선정들의 기본 요소와 구별 기준

지금까지 몰입선정(본삼매)의 첫 단계, 즉 초선정에서의 마음의 상태를 알아보았으니, 이제 계속하여 이선정, 삼선정, 사선정 등을 살펴보겠다. 네 가지 선정이 갖는 선정 요소의 수는 각기 다르다. 선정의 수준이 높아질수록 이전 수준보다 선정요소의 수는 줄어들고, 그에 따라 마음은 더욱 미묘하고 고요해진다. 초선정은 실제로 가장 많은 선정 요소들을 가지고 있으므로 네 가지 선정 중에서 가장 거칠다. 선정의 다섯 요소와 그 특징들에 대해서는 이미 자세히 다루었으니, 여기서는 이러한 선정의 요소들이 차례대로 가라 앉혀지는 방식과, 고요함이 증대되고 더욱 섬세한 몰입선정이 계발되는 방식에 대해서만 다룰 것이다.

먼저, 우리는 각각의 선정 단계에서 정확히 어떤 선정 요소들이 현전하는지 명확히 알아야 한다. 부처님이 실제 사용하신 언어는 빠알리어인데, 현존하는 빠알리어 경전에서 우리는 다음과 같은 설명을 발견할 수 있다.

1) 초선정(paṭhama-jhāna, 初禪定)에서는 선정의 다섯 요소가 모두 현전한다. 즉 기울인 생각(위따까), 지속적 고찰(위짜라), 희열(삐띠), 행복(수카), 심일경성(에까가따) 등이 모두 현전한다.

2) 이선정(dutiya-jhāna, 二禪定)에서는 선정의 요소 중 세 가지가 존재한다. 즉 희열(삐띠), 행복(수카), 심일경성(에까가따) 등이 현전한다.

3) 삼선정(tatiya-jhāna, 三禪定)에서는 선정의 요소 중 두 가지가 존재한다. 즉 행복(수카)과 심일경성(에까가따)이 현전한다.

4) 사선정(catuttha-jhāna, 四二定)에서는 두 가지 요소가 현전한다. 즉 심일경성(에까가따)과 평등심(우뻬카)이 현전한다.

논장(Abhidhamma Piṭaka, 論藏)에 따르면 이와는 다소 다르지만 그것은 단지 분류 방식의 차이에 의한 것으로 큰 문제가 되지 않는다.

다섯 종류의 자유자재 (vasītā, 自由自在)

여기서 와시(vasī)의 의미는 정확히 말하여, "자유자재인 수단을 가지고 있기 때문에 능력을 가진 자"이다. 이러한 사람은 선정과 관련된 다섯 가지의 능숙함을 가지고 있다.

첫째, 마음을 선정으로 전향시킬 수 있는 능력(轉向)
둘째, 선정에 들어갈 수 있는 능력(入定)
셋째, 선정을 유지할 수 있는 능력(留定)
넷째, 선정에서 나올 수 있는 능력(出定)
다섯째, 선정을 반조할 수 있는 능력(反照)

이것을 자세히 설명하면 다음과 같다.

마음을 자유자재로 선정에 전향시킬 수 있는 능력(āvajjana vasī, 轉向)

이것은 마음을 명상주제, 표상, 선정의 요소 등에 신속하게 고정시킬 수 있는 능력과, 그 속도를 마음대로 증진시킬 수 있는 능력을 의미한다. 열심히 수행하여 마침내 초선정에 도달한 수행자는 다음과 같이 스스로 물어보아야 한다. "정확히 어떻게 내가 마음을 명상주제, 표상, 그리고 선정의 요소에 고정시켰는가? 여러 단계에서 마음을 각각의 명상주제에 고정시키는데 시간은 얼마나 걸렸는가? 이번에는 그것을 더 훌륭하고 더 신속하게 해낼 것이다." 이와 같은 마음으로 그는 처음부터 새롭게 수행하고, 그것을 몇 번이고 반복하여, 매 번 더 빠르게 자신의 마음을 고정시킬 수 있도록 스스로 숙달한다.

그는 더욱 빠른 속도로 자신의 마음을 들숨과 날숨에 고정시키고, 접촉(phusanā)과 고정(ṭhapanā)에 두어, 익힌 표상과 닮은 표상을 유도할 수 있으며, 마침내 닮은 표상에 토대를 두고 선정의 5요소들을 한데 모을 수 있다. 간단히 말해서, 이와 같은 자유자재의 성취는 반복적인 수련에 의해서 마음을 명상주제, 표상, 선정의 요소 등에 고정시키는데 숙달되었음을 의미한다.

이를 비유로써 설명해보면, 요리를 배우는 사람이 처음에 그는 이 일을 하는데 있어 매우 서투르며 동작 또한 느릴 것이다. 같은 종류의 요리를 한 번, 두 번, 몇 번이고 계속 반복해서 만들어 가는 동안, 매 번 이전보다 더 빠르게 요리를 준비할 수 있을 것이다. 수행을 거듭하여 마음을 자유자재하게 각각의 연속적인 명상주제, 표상, 선정의 요소들에 전향시킬 수 있는 능력을 성취한 사람도 이와 같다. ('붓다의 호흡, 아나빠나 삿띠' 참조)

아나빠나삿띠로 사념처 수행

아나빠나사띠의 열여섯 단계중 첫 번째 호흡관찰에 대해 간략히 알아보겠다.

(1) 길게 숨을 내쉴 때 "길게 숨을 내쉰다.(들이쉰다)"라고 알아차린다.
(2) 짧게 숨을 들이쉴 때 "짧게 숨을 내쉰다.(들이쉰다)"라고 알아차린다.

(3) "온몸을 체험하면서 숨을 내쉰다.(들이쉰다)"라고 자신을 다잡아 수행한다.
(4) "몸의 형성을 고요하게 하면서 숨을 내쉰다.(들이쉰다)"라고 자신을 다잡아 수행한다.

이 "첫 번째 신념처(身念處) 네 단계"에서 명상 수행자는 "두 번째 수념처(受念處) 네 단계"와 "세 번째 심념처(心念處) 네 단계"를 거치지 않고 곧바로 네 번째 법념처(法念處) 통찰수행(vipassanā-bhāvanā)으로 나아갈 수도 있다.

그러면 몸 관찰에서 제일 중요한 '어떻게 몸의 형성을 고요하게 할 것인가?'를 중심으로 설명 하겠다. 이것은 집중 수행(Samatha)과 통찰 수행(vipassana)의 방법 중 한 가지를 통해서 가능하다. 수행자가 집중하면 할수록, 그의 호흡은 더욱더 미묘해진다. 또는 호흡이 올바른 방식으로 너무나 미세해져서 선명한 영상인 닮은 표상(patibhāga-nimitta)이 일어날 수도 있다. 이 두 가지 현상들은 모두 집중에 의해 호흡을 고요히 한데서 오는 결과이다. 통찰 수행(vipassanā)은 4대 요소로부터 파생된 물질(Upādāya-rūpa), 즉 4대 요소보다 더 미세해진 다양한 성질들과 특성들을 정밀하게 관찰할 때, 호흡은 한층 더 고요해진다. 물질적인 것과 비물질적인 것을 결정하는 "조건들(paccaya)"의 발생 형태와 원인을 명확히 꿰뚫어 볼만큼 정밀히 관찰할 때, 호흡은 더더욱 미세해진다. 그리고 오온 즉, 마음과 물질(nāma-rūpa)에 있어서의 무상 · 고 ·

무아를 알아차릴 때, 호흡은 한층 더 미세해지고 고요해진다.

 아나빠나삿띠 16단계 중 두 번째, 감각관찰 네 단계의 수행 방법은 다음과 같다.

제5단계 : 숨을 들이쉬고 숨을 내쉬면서 희열(삐띠)을 체험한다.
제6단계 : 숨을 들이쉬고 숨을 내쉬면서 행복(수카)을 체험한다.
제7단계 : 숨을 들이쉬고 숨을 내쉬면서 마음의 형성(心行)을 알아차린다.
제8단계 : 숨을 들이쉬고 숨을 내쉬면서 마음의 형성(心行)을 고요하게 한다.

 두 번째 네 단계(5단계~8단계)에서는 "느낌"이 명상주제가 된다. "몸의 형성을 고요하게 하면서 숨을 내쉰다.(들이쉰다)" 희열이 일어나고 희열을 관찰할 때 행복감이 일어난다.

제5단계 : 희열(기쁨)을 발생시키는 16가지 방법
 희열을 발생시키는 방법은 여러 가지인데, 관찰과 관찰 대상의 성격에 따라, 차원이 높은 방법과 차원이 낮은 방법, 거친 방법과 미묘한 방법 등이 있다. 그 여러 방법들은 모두 16가지로 분류할 수 있다.

1) 길고 짧은 호흡을 관찰(제1단계~제2단계)하는 힘에 의해, 또는 호흡의 모든 과정을 "충분한 앎"(제3단계)에 의해, 또는 호흡(몸의 형성)을

고요하게 함(제4단계)에 의해 마음이 방황하지 않고 하나로 집중되는 것을 수행자가 "알아차림 하면(pajānato, know)" 희열이 일어난다. 즉 아나빠나삿띠의 네 가지 토대인 여덟 가지 형태를 행하는 내내 마음이 하나로 집중되는 것을 수행자가 마음으로 정립할 때, 그 결과로 희열이 일어난다.

2) 호흡1-4단계...... "정관하면(āvajjhato, 靜觀, contemplate)" 희열이 일어난다......

3) ...... "분명히 지각하면(jānato, perceive)" 희열이 일어난다......

4) ...... "분명히 보면(passato, see clearly)" 희열이 일어난다......

5) ...... "자세히 반조하면(paccavekkhato, reflect)" 희열이 일어난다......

6) ...... "마음으로 정립하면(cittaṁ adhitthāto, decide mentally)" 희열이 일어난다 ......

7) ...... "확신으로 몰입하면(saddhāya adhimucato, resolve)" 희열이 일어난다......

8) ...... "온전히 정진하면(viriyaṁ paggaṇhāto, exert energy)" 희열이 일어난다......

9) ...... "마음챙김을 확립하면(satimupaṭṭhā payato, mindfulness)" 희열이 일어난다......

10) ..... "마음을 집중 시키면(cittaṁ samādahato, concentrate the mind)" 희열이 일어난다.....

11) ..... "지혜로 분명히 알면(paññāya pajānato, know clearly through

wisdom)" 희열이 일어난다.....

12) ....."보다 높은 지혜로 곧바로 알 때(abhiññaya abhijānato, the highest knowledge)" 희열이 일어난다.....

13) ....."분명히 알아야 할 것을 분명히 알 때(pariññeyyaṁ parijānato, understand)" 희열이 일어난다.....

14) ....."포기하여야 할 것을 포기할 때(pahātabbaṁ payahato, abandon)" 희열이 일어난다.....

15) ....."계발해야 할 것을 계발할 때(bhāvetabbaṁ bhāvayato, develop)" 희열이 일어난다.....

16) ....."깨달아야 할 것을 깨달을 때(sacchikātabbaṁ sacciharoto, realize)" 희열이 일어난다.....

이러한 열여섯 가지 방법들은 각각 희열이 일어나는 개별적인 원인이 된다.

　1)~5)의 방법에 따르면, 첫 번째 호흡 네 단계의 네 가지 토대인 여덟 가지 들숨,날숨의 형태들 각각에 있어, 마음을 집중하여 번뇌가 없어졌음을 관찰하고 알아차림 하기 때문에 희열이 일어나는 것이다. 이것은 네 가지 토대 중 어디에서든 호흡을 관찰하면 희열이 일어날 수 있음을 뜻한다.

　1)~5)의 방법은 낮은 차원의 방식에서부터 높은 차원의 방식으로, 또는 거친 방식에서부터 미묘(섬세)한 방식의 순으로 배열된 다섯 가지 관찰 방식을 보여준다.

즉 일반적인 관찰은 빠자나냠(*pajānanaṁ*, 알아챔)이라고 부른다. 이보다 더 높은 수준의 정관(靜觀)은 아바자냠(*āvajanaṁ*)이라고 부른다. 더욱 높은 수준으로서, 분명하게 아는 것은 자나냠(*jānanaṁ*)이라고 부른다. 또한, 분명하게 봄(見)은 더욱 더 높은 수준으로서, 빠싸냠(*passanaṁ*)이라고 부른다. 마지막으로 그보다 더 높은 수준인 정밀한 반조는 빠짜웨엣까냠(*paccavekkhanaṁ*)이라고 부른다.

이 모든 다섯 가지 방법[1)~5)]들은 마음 집중의 원인이 되고 그 결과로서 희열을 일으킨다. 그러나 이 다섯 가지 방법들은 관찰 방식의 성격에 따라 거칠거나 미묘하므로 희열(삐띠)의 강도는 각각 다르다.

6)의 방법에서는 "마음으로 정립"이라는 표현을 쓰고 있는데, 이는 마음을 더욱 높은 상태로 향하게 하여, 그 상태로 한결같은 확고한 고정을 이루었음을 의미한다. 자세히 말하자면, 수행자는 여기서 명상수행의 삼매를 성취하는 방향으로 자신의 마음을 향하게 한다. 이때 마음이 성공적으로 고정되었기 때문에 희열이 일어난다.

7)~11)의 방법은 마음의 다섯 가지 기능들(5根)이 각각 완전하게 작용함으로 말미암아 희열이 일어남을 의미한다.

7)은 수행자가 모든 의심들을 해결하여, 자신의 수행이 귀의처임을 믿어 의심치 않음으로써 희열이 일어남을 말한다.

8)은 희열에서 나오는 만족감으로 수행자에게 더 큰 열의가 생겨나고,

그것이 수행자의 수행력을 더욱 강하게 만들어 준다는 뜻이다.

9)는 수행자가 스스로 만족할 만큼 마음챙김을 지속할 수 있을 때, 즉 수행의 모든 단계에서 요구되는 마음챙김을 계발할 수 있을 때, 희열이 일어난다는 뜻이다.

10)은 수행자가 스스로 마음을 집중할 수 있다는 것을 인식함으로써 희열이 일어남을 뜻한다.

11)은 자신이 지혜(paññā, 通察智, 慧)를 일으킬 수 있음을 알게 됨으로써 희열이 일어남을 뜻한다. 즉 지혜를 통해 호흡의 여덟 가지 형태에 관련된 모든 특성들을 분명히 알게 되는 기쁨이다.

7)~11)의 방법은 모두 호흡의 여덟 가지 형태에 기초하지만, 그것들의 수준은 순차적으로 점점 더 섬세해진다.

12)의 방법은 11)에서 언급된 방법보다 더 높은 수준의 지혜를 의미한다. 즉 수행자는 호흡에 관련된 특성들 이상의 것들을 알게 된다. 즉 그는 고(苦)의 종식으로 직접 이끄는 모든 것(dhamma)에 대해 더욱더 알게 되므로, 그 결과로 희열이 일어난다.

13)~16)의 방법은 고집멸도(苦集滅道)인 4성제(四聖諦)를 직접 알게 됨을 의미한다.

13)은 고통(苦)에 대한 분명한 앎을 뜻한다. 즉 수행자는 고(苦)와 고(苦)의 본성에 대해 알게 된다. 그는 문제의 근원이 고(苦)에 있다는 것을 발견하고, 그것을 뿌리 뽑을 수 있다는 희망으로 가득 차게 됨으로

써 희열이 일어난다.

14)는 고통의 원인이 집착에서 비롯된 번뇌(kilesa)들이라는 것을 알게 됨을 뜻한다. 그는 자신이 번뇌들을 부수었거나 부수고 있다는 것을 알게 되고, 그 결과로 희열이 일어난다.

15)는 계발되어야 하거나, 계발되었거나, 계발되고 있는 것을 알게 됨을 뜻한다. 이것은 고(苦)의 종식으로 이끄는 길(導)을 말한다. 이 단계에서 호흡을 관찰하는 동안 자신의 번뇌를 부숨에 의해, 일부 고통이 정화되거나 근절된다. 이 방법[道]이 고통을 종식시킨다는 것을 알게 되었을 때 희열이 일어난다.

16)은 실현해야 할 것이 무엇인지를 알게 되는 것, 즉 멸(滅, nirodha)이라고 부르는 고(苦)의 종식 상태인 "조건 지어지지 않음(Nibbāna)" 또는 "해탈(vimutti)"이야말로 그가 실현해야 할 것이라는 사실을 알게 됨을 뜻한다. 고통으로부터 해방된 상태는 번뇌를 제거한 상태와 명확하게 비례한다고 할 수 있다. 수행자가 잠시라도 고통에서의 해방된 이런 상태를 알게 되면 희열(삐띠)이 일어난다. 이러한 사성제(고집멸도)에 대한 관찰 역시 이미 말한 바와 같이 호흡의 여덟 가지 형태에 근거한다.

희열을 다루는 방법

희열관찰에는 두 가지 방법이 있다.

첫째는, 대상 즉 표상을 통한 관찰(ārammaṇa-upanijjhāna)로, 이는 집중(定)을 얻고자 마음의 초점을 한 지점에 맞추는 방법이다.

둘째는, 특성을 통한 관찰(lakkhaṇa-upanijjhāna)인데, 이는 사물의 참성품을 무상·고·무아로 보기 위한 것이다.

두 번째 관찰방법은 "느낌(vedanā)의 특성"을 있는 그대로 봄으로써, 지혜(paññā)를 성취하기 위한 것이다. 여기에는 5근, 5력, 7각지, 8정도 등의 29가지로 들숨 날숨을 있는 그대로 관찰 할 때 담마가 함양된다.

명확한 느낌관찰 : 감각의 발생원인

가. 무명(無明)과 갈애(渴愛)와 업(kamma, 業)과 감각접촉(phassa, 觸) 등이 일어남에 의해서 또는 그러한 것들에 조건 지어져(因緣)서 느낌(vedanā, 受)이 일어난다. "무명(avijjā, 無明)"이란 실상을 알지 못하거나 잘못 알아 착각하는 것을 말한다. 이로 인해 생하는 느낌이 있는 것은 무명 때문이라는 것을 알 수 있다. 우리가 느낌의 허망한 가치나 의미에 현혹되어, 환영(幻影)에 불과한 느낌이 영원한 실체가 있는 것처럼 생각하고 집착하게 되는 것은 바로 무명(無明)이 있기 때문이라는 것이다. "무명이 일어날 때, 그와 함께 느낌이 또한 일어 난다."라는 말은 바로 이러한 것을 의미한다.

어떤 종류의 느낌을 경험하기를 갈망할 때, 우리는 찾거나 행동하여 바라는 갈애(taṇha, 渴愛)로부터 느낌을 불러일으킨다. 느낌이 업(業, kamma)에 의해 야기된다는 것은 업의 과보(果報, vipāka)에 의한 것이다. 마지막으로, 촉은 느낌의 가장 가까운 원인이다. 우리들 대부분은 세 가지의 접촉, 즉 감각기관(六根), 감각대상(六境) 그리고 의식(六識)의 접촉이 느낌을 일으킨다는 것을 알고 있다.
느낌의 네 가지 원인인 무명, 갈애, 업, 감각접촉의 상호관계를 고찰하면, 느낌이라는 것이 그것들의 결합기능에서 일어나기 시작한다는 것을 분명히 볼 수 있다. 즉 무명은 느낌의 보편적 근원(根源)이고, 갈애는 느낌의 방향을 지시하는 동인(動因)이 되고, 업은 중간에서 느낌을 지탱시키는 원인(原因)이며, 감각접촉은 느낌의 가장 가까운 원인(近因)이 된다. 수행자가 "느낌이 분명히 일어나는 것"을 명확히 볼 때, 그는 숨을 들이쉬고 내쉬는 동안 일어나는 느낌을 또렷하게 알아차리게 된다.

나. 수행자는 느낌이 여러 가지 인연에 의해 일시적으로 나타나 "현전(現前, upaṭṭhāna)"하는 것을 무상하고, 고통스럽고, 실체가 없는 것으로 보게 된다. 즉 공(空)의 현전을 분명하고 직접적으로 알 때까지 계속하여 이러한 관찰을 계발해야 한다.

제6단계 : 숨을 들이쉬고 숨을 내쉬면서 행복(수카)을 체험한다.

"행복"을 다루는 방법

1) 수카(행복감)란 정신적 행복감(cetasika-sukha)을 의미한다. 그 특성은 시원함이며, 그 특징은 편안함(輕安, passaddhi)과 집중(samādhi)의 토대가 된다는 것이다.
2) 아나빠나삿띠 수행과 연관된 일종의 느낌인 수카는 수행의 제1단계

에서부터 바로 일어날 수 있으며, 제2단계와 제3단계에도 계속 이어져, 그다음 제4, 5, 6단계에서는 완전히 계발된 지극한 행복감으로 발전한다.(자세한 사항들을 알고자 하면 수행의 앞 단계, 특히 선정의 요소들을 다룬 제4단계에 대한 설명을 다시 한번 살펴보라.)

3) 수카는 제5단계에서 설명한 희열을 발생시키는 방법들, 즉 호흡을 관찰하는 힘에 의해 "마음이 하나로 모아지는 것을 알아차리기(pajānanā)"에서 "깨달아야 할 것을 깨닫기(sacchikātabbaṁ sacchikaroto)"에 이르는 16가지 방법 중 한 가지에 마음을 지혜롭게 기울일 때 일어난다.(수카를 일으키는 이 모든 열여섯 가지 방법들은 앞의 희열을 일으키는 열여섯 가지 방법과 일치함)

4) 열여섯 가지 방법 중 어느 하나에 의해 수카가 일어날 때 들숨과 날숨에 의해 그 수카를 체험한다. 이때 마음챙김은, 단순한 "마음챙김"으로서의 기능 이외에도, 선정(定)으로 이끄는 관찰의 기초가 되고, 또한 봄(隨觀)과 앎(智), (anupassanā-ñāṇa, 智見)으로도 기능하게 된다. 이로써 수카는 분명하게 현전하게 되며, 관찰의 대상인 명상 주제가 된다. 이어서 마음챙김은 이 수카라는 대상(명상주제)을 관찰하는 수단으로 분명하게 나타난다. 이제 수행자는 선정으로 이끄는 마음챙김과 통찰로 이끄는 지혜에 의해 수카를 체험한다.

요약하면 수행자가, 아나빠나삿띠의 제6단계 수행은 모든 점에서 제5단계와 일치한다. 유일한 차이점은 제6단계의 경우는 관찰대상이 수카(행복)라는 느낌이고, 제5단계의 경우는 그것이 희열(기쁨)이라는 점이다. 수카가 삐띠 보다 훨씬 더 강한 집착의 원인이 되므로, 수카의 관찰을 따로 다룬 것이다. 이런 이유 때문에, 수카 관찰의 공덕은 삐띠 관찰의 공덕보다 더 수승하다. 그리고 느낌은 이와 같은 전체 과정 속에서 체험된다.

**7단계의 지침은 "마음의 형성을 체험하면서 숨을…들이쉰다" 이다.
마음의 형성은 수(受)와 상(想)이다.
이것을 관찰하는 법은 16가지가 있다.**

"마음의 형성을 체험하면서"라는 안내지침은 앞의 두 단계에서 다루었던 "희열과 행복을 체험하기"의 경우와 같은 수행 방식을 따른다. 즉 수행의 방식은 동일하다고 말할 수 있다.

수행자가 들숨과 날숨에 의해 열여섯 가지 방법, 즉 ①알아차림, ②정관(靜觀), ③분명한 지각, ④분명히 봄, ⑤자세히 반조, ⑥결정심, ⑦확신, ⑧정진, ⑨마음챙김의 확립, ⑩마음의 집중, ⑪지혜를 통한 분명한 앎, ⑫보다 높은 지혜를 통해 곧 바로 앎, ⑬분명히 알아야 할 것을 분명히 앎, ⑭버려야 할 것을 버림, ⑮계발해야 할 것을 계발함, ⑯깨달아야 할 것을 깨달음 등으로 마음을 적용시킬 때, 그에게는 느낌과 인식이 모두 마음의 형성으로서 분명히 현전한다. 들숨과 날숨에 의해서, 그는 인식과 명백히 결합된 느낌이 마음을 조건짓는 것을 내적으로 분명히 체험한다. 마음을 적용시키는 열여섯 가지 방식들의 각 국면에서, 느낌은 마음을 조건짓는 기능으로 분명히 현전한다는 사실, 즉 그것은 5, 6단계에서와 동일하다는 것을 주목해야 한다.

8단계의 수행지침은 다음과 같다. "마음의 형성을 고요히 하면서, 숨을…들이쉰다."라고 자신을 다잡아 수행한다.

여기서 고찰해야 할 점은 "마음의 형성을 고요히 하면서"이다. 왜냐하면, 이 단계의 나머지 부분은 이전 단계들, 특히 5, 6, 7단계에서 설명된 것과 동일하기 때문이다.

마음의 형성(citta-saṅkhāra)을 고요하게 하는 것은 호흡을 의미하는 몸의 형성(kāya-saṅkhāra)을 고요하게 하는 것과 연관되어 있다. 그러므로 마음의 두 가지 조건인자들인 인식(想)과 느낌(受)을 고요하게 하기 위해서, 수행자가 지혜롭게 자신의 호흡을 고요하게 만드는 것이 바람직하다. 만약 인식과 느낌의 힘에 압도당하여 어떤 종류의 생각(尋, vitakka)에 -그것이 비록 건전한(kusala) 것일지라도- 빠져있다면, 그는 호흡을 고요히 하는 것에 의지해야 한다. 거친 호흡이 점차 고요하게 됨에 따라, 그에 비례하여 인식과 느낌의 힘도 점차 고요해진다. 그리고 마침내 생각과 사유도 또한 고요해진다. 일반적으로 이러한 것이 마음의 형성을 고요하게 하는 기본적 방편인 묘도(妙道, upāya)들이다.

마음관찰 네 단계

제 9단계 : 숨을 들이쉬고 숨을 내쉬면서, 마음을 체험하기

제10단계 : 숨을 들이쉬고 숨을 내쉬면서, 마음을 기쁘게 하기

제11단계 : 숨을 들이쉬고 숨을 내쉬면서, 마음을 집중하기

제12단계 : 숨을 들이쉬고 숨을 내쉬면서, 마음을 자유롭게 하기

제9단계: 마음을 체험하기

수행자는 다음과 같이 수행하는 동안 마음의 상태가 어떠한지를 명확하게 볼 것이다.
1) 긴 호흡을 관찰하는 동안
2) 짧은 호흡을 관찰하는 동안
3) 온몸을 관찰하는 동안
4) 몸의 형성을 고요하게 하는 동안
5) 희열(삐띠)을 체험하는 동안
6) 행복(수카)을 체험하는 동안
7) 마음의 형성(心行)을 체험하는 동안
8) 마음의 형성(心行)을 고요하게 하는 동안

이와 같이 수행하는 동안, 각각의 모든 단계에서 마음 상태의 차이점들을 알아차리면서, 수행자는 마음이 무상하고 불만족스럽고 자성이 없다는 것을 꿰뚫어 본다. 이렇게 삼법인을 철견하고난 후, 그는 마음이 영원하고, 즐길만하고, 자아가 있다는 인식을 버린다. 그 결과, 그는 혐오감을 일으키고, 마음에 대한 갈망을 갖지 않는다. 그는 "마음의 멸(滅)"에 도달하여, 마침내 마음을 놓아버린다. 이 모든 점진적인 수행은 수행자가 열여섯 가지 방법(희열을 발생시키는 16가지 방법들)으로 점차 더욱 미묘한 관찰을 함으로써 가능해진다.

이 같은 방식으로 수행자가 들숨과 날숨의 각 단계에서 자신의 마음을 한 곳에 모아서 마음이 흐트러지지 않을 때, 마음은 전반에 걸쳐 복합적이고 형성(saṅkhata, 有爲)된 것으로서, 또한 그렇기에 무상하고 불만족스럽고 자성이 없는 것으로서 그에게 분명하게 현전하게 된다.

이것이 "마음을 체험하며"라는 표현이 의미하는 것이다.

위의 설명과는 별개로, 대념처경(Mahcsatipaṭṭhāna-Sutta), 장부아함경(Dīgha Nikāya) 등과 같은 경전에는 마음의 특성들을 관찰하는 것에 대한 다른 방법이 나와 있다. 이 방법 역시 마음을 이해하기 위한 원리이므로, 부가적으로 고려해볼 가치가 있다. 그 방법은, 다음 1)~8)의 사항들을 살펴보는 것이다.

1) 마음에 탐욕이 있는지 없는지
2) 마음에 증오가 있는지 없는지
3) 마음이 미혹되었는지 미혹되지 않았는지
4) 마음이 무기력한지 산란한지
5) 마음이 계발되었는지 계발되지 않았는지
6) 마음이 우월의 마음을 가졌는지 열등의 마음을 가졌는지
7) 마음이 집중(定)되었는지 집중되지 않았는지
8) 마음이 자유로운지 자유롭지 않은지

그러나 마음이 비록 이 모든 것들 중 어떤 상태에 있을지라도, 수행

자는 아나빠나삿띠의 수행을 통해 모든 현상과 모든 마음의 현상이 무상·고·무아라는 보편적인 특성을 가지고 있다는 사실을 알게 된다.
 어떤 측면에서 마음을 보더라도 이와 같은 결과는 똑같다는 사실을 체험하게 된다.

제10단계 : 숨을 들이쉬고 숨을 내쉬면서, 마음을 기쁘게 하기

 아나빠나삿띠의 어떤 단계를 수행하더라도, 담마를 통해 건전해진 마음의 기쁨을 유도할 수가 있다. 그러므로 현 단계의 수행을 시도하는 수행자는 앞의 각 단계들에 있어서도 마음을 기쁘게 하기 위해 노력해야 한다

1) 길게 숨을 들이쉬고 내쉼에 의해 마음에서 일념(심일경성)과 흐트러지지 않은 마음상태를 분명히 알아차림 하는 동안, 마음의 기쁨이 일어난다.
2) 짧게 숨을 들이쉬고 내쉼에 의해 마음에서 일념(심일경성)과 흐트러지지 않은 마음상태를 분명히 알아차림 하는 동안, 마음의 기쁨이 일어난다.
3) 온몸이나 혹은 호흡의 전 과정을 체험함에 의해 마음에서 일념(심일경성)과 흐트러지지 않은 마음상태를 분명히 알아차림 하는 동안, 마음의 기쁨이 일어난다.
4) 몸의 형성을 고요하게 함에 의해 마음에서 일념(심일경성)과 흐트러지지 않은 마음상태를 분명히 알아차림 하는 동안, 마음의 기쁨이

일어난다.
5) 희열(삐띠)을 체험하면서 마음에서 일념(심일경성)과 흐트러지지 않은 마음상태를 분명히 알아차림 하는 동안, 마음의 기쁨이 일어난다.
6) 행복(수카)을 체험하면서 마음에서 일념(심일경성)과 흐트러지지 않은 마음상태를 분명히 알아차림 하는 동안, 마음의 기쁨이 일어난다.
7) 마음의 형성(心行)을 체험하면서 마음에서 일념(심일경성)과 흐트러지지 않은 마음상태를 분명히 알아차림 하는 동안, 마음의 기쁨이 일어난다.
8) 마음의 형성(心行)을 고요하게 하면서 마음에서 일념(심일경성)과 흐트러지지 않은 마음상태를 분명히 알아차림하는 동안, 마음에 기쁨이 일어난다.
9) 마음을 체험하면서 마음에서 일념(심일경성)과 흐트러지지 않은 마음 상태를 분명히 알아차림 하는 동안, 마음에 기쁨이 일어난다.

일반적으로 말해서, 마음의 기쁨은 희열(삐띠)과 행복(수카)처럼 감각의 즐거움(geha-sita)에 의해 유도될 수 있고, 또한 감각적 즐거움의 포기(nekkhamma-sita)에 의해서 유도될 수도 있다. 그러나 여기서 마음의 기쁨은 담마, 즉 감각적 즐거움의 포기와 관련이 있다.
아나빠나삿띠 수행을 통해 마음의 기쁨은 두 가지 방식으로 명백하게 일어난다. 마음의 기쁨은 우선, 고요(사마타), 즉 집중과 연관되어 일어나고 그 다음으로, 통찰 지혜(위빠싸나)와 연관되어서 일어난다. 집중된 고요(사마타)와 관련된 마음의 기쁨은, 각각의 수행 단계에서 일념, 즉 심일경성(에까가따)과 마음이 산만하지 않음의 결과로 명백하게 생겨나는 선정의 요소들인 희열(삐띠)과 행복(수카)을 의미한다. 이것들은 선정(Jhāna)에서 생겨나는 행복을 말한다. 심지어, 수행이 성취됨으로써 발생되는 강한 만족감 역시 마음의 만족감으로 간주되어야 한다.

통찰 지혜(위빠싸나)와 관련된 마음의 기쁨은, 더욱더 미묘하고 숭고하며, 더욱더 가치가 있다. 그것은 수행자가 모든 조건지어진 것들(saṅkhāra)의 느낌인 기쁨 그 자체를 관찰하여, 그것이 무상·고·무아임을 볼 때 일어난다. 무상·고·무아의 관찰은 마음을 기쁘게 한다.
왜냐하면, 수행자가 이제 담마를 깊이 이해하게 되었음을 스스로 알게 되었기 때문이며, 이것은 순수하게 담마의 힘을 토대로 한 마음의 기쁨이다.

제11단계: 숨을 들이쉬고 숨을 내쉬면서, 마음을 집중하기

위에서 언급했듯이, 우리가 마음을 하나의 대상에 모을 때, 집중은 현전한다. 이것이 집중에 대한 보편적인 사실이다. 더구나, 집중은 위빠싸나 통찰지혜(vipassanā)를 계발하는 시점에서도 발견될 수 있다. 즉 대상(명상주제)을 관찰하여 그 성품이 무상·고·무아라는 것을 꿰뚫어 보는 순간에도 집중이 있다. 그러므로 전체를 요약하면, 세 가지 수준의 집중이, 세 가지 경우에 모두 존재한다고 말할 수 있다.

○ 어떤 대상에 초점을 맞추기 시작하는 시점의 집중
  : 이것은 준비 삼매(parikamma-samādhi)와 근접 삼매(upacāra-samādhi)를 말한다.
○ 마음이 고정되고 몰입에 도달한 시점의 집중
  : 이것은 본 삼매(appanā-samādhi)이다.
○ 어떤 대상에 대해 초점을 모아, 그것이 무상·고·무아라는 것을 관찰하는 시점의 집중
  : 이것은 반야 지혜(paññā)와 함께 진행되며 지혜(慧)계발과 함께 공존하는 집중(定)인 아나따리카 사마디(Ānatarika-samādhi)라고 불린다.

요약하면, 제11단계의 수련은 집중된 사마타(고요, samatha)와 통찰지혜(vipassanā)라는 두 가지 관점에서, 모든 단계에 존재하는 모든 종류의 집중(三昧)을 수련함을 의미하며, 그 결과 수행자는 모든 방식에서 바라는 대로 마음을 능수능란하게 집중하는데 통달하게 된다.
 이러한 수행단계에는 제5단계에서 설명한 것과 같은 모든 스물아홉 가지 담마들이 함양되고, 동시에 그 영역(gocara)을 분명히 알게 되고, 고요의 유익(samattha, 사맛타)을 꿰뚫어 알게 된다.

제12단계 중심으로 설명해 보겠다(9단계는 마음상태, 10단계는 수행향상에서 오는 마음의 기쁜 상태, 11단계는 선정상태임). "마음을 자유롭게 하면서"라는 표현은 두 가지 의미가 있다. 첫 번째 의미인, "마음

을 자유롭게 하기 또는 마음에서 제거되어야 할 것을 제거하기"란, 초보 수준에서부터 완전한 몰입 수준에 이르기까지 집중(선정)을 계발하면서 마음을 장애(nīvaraṇa)로부터 벗어나게 하는 것을 말한다.

두 번째 의미, 즉 "무명(無明, avijjā)에서 유래하는 집착으로부터 마음을 자유롭게 하는 것"이란, 마음을 해탈하게 하는 것은 어떤 물질적(rūpa) 또는 비물질적(nāma) 현상들을 관찰대상으로 취하여 그것이 무상·고·무아라는 것을 내관하는 아나빠나삿띠 수행으로써 가능하다.

관찰대상에 대한 내관이 완전히 이루어질 때마다, 삼법인을 완전히 깨달을 수 있다.

이때 마음은 탐욕(rāga, 貪), 증오 또는 분노(dosa, 瞋), 어리석음(moha, 痴), 자만(māna, 自慢), 그릇된 견해(diṭṭhi, 邪見), 의심(vicikicchā, 疑), 나태와 무기력(thīna-middha, 無氣力), 불안(uddhacca, 不安), 양심 없음(ahirika, 無慚), 수치심 없음(anottappa, 無愧) 등으로부터 해방된다. 이것은 또한 10가지 결박의 번뇌인 족쇄(saṁyojana)에 속해있는 용어이기도 하다. 그러므로 지혜의 하나인 명지(vijjā, 明知)의 힘에 의해 직접적으로 제거해야 한다.

네 번째 4단계인 법의 관찰 수행법은 다음과 같다.

제13단계 : 숨을 들이쉬고 숨을 내쉴 때마다 무상(無常)을 관찰하기
제14단계 : 숨을 들이쉬고 숨을 내쉴 때마다 탐욕이 사라져 감(離貪)을 관찰하기
제15단계 : 숨을 들이쉬고 숨을 내쉴 때마다 소멸(滅)을 관찰하기

제16단계 : 숨을 들이쉬고 숨을 내쉴 때마다 보내버림(出離)을 관찰하기

무상을 관찰하기 위한 네 가지 방법

무상의 관찰에는, 얕은 단계에서부터 점차적으로 깊은 단계에 이르기까지, 여러 단계가 있다.

첫 번째 단계, 즉 보통사람이 이해할 수 있는 제일 쉬운 첫 단계는 "조건지어진 것들(sankhārā, 상카라)의 집합 속에서 무상함을 관찰"하는 것이다.

예를 들어, 5온(五蘊)을 관찰해보자. 5온은 색 · 수 · 상 · 행 · 식(色 · 受 · 想 · 行 · 識) 등의 다섯 가지의 모임, 즉 집합이며, '사람'또한 5온의 집합체이다. 사람은 태어나서, 점점 성장하다가, 늙어서 결국엔 죽는다. 자세히 말하면, 사람의 수명은 유년기, 장년기 그리고 노년기라는 세 시기로 나눌 수 있다. 각각의 시기들은 많은 변화로 가득 차 있다.

그러나 이런 식으로 관찰 또는 고찰하는 것은 섬세하지 않은 방법이다. 모든 것은 매일, 매 시간, 매 분, 매 초마다 변할 뿐만 아니라, 실제로 매 순간, 즉 찰나(刹那, cittakkhaṇa)마다 변한다. "찰나"는 일반적 수단으로는 측정하지 못하는 시간적 개념이다. 아비담마의 표현에 따르면, 찰나라는 것은 너무나 짧아서 정확하게 측정하는 것이 불가능하다고 한다. 찰나(cittakkhaṇa)라는 것은 문자적으로 마음의 순간을 뜻하며, 이 세상의 어떤 것과, 가령 빛과도 비교할 수 없을 만큼 빠르다. 이는 물질적이든 정신적이든 모든 것이 마음의 매순간, 즉 찰나마다

계속 빠르게 변해 감을 뜻한다. 물질 또는 몸의 모든 원자들은 엄청난 속도로 변하고 있으며, 마음은 말할 것도 없이 더욱 더 빠른 속도로 변하고 있다. 결국 이 모든 것은 시간의 관점에서 관찰하는 것이다. 무상을 이해하려고 시간이라는 방편을 사용한다. 나눌 수 없는 가장 미세한 것조차도 찰나적 변화, 즉 상상으로나마 가능한 가장 짧은 시간 속에 종속된다.

두 번째, 그 다음 단계의 관찰에서, 우리는 세상 모든 것들이, 그것이 물질적인 것이든 정신적인 것이든 몸 밖이든 몸 안이든, 모두 똑같이 마음의 한 순간에 달려있다는 것을 더욱 섬세한 방법으로 보게 된다. 즉 눈이나 귀 등을 통해 어떤 대상을 접촉하거나 느끼는 기능을 하는 마음(citta)의 한 순간에 모든 것이 달려있다는 것을 보게 된다. 6근(六根)에서 일어나는 이 세상의 온갖 것들을 느끼는 의식이 있기 때문에, 그러한 온갖 것들의 나타남을 알게 되는 것이다. 의식이 일어나지 않는다면, 세상의 온갖 것들은 사실상 존재하지 않는다. 이러한 이유로 인해, 마음의 일어남, 즉 느낌 또는 모든 대상들에 대한 감지는 그 모든 대상들이 일어남을 의미하게 된다. 혹은 느껴지거나 감지됨을 의미한다.[註]

[註] 이 부분을 문자적으로 해석하면 다음과 같다. 마음이 일어남으로써, 즉 그러한 것들에 대한 의식이 일어나거나 마음이 그러한 것들을 의식하게 됨으로써 그 모든 것들이 일어난다. 즉 모든 것들이 의식 속에서 일어나거나, 의식에 현전한다.

마음(citta)이 사라지면 온갖 대상들도 사라진다. 왜냐하면, 온갖 대상들이 그에게 존재하지 않기 때문이다. 그러므로 우리는 일체유심조(一切唯心造), 즉 모든 것은 마음에 달렸으며, 마음의 힘에 좌우된다고 말할 수 있다. 또는, 모든 것은 의식이나 마음 때문에 의미가 있으며, 항상 의식의 생멸에 따라 일어나고 사라진다고 말할 수 있다.

이처럼 의식은 매 순간 일어났다가 사라지는 것이므로, 물질적이든 정신적이든, 몸 안에 있든 몸 밖에 있든, 모든 것들은 생각의 매순간(刹那) 일어났다가 사라지는 것이다.[註] 이 같은 관찰은 앞 단계에서 언급한 관찰보다 더욱더 미묘한 것이다.

[註] "비구들이여, 의식 또는 마음을 포함하는 5온이 일어나서, 부서지고, 사라지는 매 순간마다, 그대들은 태어나고, 부서지고, 죽는 것이다." (Khnadhesu jājamānesu jīyamānesu mīyamānesu ca khaṇe khaṇe tvaṁ bhikkhu jāyase ca jīyase ca miyase ea Paramat thajotikā, Sāmaṇerapañha-vaṇṇanā : Prmj. 1) (PTS) p.78)

세 번째, 그다음의 관찰 단계에서 수행자는 더욱더 깊이 관찰한다. 그는 온갖 것들(물질이든 마음이든)이 인연, 즉 원인과 조건이라는 그물망(帝網刹海)에 의하여 생겨나는 것을 본다. 무상과 변화는 온갖 것들의 자체 내에 있는 어떤 실체를 따르는 것이 아니라, 여러 가지 것들을 꾸며 만드는 인연, 즉 원인과 조건에 따르는 것이다. 이러한 것들의 원인과 조건도 모두 무상하다. 왜냐하면, 그것들은 또 다른 본질적으로 무상한 원인과 조건에 의존하며, 이처럼 무상한 원인과 조건의 그물망은 끝없이 변화하며 이어지기 때문이다.

몸이 왜 변하는지를 예로 들어 설명해 보자. 몸을 유지하기 위한 조건은 밥, 생선 등의 음식물의 공급이며, 이런 음식물들은 항상 변하고 있다는 것을 우리는 잘 알고 있다. 그렇다면, 밥이나 생선 등의 음식물들은 왜 변하는가? 그 원인은 그것들이, 계속 변화하는 구성 원소들과 기온 등과 같은 요인들에 의해 조건지어지기 때문이다. 그리고 그 구성 원소들과 기온 등도 역시 본래 무상한 다른 요인들에 의해 조건 지어진다. 이러한 인과관계는 끊임없이 무한히 계속된다. 이런 식으로 물질적인 인과의 무상함을 보게 되고, 그보다 변화 속도가 더 빠른 정신적인 인과의 무상함 역시 그처럼 알게 된다.

요약하면, 온갖 것들이 변해가는 것은 그것들 역시 변해가는 조건들에 의존하고 있기 때문이며, 이러한 인연법은 무한히 계속된다. 이같이 "무상을 본다"라는 것은 수행자가 불만족스러운 고(苦)와 무아(無我)를 동시에 꿰뚫어 볼 수 있게 할 만큼 광대한 의미를 지니고 있다.

네 번째, 무상을 관찰하는 또 하나의 방법은, 각각의 모든 조건지어진 것들 자체가 여러 가지 성분들로 구성되어 있으며, 그 각각의 구성성분들 역시도 더 작은 구성성분들로 무한히 쪼갤 수 있고, 이런 식으로 결국은 모든 것이 공(空)이 되어버린다는 것을 감지하는 것이다.

마치, 어떤 실체, 영혼, 자아 또는 만족스럽거나 욕망을 가질만한 어떤 것이 있는 것처럼 보이는 현상이 생겨나는 것은, 오로지 온갖 것들이 인연 따라 적절한 비율로 서로 간에 접촉하여 함께 결합하여 일어나기 때문이다. 온갖 것들이 서로 접촉하는 양상이 변하는 순간, 그와 관련된 현상은 사라진다. 여러 가지 것들이 접촉하게 하여 어떤 현상을 일으키는 그와 관련된 모든 결합작용은 영원하지 않아서 쉽게 부서지고 해체된다는 것을 보아야 한다.

 마찬가지로, 한 무리의 사람들이 함께 일을 할 때, 사람 수에 비례하여 쉽게 견해 차이가 발생할 것이다. 집단 속 사람들의 관계 양상은 사람 수가 많을수록 가변적이라는 것은 자연스런 결과이다. 그와 같이, 선행 단계들(제1단계~제12단계)에서는 여러 가지 사물들 그 자체의 무상함을 관찰하는 것에 반하여, 현 단계에서는 수행자가 온갖 것들의 결합 양상 또는 관계의 무상함을 관찰한다는 것을 주목해야 한다.

 이상과 같이 내용을 언급해본 의도는 여러 관점에서 무상의 성품을 예시해보기 위해서이다.

 아나빠나삿띠 수행에서 무상을 관찰할 때, 수행자는 고와 무아의 철견을 포함하는 깊고 분명하며 완전한 실상을 보게 되는 것이 핵심이다. "모든 조건 지어진 것들은 무상하다." 즉 5온(五蘊, **pañca-khandhā**), 12처(六根과 六境, **ajjhattikāni-bāhira āyatanāni**), 12연기(十二緣起) 등 모든 법들은 무상하다는 것이다.

① 5온(五蘊) 관찰 : 선정을 수행할 때 일어나는 희열(기쁨)과 행복감, 또는 우리가 실제로 체험하는 기타 종류의 느낌을 관찰함에 의해

느낌(受)의 본질을 꿰뚫어볼 수 있다. 인식(想, saññā)이 느낌(受, vedanā) 다음에 일어남을 볼 수 있고, 느낌에 대한 인식, 지각, 평가 등이 어떻게 생멸변화 하는지 알아차림 할 수 있다. 마음의 형성(行, saṅkhāra)들을 꿰뚫어 보는 것도 인식의 경우와 동일한 방식이다.

식온(識薀, viññāṇa-kkhandha)을 꿰뚫어 보려면, 감각기관(六根)과 접촉한 감각대상(六境)을 분명하게 의식하는 데에 초점을 맞춰서, 왜 그리고 어떻게 의식이 일어나는지, 어떤 방식으로 의식이 현전하다가 사라지는지 등을 알아차림해야 한다. 외적 감각 대상, 즉 6경(六境)은 모두 5온(五蘊)에 포함되며, 접촉 대상으로서 실제적인 역할을 할 때, 이 또한 바로 그 자리에서 알아차림해야 한다.

② 6근(六根) 관찰 : 각각의 감각 기관은 그에 상응하는 외적 대상을 알아차린다. 예를 들면, 시각적 대상이 눈과 접촉할 때 "눈이 존재하게 됨"이 의미하는 것이다. 눈이 대상을 보는 기능을 완수하고 나면, 보아야 할 또 다른 대상이 다시 나타날 때까지, 마치 존재하지 않는 것처럼 된다. 수행자는 이와 같은 눈이라는 관념 또는 눈의 일어남, 일시적 지속, 그리고 사라짐을 관찰한다. 귀, 코, 혀, 몸, 마음(意)도 그 원리가 동일하다. 그 감각 기관의 무상함을 볼 수 있다. 무상하다는 것을 보아서, 그 어느 것에도 집착하지 않아야 한다. 이와 연관된 수·상·행·식(受·想·行·識)도 무상하다.

③ 12연기(十二緣起)의 관찰 : 12연기의 각 양상들이 그 기능을 실행하는

매순간 정확하고 면밀히 알아차림 할 때, 그것의 무상함을 볼 수 있다. 간단히 말하면, 수행자는 눈(眼)이 형상(色)과 접촉할 때, 무명(無明)이 업의 형성(行), 의식(識), 정신과 몸의 과정(名色), 기능을 할 준비가 된 감각기관(六入), 각각의 총체적인 감각접촉(觸), 느낌(受), 느낌에 대한 욕망 또는 갈애(愛), 강하고 격렬한 집착(取), 생성 작용(有), 생겨나는 과정(生), 그리고 슬픔과 비탄 등의 고통과, 그 모든 것들이 부서지고 사라짐(老死) 등이 어떻게 상호의존적인 방식에 의해 연속적으로 일어나는지 알아차림 해야 한다. 이런 모든 것을 "상호의존적인 12연기의 완전한 작용"이라고 부른다. 무명에서 시작하는 각각의 요소들은 연속적으로 계속 그 다음 요소들을 불러일으킨다.

전체적으로 말하면, 수행자는 연기의 각 양상들이 실제로 그 기능을 이행하며 동시에 연속적인 조건화를 실행할 때, 그것의 무상함을 밀밀성성하게 관찰해야 한다. 즉 미혹으로 인해 정신적 형성(行)을 일으키는 무명(無明)을 꿰뚫어보아야 한다. 또한 정신적 형성(行)이 의식(識)을 조건 지을 때, 그것의 활성화 능력이 항상 창조적이며 실제적인 능력을 갖추고 있다는 사실을 꿰뚫어볼 수 있게 된다. 그리고 의식(識)이 정신과 몸의 과정(名色)을 조건 짓는 기능을 실행할 때만, 그 의식을 있는 그대로 꿰뚫어볼 수 있다.

의식은 그 성질에 따라 정신과 몸의 과정(名色)을 불러일으킨다. 의식 요소(viññāṇa-dhātu)의 힘에 의해 정신과 몸의 과정(名色)이 일어난다. 단지 의식 요소만 있다면, 그것은 아무것도 창조해 낼 수 없다. 그러나 의식(識)이 정신(受·想·意·觸·作意)과 몸의 과정(名色)과 접촉할 때, 의식의 힘은 현전한다. 마찬가지로, 정신과 몸의 과정도 의식과 관련되지 않는다면 생겨나지 않는다. 왜냐하면, 의식이 없다면 정신 또는 몸의 느낌이 없기 때문이다. 게다가, 정신과 몸(名色)이 감각기관들, 즉 눈, 귀, 코, 혀, 몸, 마음 등을 통하여 느낌으로 현전할 때만이 진정으로 정신과 몸의 과정(名色)을 알 수 있다. 정신과 몸의 과정(名色)을 연(緣)해서 이러한 감각기관들은 느낌이 일어나게 한다. 이와 마찬가지로 심지어 촉(觸), 수(受), 애(愛), 취(取), 생성작용 혹은 존재(有), 노사(老死)와 같은 고(苦)에 있어서도 그 의미와 설명은 위와 동일하다.

수행자는 인연생기(因緣生起)를 관찰할 때 그 12가지의 모든 양상들이 무상함을 본 것처럼, 인연소멸(因緣消滅)을 관찰할 때도 그 12가지의 모든 양상들이 무상함을 상상이나 관념이 아닌 실제로 일어나는 대로 분명하게 관찰함으로써 완전한 각성에 도달한다.

모든 면에서 볼 때, 이 아나빠나삿띠의 네 번째 부류의 수행들은 법의 관찰로 분류된다.

네 번째 부류의 첫 번째 단계(제13단계)는 무상·고·무아를 관찰하는 것인데 이 무상·고·무아는 공(空)으로 압축될 수 있다. 이 공(空)

의 본질은 집착할 것이라고는 아무것도 없는 상태로, 만약 집착을 고집하면 고통의 결과를 가져온다.

네 번째 부류의 두 번째 단계(제14단계)는 집착을 놓아버리는 이탐(離貪)을 관찰하는 것이다. 왜냐하면 이때는 집착으로부터 오는 두카(苦)인 재난과 위험을 보기 때문이다.

네 번째 부류의 세 번째 단계(제15단계)는 모든 것에는 어떠한 실체도 없는 소멸(滅)을 보는 것이다. 집착은 단 한 순간의 차갑고 뜨거움에 지나지 않는다. 왜냐하면 집착은 어떠한 참 자아도 갖고 있지 않는 것이며 그러한 집착은 어떠한 종류의 자아도 될 수 없기 때문이다. 이러한 모든 것의 자아를 완전히 소멸시켜 버리는 방법으로 관찰해야 한다.

네 번째 부류의 마지막 단계(제16단계)는 일체 모든 것을 보내버려 참으로 비어있음(眞空)으로서, 회향하는 방식으로 주시하고 관찰한다. 모든 것은 예외 없이 비어있다. 그때의 마음은 닙바나(*Nibbāna*, 涅槃)를 실현했다고 말해진다. 마음은 공(空)안에서 융해되어 더 이상 '나'라고 집착할 그 무엇도 남아 있지 않게 된다. 이 네 번째 부류를 수행하는 것은 담마의 네 측면(無常觀, 離貪觀, 寂滅觀, 出離觀)을 단도직입적으로 즉각 관찰하기 때문에 "법(**Dhamma**)의 관찰"이라 한다.

전체적으로 아나빠나삿띠 수행의 단계별 차이점을 정리해보면, 첫 번째 부류에서는 몸이나 호흡을 관찰하고, 두 번째 부류에서는 다양한 감각들을 관찰하고, 세 번째 부류에서는 마음을 여러 방법으로 관찰하고, 네 번째 부류에서는 법을 관찰하는 수행이다. 이 법(法, Dhamma)은 모든 것의 실제인 자연스러운 조건으로서, 그 조건들을 알아차릴 때 마음이 모든 고통에서 자유로워지게 되는 것이다.

첫 번째 부류(몸과 호흡 관찰)는 순전히 사마타 위주의 수행이고, 두 번째와 세 번째 부류(감각과 마음 관찰)는 사마타와 위빠싸나가 결합된 수행이고, 네 번째 부류(법 관찰)는 완전한 위빠싸나 수행이다. 사마타 수행은 마음의 안정이나 삼매(samādhi, 사마디)를 얻기 위하여 대상, 즉 표상(nimitta)을 통하여 주시하는 것이고, 위빠싸나 수행은 무상·고·무아를 분명히 보고 경험하는 것이다. 이것의 최종 결실은 지혜의 완성이다.*

더 이상은 없다

비록 아나빠나사띠가 단순화되고 변형된 것이 있더라도, 붓다다사 스님은 부처님의 16단계 수행법대로 수행하는 것이 가장 효과적이라고 주장했다. 자신 스스로 16단계가 많은지 적은지 알 수 있다. 괴로움과 괴로움이 일어나는 원인을 관찰하는 것으로 수행은 시작된다. 몸과 감각을 대상으로 괴로움이 일어나고 사라지는 것을 관찰해보자. 계속해서 마음을 대상으로 괴로움과 괴로움이 사라지는 것을 관찰하자. 마지막으로 만물의 진리인 담마에 대해 마음이 어떤 현상에도 집착하지 않게 될 때까지 알아차리고 또 알아차린다. 놓아버리는 법을 배우자. 당연히 해야 할 일을 완수하려면 수행은 완벽해야 한다. 그때 우리는 16단계의 수행을 성공적으로 마치게 된다.

이상으로 아나빠나삿띠의 16단계 수행에 대한 여정을 여기에서 멈추고자 한다.

*〈역자 주〉 첫 번째 몸의 관찰부류도 사마타와 위빠싸나를 각각 혹은 연결해서 수행할 수 있다. 지금까지 아나빠나삿띠 수행은 주로 좌선 위주로 설명되었다. 일상(動)이나 행선(行禪)시에는 졸저 [위빠싸나 Ⅱ]에 있는 방법대로 동중 수행을 해도 되고, 여기에서처럼 호흡 위주로 관찰해도 되고 호흡, 동작, 마음을 병행해서 관찰해도 된다. 붓다다사 선사의 아나빠낫띠에 대한 자세한 내용은 붓다의 호흡법, 아나빠나삿띠(불광출판)와 마음으로 숨쉬는 붓다(한길출판)를 참조하길 바란다. 모두들 고(苦)의 끝을 보고 영원한 자유과 평화를 실현하기를 거듭 기원한다.

제3장
아찬 나에브
(Achaan Naev)

ACHAAN NAEV

1. 속세에서 깨달음을 성취한 독신녀

아찬 나에브는 미얀마 국경 근처에 있는 태국의 한 지방 총독 가문에서 출생했다. 35세에 그녀는 아찬 파투타 우 비라사의 지도하에 불교 심리학과 지혜 명상을 공부하기 시작했다. 12년 후에 그녀는 가르침을 펴기 시작했고 많은 사원에서 연구와 명상을 위한 수도원을 세웠으며, 마침내 왕실의 후원을 얻어 방콕에서 불교 연구 및 정신 복지재단인 왓스랏케트를 설립했다. 현재 그녀는 이 세상을 타계했지만 그녀의 제자들은 지혜 명상 수련, 포교를 위한 활동을 계속하고 있다.

현대 도시 방콕의 심장부에 위치한 조용한 섬과 같은 왓스랏게트의 아찬나에브를 방문하면 그녀의 맑은 법문을 직접 들을 수 있었다.

그녀는 방문객에게 편안히 앉아서 움직이지 말라고 한다. 물론 잠시 후 자동적으로 자세를 바꾸려고 한다.

"기다리시오, 그대로. 왜 당신은 움직이려고 하는가?

아직 움직이지 마시오."

아찬 나에브는 우리들 자신의 몸에서 고통의 분명한 원인을 직접 지적한다. 만약 우리가 조용히 앉아서 움직이지 않으려고 애쓰면, 결국 고통은 증대하여 자세를 바꾸어야 한다. 온종일 일어나는 우리들의 대부분 모든 행동은 이와 동일한 유형을 따르고 있다. 아침에 일어나면 위와 방광의 고통을 덜기 위하여 식사를 하고, 서 있는 고통을 덜기 위하여 자리에 앉는다. 또한 복잡한 마음의 고통을 다른 곳으로 전환하기 위하여 책을 읽거나 텔레비전을 보거나 얘기를 하며, 그리고 나서 우리는 또 다른 고통을 덜기 위해서 다시 움직인다. 각각의 움직임과 행동은 행복을 가지고 오는 것이 아니고 육체를 가지고 태어남으로써 어쩔 수 없이 갖게 되는 고통을 덜기 위한것이다.

그녀의 방법은 우리들의 일상생활과 행동에서 고통의 원인과 결과를 보게 하는 단순한 접근법이다. 이과정에 대한 분명한 인식이 고통을 종식시키고 붓다의 행복으로 바로 들어가는 길이다.

아찬 나에브는 달마에 관한 중요한 사항들을 체계적으로 언급했다. 우선, 수행하기 전에 올바른 개념적 이해를 가져야 한다고 강조한다. 중도를 확립하는 것은 쉽지 않다고 그녀는 말한다. 올바른 이해와 알아차림 없이 지혜는 계발되지 않는다. 이러한 올바른 이해는 몸과 마음을 정확하게 아는 것이다. 그것은 또한 어떻게 욕망으로부터 오염되는가를 아는 것이며, 현재 일어나고 있는 대상을 분명하게 알아차리는 정확한 수련과 오직 평온함(정신통일)만을 계발하는 잘못된 수련법과 구별할 줄 아는 것이다.

그녀는 지혜 명상과 선정 명상의 구분을 강조한다. 선정과 특별한 수행법에 대한 어떠한 집착이라도 지혜 계발에 방해가 된다. 지혜는 현재 순간의 몸과 마음을 직시함으로써 온다. "강렬한 노력과 특별한 집중이 반드시 필요한 것은 아니다." 대신 우리는 우리들의 모든 상황에서 일어나는 몸과 마음을 바로 직시하여야 한다. 우리들은 또한 어떻게 몸과 마음이 분리되는가와 끊임없이 변화하는 비어 있는 현상을 보게 될 것이다.

지혜 수련에 있어서 지혜가 일어나는 것은 몸과 마음을 직시하는 것을 통해서만 일어난다고 아찬 나에브는 말한다.

그녀는 불교의 독특성을 강조하고 모든 지혜에 이르는 유일한 방법인 4념처에 중점을 둔다. 그녀는 특별한 노력이 필요하지 않고 단지 현재 순간에, 특히 몸과 마음을 관찰함으로써 그리고 우리가 행동할 때 왜 움직이는가를 관찰하는 것만이 가장 필요하다고 강조한다.

아찬 나에브는 우리가 지혜를 얻기 위하여 이해심을 가지고 경청하도록 격려한다. 그녀는 말한다.

"이해를 가지고 듣는 것은 어떠한 선입견이나 견해없이 듣는 것을 의미한다. 만약 우리가 폐쇄된 마음으로 듣는다면, 선입견이나 견해가 어쩔 수 없이 그 본질을 감추게 된다. 그렇게 될 경우 우리는 지혜를 달성하는 것에 실패하게 된다. 편견을 버리고 열린 마음으로 들어야 하며 이전에 우리들 스승이 가르쳤던 것을 생각하지 말아야 한다.

더군다나 스승에 관해서 생각하지 말아야 한다. 그가 누구인지, 그가 우리의 스승이 될 수 있는지 없는지 그에 대한 어떠한 편견도 가져서는 안된다. 개방된 마음으로 듣고 설해진 내용이 합리적인지 그리고 그 설법이 우리를 진리로 이끌어 가는지를 알도록 노력해야 한다."

미얀마에서와 마찬가지로 태국의 수많은 사원에서도 이러한 전통에 따라 가르친다. 그리고 서구인들을 포함한 누구든 언제든지 와서 그들 스스로 지혜의 성장과 자유를 체험하도록 환영받는다.

붓다의 후예, 위빠사나 선사들

2. 통찰지혜의 계발

불교에 있어 정신 계발에는 두 가지 방법이 존재한다. 하나는 지혜의 계발(위빠사나)이고 다른 하나는 선정의 계발(사마타)이다. 후자는 오직 집중만을 목적으로 하고 있다. 그리하여 수행자는 한 대상만 계속해서 집중하며 이러한 집중은 평온한 정적 상태에 도달할 때까지 하나의 대상에만 향하도록 되어진다. 이러한 종류의 정신 계발은 본질과 그 인과관계를 이해하지 못한다. 그것은 오직 선정만을 가져온다. 반면 통찰력의 계발은 존재의 본성에 대한 이해를 요구하고 현상이나 몸과 마음 혹은 마음상태의 이해를 요구한다. 이러한 이해가 바로 통찰력 계발의 목적이다.

우선 선정의 계발에 있어서 집중이란 어떤 것인지 설명하겠다. 왜냐하면 이 방법에 의한 집중력의 계발은 통찰 계발과 동시에 겸해서 이용될 수 없고 그 반대의 경우도 마찬가지다. 이 점을 오해하지 마라. 왜냐하면 선정 계발을 먼저 시작하고 선정을 얻은 후에 지혜 계발 쪽으로 전환할 수 있다. 그러나 이 두 가지 방법을 혼합해서 수련하면 원하는 지혜의 결과를 얻지 못한다.

선정 명상은 마음을 특별한 한 대상에만 집중해서 유지시킴으로써 계발된다. 전통적으로 내려오는 선정을 성취하는 방법은 40가지가 된다.
 즉 10가지의 색채와 원소(4원소와 색깔), 10가지 부정(주로 시체관), 10가지 염(念 : 주로 붓다의 위대성, 열반, 죽음, 신체 각 부분 등), 4가지 자비희사(慈悲喜捨), 4가지 무색계정(空無邊處 · 識無邊處 · 無所有處), 음식염(음식을 혐오스럽게 생각하는 수행)과 4원소의 구별, 즉 견고성 · 응집성 · 뜨거움 · 움직임 등을 차별하는 것 등이다. 선정을 계발하기 위해서 어느 것이나 명상의 주제로 택할 수 있다.
 위에 언급한 40가지 중 어느 것 하나에 집중하는 것이 지혜로 인도되어 지지는 않는다. 왜냐하면 지혜 명상은 마음 상태와 몸의 변화를 명상의 주제로 하기 때문이다. 집중은 마음의 힘을 증대시키고 특이한 행복감을 가져오지만, 이러한 행복감은 일시적이고 열반으로 인도하는 마음 챙김법(위빠사나)과는 전혀 별개의 것이다. 오직 지혜 수련법만이 고(苦)를 영원히 종식시킬 수 있다.
 통찰(지혜) 계발에 관해서 더 상세히 얘기하기 전에 우선 통찰이 무엇인지, 그것의 기능과 유용성을 이해하여야 한다. 간단히 말해서 통찰은 몸과 마음은 무상하거나 일시적이고, 불만족스럽거나 고통스럽고, 비인격적이고 '내'가 없는 것을 보게 할 수 있는 지혜이다. 우리들이 '자아', '자신', '영혼'이라고 생각하는 것은 절대적인 진리에 대한 무지에서 오는 착각이다. 실제로 '자아(自我)'란 단지 마음 상태와 몸의 일어나고 사라지는 현상의 엄청나게 빠른 연속성에 지나지 않는다.
 통찰이란 이러한 종류의 지혜이다. 그러면 그것의 기능은 무엇인가? 통찰은 모든 감추어진 악업, 욕망, 잘못된 견해를 부숴버리는 기능을 갖고 있다. 그것의 유용성에 대하여 살펴보면, 통찰은 우리들로 하여금 몸과 마음의 본성을 깨닫게 한다.

 그러면 참본성은 무엇인가? 그것은 몸과 마음의 무상·고·무아에 대한 각성이다. 다른 말로 표현하면 통찰의 계발이 이 세 가지 특성, 즉 무상·고·무아를 만들어내지 않는다. 또한 이러한 계발이 당신을 기만하여 3가지 특성을 인식하게 하는 것도 아니다. 이러한 3가지 특성은 본래 존재하는 것이다. 그러한 특성을 보든 못 보든, 이해하든 못 하든 그러한 것들은 항상 존재하고 있다. 이러한 특성을 우리가 보지 못하는 이유는 잘못된 방법으로 그러한 것들을 인식하고 분석하려고 하기 때문이다. 우리가 사실 있는 그대로의 그들 존재를 볼 수 있는 것은 통찰 계발의 올바른 방법을 통해서만이 가능하다.

 이것이 통찰력 계발의 유일한 목적이다. 달리 이러한 종류의 정신 계발을 할 수 있는 방법은 없다. 나는 통찰 계발의 공부를 전혀 하지 않는 사람이 눈을 감고 있는 동안 천국이나 지옥을 봤다고 주장하는 사람에 관해서 읽은 적이 있다. 어떤 이는 통찰 계발로 병도 고칠 수 있고 자식 없는 사람이 자식을 가질 수도 있다고 주장한다. 다른 이들은 통찰 계발로 복권 당첨번호를 알 수 있고, 타인의 미래를 예언하고, 공중에 뜰 수도 있고, 물위를 걷고, 수만 리 멀리 있는 것을 볼 수도 있고 들을 수도 있다고 주장한다. 이러한 모든 행위는 통찰력 계발에서 오는 성취가 아니고 그러한 것을 기대할 필요도 없다. 이러한 특별한 신통은 선정에서 오는 결과이다. 통찰의 유일한 기능은 윤회의 근원인 욕망, 잘못된 견해, 무명과 같은 번뇌와 마음의 오염을 쳐부수는 것이다. 이것이 지혜의 성장이다. 지혜는 세 가지의 원인으로부터 온다.

1. 지혜는 다른 사람으로부터 들은 가르침을 깊이 고찰함으로써 온다 [問慧].
2. 지혜는 존재의 진리에 관해서 사유하고, 숙고하고, 반조하고, 고찰함으로써 온다. 반조하는 동안에는 일시적으로 번뇌를 소멸할 수 있다 [思慧].
3. 지혜는 무상·고·무아의 3가지 특성을 철견하는 개인적인 체험으로 부터 온다 [修慧].

이와 같은 체험적 경지가 통찰 지혜이다. 이것이 모든 오탁번뇌를 완전히 그리고 영구적으로 소멸시킬 수 있는 도구이다. 우리들이 지혜의 가르침에 정통하고 난 후에는 깊이 숙고하고 반조해야 한다. 가르침의 바른 이해 [正見]는 바른 마음챙김[正念]으로 이끌고, 바른 알아차림의 결과는 통찰 지혜를 가져오는 것이다. 이것은 세속적인 지혜와 견줄 수 없다.
 오직 세 가지 지혜만이 점차적으로 윤회의 조건을 소멸하도록 돕는다. 존재의 세 가지 특성이 명백해질 때까지 이러한 것들이 계발되어야 한다. 이러한 인식이 지혜 계발의 주요한 목적이다. 이것이 붓다가 법을 펴는 목적이며, 모든 중생들로 하여금 자연의 본성인 달마[法]를 이해하고 깨닫게 하는 것이다.
 다음으로 존재의 3가지 특성(삼법인)을 깨닫지 못하도록 가로막는 요인을 이해하여야 한다. 지혜로만 알 수 있는 세 가지 특성, 즉 무상·고·무아를 은폐시키는 요소들을 붓다는 다음과 같이 설명했다.

무상을 가리우는 것은 연속성이다. 몸과 마음의 모든 현상들이 끊임없이 엄청나게 빠른 속도로 일어나고 사라진다. 이러한 과정이 너무나 급속하게 일어나므로 몸과 마음의 생멸(生滅)현상을 인식할 수 없게 된다. 그리하여 마음 상태와 몸은 영원한 것처럼 보인다. 이러한 연속성이 무상을 감추는 원인이다.

이것을 실증하기 위하여 영화를 예로 들어 보자. 비록 연속적인 움직임이 스크린에 나타나지만 그것은 실제로 고정된 수백 개의 화면이 연속적으로 바뀌지기 때문이다 하나의 장면에서 다른 것으로 급속하게 변함으로써 우리들은 분리된 장면이 아닌 오직 움직이는 한 장면만 있는 것으로 느낀다. 마찬가지로 우리들은 하나의 영화를 구성하고 있는 많은 개개의 장면을 볼 수 없는 것처럼 실제로 수많은 마음 상태와 몸의 현상이 있다는 것을 알 수 없다. 더군다나 마음과 몸은 영화를 구성하는 많은 개개의 장면보다도 훨씬 더 빠른 속도로 일어나고 사라진다. 바로 이 때문에 우리는 우리의 변화를 감지하기 어려운 것이다. 우리들이 이 사실을 감지하지 못하면 무상한 것을 영원한 것으로 주장하는 미혹에 빠진다.

고통을 감추는 것은 무엇인가? 그것은 몸의 상태에 대한 이해 부족이라고 붓다는 설했다. 몸을 주시하지 않음으로써 우리들은 마음의 상태와 몸이 고통스럽고 고통이 항상 우리들을 억압하고 있다는 것을 인식하지 못한다. 이러한 사실을 모르고 있을 때 잘못된 견해가 일어나고 우리들의 삶, 몸과 마음을 좋은 것으로 그리고 행복을 가져오는 것으로 생각한다. 그리하여 행복에 대한 욕망이 일어나고 보다 더 큰 고통을 초래한다.

무아를 감추는 것은 무엇인가? 대답에 앞서 이것에 대한 특성을 조금 얘기해 보자. 무아는 불교의 핵심이다. 이것은 다른 철학이나 종교와 다른 교리이다. 다른 종교에서는 기본적인 것, 즉 절대자, 영원성, 혹은 의지해야 할 신성한 것이 있다. 그러나 불교에서는 모든 것이 무상하다. '영혼'이나 '나'는 없다. '절대자'도 없다는 것을 밝힌다. 그리하여 존재하는 모든 것은 무상의 특성을 가지고 있다.

자, 그러면 무아를 깨닫지 못하게 하는 것은 무엇인가? 그것은 몸과 마음을 한덩어리로 보는 복합된 인식에 기인한다고 붓다는 설했다. 이것으로 인해서 우리들은 몸과 마음은 영원한 하나의 견고한 덩어리 혹은 실재라는 견해를 갖게 된다. 여기에 덧붙여 몸과 마음은 대단히 중요한 것이라는 관념을 갖는다. 즉 5온(蘊 : 色 · 受 · 想 · 行 · 識)은 좋은 것이다.

비록 우리가 5온이 대단히 빠른 속도로 일어나고 사라진다는 것을 듣지만, 우리들은 각 마음 현상의 분리나 5온 개체를 보고 그것의 특성을 알지는 못한다. 이러한 것들이 분리된다는 것을 알지 못하기 때문에 우리들은 무아를 깨닫지 못한다. 이러한 깨달음의 부족으로 영원성과 개체성이라는 미혹, 즉 영원한 '나' 혹은 '자아'가 있다는 믿음을 갖게 된다. 따라서 개아(個我)에 대한 착각이 욕망을 불러 일으키는 정신적 요인이 된다. 이렇게 일어난 욕망은 몸과 마음이 영원하고 행복을 가져온다고 생각하는 원인이 된다. 존재의 세 가지 특성을 이해하고 참으로 자유로워지기 위해서는 이러한 전도된 생각을 바르게 할 필요가 있다.

몸과 마음에는 수많은 다양함이 있다. 평범한 사람으로서의 우리들은

①통찰을 계발하고, ②이러한 계발을 뒷받침하는 원리를 이해하고, ③ 올바른 목표를 얻지 못한다면 다양한 성질들을 분류할 수도 없고 하지도 못할 것이다. 올바른 목적의식을 가짐으로써 우리들은 깨달음에 이르는 장애요인들을 극복할 수 있다. 만약 그렇지 않으면 우리들은 욕망이나 망상(잘못 판단함)의 노예가 되어 끝없는 생사의 윤회 속으로 들어갈 것이다.

올바른 목표의식이란 생·노·병·사의 사슬을 부수고 일상생활에서 일어나는 모든 고통을 없애는 통찰의 중요성을 이해하는 것이다. 만약 우리들이 이익을 얻기 위하여, 혹은 어떤 비범한 일을 하기 위하여, 혹은 위대한 업적을 이루기 위해서 수련하기를 원한다면, 이는 기본적인 원칙에 대한 올바른 견해를 갖고 있지 못한 것이다.

지금까지 나는 지혜 계발의 결과에 관해서 언급해 왔지만 수련 그 자체는 다루지 않았다. 실제로 지혜 계발을 위해서는 몸과 마음의 특성을 계속해서 관찰해야 한다. 우리들이 몸과 마음을 철저하게 이해한 후에라야만이 그것들에 대한 알아차림을 깊이 있게 계발할 수 있다. 이러한 마음 계발을 위해서는 붓다가 『사념처경(四念處經)』에서 설한 내용을 따라야 한다. 이 경전에서 통찰력 계발을 위한 대상을 네 가지로 분류했다. 즉 몸, 감각, 마음, 법이 그것이다. 이것은 결국 몸과 마음의 상태 둘로 요약될 수 있다.

지혜 명상의 기본적인 이론을 이해한 후에는 몸과 마음 상태의 네 곳을 관찰함으로써 실질적으로 통찰을 계발할 수 있다. 몸을 관찰하는 목적은 본래부터 내재해 있는 고(苦)를 분명하게 보는 것임을 명심해야 한다.

몸의 자세와 모든 동작을 끊임없이 관찰하는 것이 요구된다. 만약 그렇게 관찰하지 못하면 고(苦)의 진정한 본성을 결코 깨달을 수 없다.

몸의 모든 동작이 일어나는 대로 앉거나, 눕거나, 서거나, 걷거나 할 때 모든 특정한 자세에서 모든 종류의 마음의 상태와 육체적 동작도 또한 알아차려야 한다. 앉은 자세를 예로 들어보자.

우리들은 앉은 자세를 인식하고 관찰해야 한다. 그리고 앉은 자세는 대상이고 그 자세를 알아차리는 것은 마음의 상태이다. 우리들은 대상과 마음의 상태를 분리해야 한다. 우리들이 몸이나 마음 상태를 관찰할 때, 그것이 어떤 형태의 마음 상태인지 어떤 형태의 몸인지를 알아차려야 한다. 다른 자세가 있다는 것을 이해함으로써 각각의 대상에서 오는 체험이 틀리다는 것을 알게 된다.

만약 우리들이 주어진 한 순간에 몸이 '앉아 있는 몸'이라는 것을 알지 못한다면 혹은 만약 우리들이 그것이 단지 몸이라는 것만을 안다면 우리들은 정확한 방법을 수련하고 있는 것이 아니다. 왜냐하면 만약 우리들이 그것은 단지 동작이라는 것만 알고 동작의 변화나 분리되는 것을 인식하지 못한다면, 우리들은 오직 연속적인 하나의 동작만 있다는 것과 하나의 연속적인 몸이 앉고, 서고, 걷고 하는 것으로 착각한다. 우리들이 변화하지 않는 대상만 볼 때 잘못된 견해, 즉 불변의 '나'가 있다는 믿음이 일어난다. 그러므로 통찰력을 수련하는 동안에는 언제나 어떤 형태의 몸인지, 혹은 어떤 형태의 마음인지를 정확하게 알아차려야 한다.

어떠한 한 형태를 관찰하기 시작하는 즉시, 우리들은 점차적으로 그것이 마음의 상태인지 혹은 몸인지를 이해할 수 있을 것이다.

그것은 마치 우리가 글자 쓰는 법을 배우기 시작하는 것과 같다. 처음에는 문자 즉 무엇이 A이고 무엇이 B인지를 배워야 한다. 각 글자의 모양을 공부하고 기억해야 한다. 만약 각 글자 모양을 기억하지 않는다면, 우리는 읽을 수 없다. 어떤 어린아이들의 경우에는 ABC 알파벳을 말하는 데는 지장이 없다. 그러나 만약 당신이 그 어린애들에게 한 글자를 가리키면 그들은 글자모양을 배우지 않았기 때문에 말할 수 없다.

 마찬가지로 통찰력 계발을 수련하는 사람이 한 예로 앉아 있는 자세의 특징을 모르고 단지 '앉아 있음'을 생각하거나 염한다면, 그는 정확하게 수련하는 것이 아니다. 각기 다른 마음의 상태와 몸을 이해하지 않고 통찰을 수련하는 것은 각 문자의 모양을 모르고 ABC 알파벳을 읽으려 하는 것이나, 혹은 읽을 수 없는 사람이 글자들을 보려는 것과 같다.

 이와 같은 이유로 우리들은 몸과 마음의 상태가 서로 어떻게 틀리는지와 각각의 독특한 특성을 알기 위하여 각 몸의 자세와 마음 상태를 알아차리도록 노력해야 한다. 왜냐하면 각각의 몸과 마음의 상태는 그 자신의 특성을 가지고 있기 때문이다. 그때에서야 우리들은 끊임없이 변화하는 이러한 상태를 볼 수 있을 것이다. 만약 이와 같이 지혜를 계발한다면, 우리들은 몸과 마음 상태의 진정한 특성을 깨달을 수 있을 것이다.

 우리들은 각각의 특성을 명확하게 보기 위하여 지혜 수련을 해야 한다고 붓다는 설파했다. 그렇게 하기 위하여 우리들은 대상에 대한 집착과 혐오하는 것을 우선 파괴해야 한다. 몸과 마음 상태를 관찰하는 동안에는 우리들은 주의깊게 경계심을 갖고 정신적으로 깨어 있어야 한다. 집착 없는 알아차림을 계발하는 것이 마음챙김 수련이다.

그것은 연극에서 연기하는 배우를 보는 것과 비슷하다. 아직 나타나지 않은 등장인물에 대하여 우리들은 그를 보고 싶어 하지 않는다. 마찬가지로 무대를 떠나가는 배우를 따라가거나 붙잡고 싶어 하지않는다. 우리들은 현재 연기를 하고 있는 배우에 주의를 기울인다. 우리들의 유일한 관심은 그 연극을 연기하는 배우에 있지 그것을 지휘하는 자에게 있지 않다.

우리들은 밤낮으로, 심지어 잠잘 때나 앉아 있거나 숨을 쉴 때도 계속되는 영화의 장면과 같은 5온(색·수·상·행·식)의 집합체로 구성되어 있다. 그것은 우리가 죽을 때까지 매번 숨이 들어오고 나감에 따라 계속 활동하며 역할을 바꾸어서 끝없이 계속한다. 이것이 윤회인 것이다.

몸과 마음 상태에 관해서 배우기 위해서는 특정한 어떤 곳을 찾을 필요는 없다. 수련 중에는 마치 관중의 입장이 되어 매 순간 배우가 연기하고 나타내는 것을 관람하는 것처럼 무엇이 일어나더라도 중립의 감정을 유지해야 한다. 우리들은 중립의 감정을 가지고 관중처럼 관찰해야 한다. 그래서 만약 우리의 마음이 방황하여 그것을 싫어한다면, 이러한 태도는 옳지 못하다. 정확한 방법은 방황 그 자체의 현상을 알아차리는 것이다.

우리는 또한 방황하고 있는 마음 상태(번뇌)를 관찰하고 있는 것도 인식해야 한다. 방황하고 있는 마음이 마음 상태라는 것을 인식해야 한다. 만약 그렇지 않으면 '내'가 방황하고 있다고 착각한다.

개아(個我)에 대한 관념이 제거되지 않고 남아 있다. 방황하는 마음을 관찰하고 있는 동안에 또한 방황하는 마음이 없어지기를 바라는 마음이 있는지를 알아야 한다. 지혜 수련을 하는 목적이 방황하는 마음을 없애는 것이라고 생각하면서 방황하는 마음을 관찰하는 것은 전적으로 잘못된 것이다. 이런 방법으로 지혜는 결코 얻어질 수 없다. 왜냐하면 마음을 조정하거나 방황하는 마음을 강제로 사라지게 하는 자아가 있다는 미혹 속에서 자연스러움을 인위적으로 조정하는 잘못을 저지르기 때문이다. 우리가 그것이 사라지기를 원함에 따라 많은 노력을 통해서 사라졌다 하더라도, 그 결과로서 지혜가 오는 것은 아니다. 그 대신 어떤 특정한 마음의 평화로운 상태가 솟아나길 바라는 욕망과 잘못된 견해만 일어나게 할 뿐이다.

방황하는 마음이 사라지자마자 우리는 즐거워할 것이고 우리의 명상이 대단히 효과 있다고 믿게 되어 자아와 행위자에 대한 환상만 강화할 것이다. 방황하는 마음이 사라진 후에는 집중된 마음이나 평온한 마음이 그 대신 일어날 것이다. 이러할 때 우리는 세계를 조정할 수 있다고 느낀다. 그리하여 마음 상태와 몸은 무아(無我)이고 그리고 우리들 자신의 능력이나 조정할 수 있는 범위 내에 있는 것이 아니라는 것을 깨닫지 못한다.

아무도 몸과 마음의 상태를 특정한 방식으로 움직이도록 명령하거나 지배할 수는 없다. 만약 어떤 사람이 몸과 마음의 상태를 조절할 수 있다고 잘못 생각한다면 그러한 생각은 착각만 불러일으킬 것이다.

실제로는 명상을 하지 않고 방황하는 마음이 사라지기를 바라지 않더라도 방황하는 마음은 어쨌든 사라진다. 왜냐하면 일어난 것은 무엇이나 사라지기 때문이다. 모든 종류의 몸과 마음의 현상은 세 가지 특성을 가지고 있다. 우리들이 현명하게 그것들을 관찰하지 않을 때 착각은 발생하고, 좋아함이나 싫어함 혹은 나[我]라는 미혹이 일어난다. 미혹의 물듦이 있을 때 그것은 통찰을 방해한다. 마음이 방황할 때 수행자는 이것이 일어나지 않길 바라고 그 결과로 싫어하는 감정이 따라온다. 싫어하는 감정을 가질 때 '집중된 마음'을 가지고 '방황하는 마음'을 중단하기 위하여 대단히 열심히 집중하려고 노력한다. 바꾸어 말하면 그의 마음은 평화나 즐거움을 목표로 하고 있다. 그는 그 자신이 평온함에 집착하거나 안주하려고 하고 있음을 안다. 바르게 명상하는 사람은 집착함도 싫어함도 만들지 않는다.

　수행자가 종종 마음챙김법을 발전시키지 못하는 한 가지 이유는 어떻게 마음챙김하는가를 정확하게 이해하지 못하기 때문이다. 예를 들면 그가 한 가지 자세에 마음챙김하고 있는 동안에 조만간 고통이 그 자세에서 나타날 것이다. 고통이 일어날 때 고통을 진정시키려는 생각없이 고통의 감정을 단지 알아차리기만 해야 한다. 방황하는 마음을 알아차리는 경우도 마찬가지다. 만약 고통을 가라앉히기 위해서 고통에 집중한다면 이런 종류의 마음 챙김은 단지 대상을 관찰하기보다는 욕망을 일으킴이다. 이것은 마음의 균형인 중도를 잃어버리고 있다는 것을 뜻한다.
　왜냐하면 우리들의 의식이 좋아하는 것이나 싫어하는 감정 쪽으로 향해 있기 때문이다.
　우리가 고통이 사라지기를 바랄때, 그것은 집착이다. 만약 고통이 아직도 사라지지 않고 우리가 고통을 싫어할 때 그것은 반감이다. 우리가 원했던 대로 고통이 사라졌다면, 더 많은 집착이 온다. 그러한 수련은 올바른 마음챙김법이 아니다. 그러한 알아차림은 현재 대상을 정확하게 포착하고 있지 않다. 왜냐하면 우리들은 그 대상이 미래에는 다르게 되기를 원하고 있기 때문이다. 만약 우리가 알아차리고 있는 대상이 현재 대상이 아니면 그때에 수련은 중도를 벗어난다. 중도의 균형을 확립하는 것이 쉽지 않다는 것을 알 수 있다. 이러한 이유 때문에 우선 바른 이해[正見]를 갖는다는 것이 지극히 중요하다. 우리들은 통찰이 오직 노력이나 강한 집중에만 의지하고 있지 않다는 것을 알아야 한다. 그것은 또한 우리가 알기를 바라고 실현하기를 바라는 것에 의지하는 것도 아니고 그것은 올바른 알아차림에 의존한다. 만약 우리가 예리한 알아차림을 성취하지 못한다면 우리가 아무리 노력하고 강한 선정을 얻더라도 아직 지혜는 나타나지 않을 것이다.

 이러한 예를 설법하는 데에서 찾아보자. 여러분들이 설법을 듣고 있는 동안, 여러분들 중 마음챙김을 전혀 수련하지 않은 사람들은 그 설법을 어느 정도는 이해할 것이다. 마음챙김을 이미 수련한 사람들은 어느 정도 통찰의 지혜를 얻을 것이다. 만약 당신이 지극히 예리하다면 설법을 듣는 동안 깊은 통찰의 지혜를 얻을 것이다. 왜냐하면 당신이 올바른 이해와 알아차림을 가졌다면, 당신은 항상 일어나고 있는(우리들 욕망과는 무관한) '현재의 실재(實在)'를 언제 어디서라도 명상할 수 있기 때문이다. 우리들이 바른 이해와 알아차림을 가지고 현재 실재를 관찰하고 있을 때, 우리들은 어느 순간이라도 깨달음의 상태에 도달할 수 있다. 붓다 당시에도 이와 같은 상황이 일어났었다. 붓다가 설법을 마쳤을 때 종종 많은 사람들이 깨달음의 여러 단계에 도달했다. 그러므로 통찰은 바른 이해[正見]에서 오는 것이지 노력이나 강한 선정력에서 오는 것은 아니다.

 자! 그러면 조금 전에 언급했던 것으로 돌아가서 다시 검토해 보자. 왜 우리들은 우리들의 자세를 알아차리라고 하는가? 그것은 고(苦)나 고통의 본성을 알아차릴 수 있기 때문이다. 만약 우리가 자세를 알아차리지 않는다면 그때에 그 자세가 우리들에게 고통의 본성을 보여 줄 수 있을까? 더군다나 만약 우리들이 적절하게 알아차리는 방법을 모른다면, 우리들은 고통을 깨달을 수가 없다. 자세를 바꿀 때 먼젓번 자세가 고통스럽다는 것을 알아차리지 못한다면 새로운 자세가 고통의 본성을 감출 것이다. 그러므로 우리들은 항상 깨어 있어야 하고 왜 자세를 바꾸는지 그 이유를 현명하게 알아야 한다.

 우리가 자세에 대해서 항상 알아차리고 있다면, 일정한 시간이 지난 후에 고통은 일어난다는 사실을 알 것이다. 바로 그때가 우리들이 자세를 바꾸려고 원하는 때이다. 한 자세에서 고통이 일어날 때 우리들은 그 자세를 싫어한다. 우리들이 어떠한 자세가 이미 편안하지 않기 때문에 그 자세를 싫어한다면, 그 자세에 대한 집착은 사라진다. 이때 집착 대신 반감이 일어난다. 그 반감이 고통의 감정과 함께 일어난다.

 자세를 바꾸는 데 있어서는 비록 우리들이 먼젓번 자세를 좋아했더라도 그것에 대한 집착이 사라진다. 대신 싫어하는 반감이 일어난다.

 반감이 마음에 들어올 때 먼젓번 자세에 대한 바람은 새로운 자세로 옮겨간다. 왜냐하면 새로운 자세가 편안하기 때문이다. 그리하여 우리는 모든 자세에는 싫어함과 좋아함이 있다는 것을 알 수 있다. 그러나 수행자는 항상 이것을 인식하고 있는 것은 아니다. 자세를 관찰하기 위해서 수행자는 한 자세를 바꾸기 전에 항상 왜 그 자세로 바꾸어야 하는지를 알아야 한다. 만약 자세를 바꾸는 데 대하여 그 원인을 모른다면, 우리들은 고통을 고통으로 인식할 수 없거나 인식하지 않을 것이다. 가끔 나는 수행자에게 왜 몸의 자세를 바꾸어야 하는지를 알고 있는지 물어본다. 대답 중에 하나는 그는 너무 오래 앉아 있었다는 것과 그리고 그가 단지 바꾸기를 원한다는 것이다.

 물론 이와 같은 이유는 맞지 않다. 이러한 이유는 고통의 참 본성을 그에게 조금도 보여 주지 않고 있다. 그래서 나는 그에게 그렇게 오래 앉아 있은 다음에는 왜 바꾸어야 하는지를 상세히 물어야 한다. 다른 어떤 이유나 원인이 있어야 한다. 오랫동안 앉아 있은 후에 그저 바꾸기를 원한다는 것도 맞지 않다. 무엇이 자세를 바꾸도록 강요하는지에 대한 보다 정확한 이유를 찾아야 한다. 이런 식으로 질문을 받았을 때 그는 내재하고 있는 고통 때문에 자세를 바꾸어야 한다는 것을 알게 된다. 언제나 자세를 바꾸게 하는 것은 고통 때문이다.

 자! 그러면 반대 질문을 해보기로 하자. 한 인간이 하나의 자세를 유지하면서 전혀 움직이지 않거나 바꾸지 않을 수 있는가? 물론 그 대답은 '아니다'이다. 비록 우리들이 바꾸기를 원하지 않더라도 우리들의 요구에 관계없이 바꾸게 되지 않을까? 이전에 우리들은 말하기를, 우리들은 서기를 원하기 때문에 서고 앉기를 원하기 때문에 앉는다고 했다. 그러나 이제와서는 우리가 원하기 때문에 앉거나 자세를 바꾼다고 말할 수 있을까? 아시다시피 우리들은 고통 때문에 자세를 바꾼다. 왜냐하면 우리들이 불편하기 때문이다.

통찰을 계발하기 위해서는 수행자는 자세를 바꿀 때마다 그 이유를 알아야한다. 잠들기 전에 눕는 것이나 옆으로 돌아눕든가 자세를 바꿀 때 그 이유를 알아야 한다. 매번 자세를 바꿀 때마다 고통의 원인 때문이라는 것을 알아야 한다. 항상 이런 식으로 그 원인을 인식하고 현재의 대상을 알아차린다면 우리들은 존재의 기본적인 특성을 깨닫게 될 것이다.

우리들이 고통 때문에 자세를 바꾸어야 한다는 것을 이해할 때, 또 다른 이유가 있는지를 알아내기 위해서 더 자세한 질문을 해봐야 한다.

만약 그 대답이 우리가 편해지기 위해서 자세를 바꾸어야 한다는 것이라면 이것은 틀린 것이다. 그것은 행복을 잘못 인식하는 것이기 때문에 옳지 않은 대답이다. 정확한 대답은 고통을 '치료'하기 위하여 자세를 바꾸는 것이다. 잘못된 대답은 잘못된 이해로부터 온다. 그러므로 자세를 바꿀 때 바른 이해를 갖고 있지 않다면 우리들의 마음이 오염될 수도 있다.

고통을 치료하기 위해서 자세를 바꾼다는 것은 우리들은 언제나 그 상황을 치료해 나가야 한다는 것을 뜻한다. 그 원인이 행복을 이루기 위한 것이라고 잘못 생각하지 말아야 한다. 왜냐하면 항상 고통을 치료하고 있는 것은 끊임없이 약을 먹고 있는 것과 같기 때문이다. 그것은 계속해서 병을 치료하는 것과 같다. 따라서 우리들은 병을 간호하는 것이나 고통을 치료하는 것을 행복해지는 것으로 간주하지 말아야 한다.

오래된 자세에서 고통은 알아차리기 쉽다. 그러나 새로운 자세에서의 고통은 알아차리기 힘들다. 지혜로써 우리들은 새로운 자세에서 고통을 헤아려 낼 수 있다. 만약 지혜가 없다면 틀림없이 욕망이 일어날 것이다. 그것이 왜 우리들이 새로운 자세에서 고통을 참아내야 하는가 하는 이유이다. 어떻게 찾아낼 수 있는가? 왜 우리들이 자세를 바꾸는가를 깨닫는 것이다. 우리들이 고통 때문에 자세를 바꾸어야 한다는 것을 알 때 우리들은 더 나아가서 모든 자세에 고통이 실제로 있다는 사실을 알아야 한다. 앉아 있는 것도 고통스럽게 되고, 서 있는 것도 고통스럽게 된다. 그래서 자세를 바꾼다.

　모든 자세는 고통스럽게 되고 계속 반복해서 자세를 바꾸어야 한다. 우리가 잠시 동안 누워 있다. 그러나 고통은 일어난다. 처음에는 누워 있는 것은 즐겁다고 생각하고 눕기를 원한다. 그러나 잠시 동안 누워 있은 후에는 그것 또한 고통이라는 것을 안다. 그러므로 모든 자세에서 고통을 발견하자. 이렇게 함으로써 행복이라고 생각해 왔던 착각이 틀림없이 사라질 것이다. 어떠한 자세에서도 행복하다고 느끼는 순간 착각은 일어나고, 우리들은 그러한 착각들을 제거할 수 없을 것이다.

　앞서 말했듯이 오래된 자세에서 고통을 알아차리는 것은 쉽다. 왜냐하면 고통이 명백하기 때문이다. 그러나 새로운 자세에서 고통을 알아차리기는 어렵다. 우리들은 각기 다른 종류의 고통과 항상 고통을 치료하기 위하여 자세를 바꾸어야 한다는 것을 알아차려야 한다. 즉 몸과 마음의 모든 현상은 본래부터 고통스럽다는 것을 알아차리는 것이 지혜이다.

우리들이 통찰력을 기르는 수련을 할 때 우리들은 어떤 특별한 상태에 집착하지 말아야 한다. 이것을 이해하기 위하여 우리들은 모든 자세에서 수련해야 한다. 만약 명상하는 사람에게 어느 자세를 가장 좋아하는지를 묻는다면, 그는 앉는 자세가 제일 좋다든가, 혹은 서 있는 자세, 혹은 걷는 자세가 제일 좋다고 말할지 모른다. 왜 다른 자세보다 한 자세를 더 좋아하는지를 물어야 한다. 그는 그저 좋아한다고 대답할 것이다. 다시 우리가 그에게 왜 좋아하는지를 묻는다. 그의 대답은 그의 마음이 쉽게 집중할 수 있고 망상이 적게 오는 자세이기 때문에 그 자세를 더 좋아한다는 것이다.

어떤 사람은 앉아 있을 때 망상이 많이 오기 때문에 경행한다고 말할지도 모른다. 왜냐하면 그들은 마음이 한 지점에 집중하기를 '원하기' 때문이다. 이러한 모든 동기는 욕망 때문에 일어난다. 쉽게 마음을 집중할 수 있기 때문에 걷는다는 것은 잘못이다. 만약 이와 같은 태도를 가진다면 잘못 이해하여 걷는 것이 유익하고 좋은 것이라고 생각한다. 즉 경행은 우리에게 행복과 원하는 것을 가져다 준다고 생각한다. 왜냐하면 집중된 마음은 지혜를 가져다 줄 능력을 갖고 있다고 믿기 때문이다. 이러한 이유로 경행한다면 그것은 잘못이다. 욕망을 가지고 경행할 수는 없고 또한 동시에 지혜를 가질 수도 없다. 경행시에 집중에 집착한다면, 욕망이 일어나서 경행 자세의 본성을 감출 것이다. 경행을 좋고 유익한 것으로 잘못 판단함으로써, 우리는 이러한 오류에 빠지게 된다.

만약 왜 처음에 집중 수련하고 나중에 지혜 수련을 할 수 없는가 하는 질문이 있다면, 나는 만약 집중이 통찰의 대상(몸과 마음)을 갖고 있다면, 그것은 좋다고 답하겠다. 그러나 욕망이나 대상을 창조함으로써 집중이 일어난다면, 당신은 그 대상을 가지고 지혜 수련을 할 수 없다. 만들어진 대상은 통찰 대상이 될 수 없다. 만들어진 대상에서는 진리를 발견할 수 없다. 왜냐하면 직접 경험이 감추어지기 때문이다. 통찰 지혜는 '실재(實在)'인 모든 일상생활에서 그 진리를 실현하여야 한다. 그리고 일상생활과 다르고 만들어진 어떤 특별한 대상을 명상해서는 안된다.

 때때로 어떤 수행자는 통찰 계발의 수련을 할 때, 세 가지 특성(삼법인: 무상·고·무아)을 깨닫고 있는 것으로 상상하고 있다. 그리하여 그는 마음 상태와 몸은 무상하고, 무아이며, 괴로운 것이라고 생각하고, 현재의 실재를 직시하지 않고 그의 마음속으로만 이것을 되풀이 할 것이다. 그러나 몸과 마음상태를 무상한 것으로 깨닫는 것은 수련상의 알아차림으로부터 온다.

 만약 이러한 지혜가 어떻게 오는가를 모른다면, 마음의 상태와 몸의 참실재를 관찰하지 않고 그 특성에 대해서만 생각하는 것이다. 이것은 그 개념만 생각하는 것을 뜻한다. 지혜 명상을 수련하기 위해서 통찰 지혜가 올 때까지 이런 식으로 생각만 하면 된다고 믿는다. 그러나 이것은 잘못된 이해이다. 왜냐하면 경험하지 않고 생각으로만 아는 것은 통찰을 얻는 법이 아니다. 우리들은 올바른 결과가 오도록 하기 위해서 올바른 원인을 가꾸어야 한다. 그때 우리들은 스스로 어떻게 무상·고·무아가 서로서로 관련되어 있는지를 알게 될 것이다. 모든 것이 무상하다는 것은 궁극적으로 괴로운 것이며, 무아이며, 이것은 조정할 수 없다는 것을 알게 될 것이다.

　마음챙김 수련에 있어서 가장 중요한 것은 미래에 무엇인가를 바라는 것이 아니라 현 실재(實在)에 마음챙김한다는 것이다. 이것이 모든 상황에서 마음이 오염되는 것을 방지한다. 만약 우리들이 마음이 평화로워지기 위해서 앉아 있고, 마음이 고요해지기 위해서 앉아 있고, 마음이 고요해지기 위해서 서 있다면, 우리는 통찰을 계발하고 있지 않는 것이다. 욕망은 제거되지 않을 것이다. 평화로움을 바라는 것은 집착이다. 어떠한 자세에서 마음챙김하더라도 매순간에 욕망이 있는지 없는지를 주의해서 알아차리도록 해야 한다. 몸과 마음의 상태를 명확하게 알아차리는 것이 정확한 수련이다.

　당신 자신을 장시간 동안 앉아 있도록 강요하지 마라. 그리고 일정한 시간 동안 서 있도록 하지 마라. 이와 같이 수련한다면 그것은 부정확한 수련법이다. 우리들은 자신을 어떤 형태로든 강요해서는 안된다. 만약 강요한다면 우리의 모든 수련은 '나'라는 착각 속에서 행하여진다. 이 착각이 모든 상황에서 나타난다. 이와 같이 행동을 조절하려고 하는 것은 통찰 지혜를 가져오지는 못한다. 통찰 지혜를 이루기 위해서는 조정하는 것이나 시간표(예를 들면 주어진 시간에 한 자세를 취하고 혹은 다른 시간에는 특정한 동작을 하게 하는 것 등)를 만들면 안된다. 단지 당신으로 하여금 자세를 바꾸게 하는 본래부터 내재한 그 원인을 알아차리도록 해야 한다.

　만약 진실로 음미해 보면 우리들은 끊임없이 자세를 바꾸어야 하고 그것은 결코 행복한 것이 아니라는 것을 인식하게 된다. 우리들이 모든 자세를 관찰해 봄으로써 이 사실을 알게 될 때, 우리들은 고통을 감추고 있는 미혹을 제거할 수 있다. 이러한 미망이 부수어진 후에 고통을 행복으로 착각하는 잘못된 견해는 사라지고 지혜가 나타난다.

이것을 깨닫게 되는 것이 정견을 가지는 것이다. 고(苦)가 4성제 중에서 첫 번째로 온다. 고(苦)를 깨닫는 사람은 누구나 존재의 진리를 깨달았다고 말해진다. 고(苦)의 실현을 가로막고 있는 장애를 제거하는 것은 진리를 실현하는 방법 중 하나이다.

여기에 덧붙여 우리들은 모든 자세를 관찰하는 데 있어서 또 다른 한 가지 원인을 충분히 알아야 한다. 그것은 무아(無我)의 본성을 이해하는 것이다. 즉 우리가 앉거나 누운 자세를 관찰하지 않을 때는 우리들은 앉는 것이 무엇인지, 누워 있는 것이 무엇인지 모른다. 만약 누워 있는 것이 무엇인지, 앉아 있는 것이 무엇인지를 모른다면 앉고 눕고 하는 것은 '내'가 되어야 한다.

만약 아직도 '우리'가 고통을 받는다거나 혹은 고통이 '우리'라고 생각하고 있다면, 우리는 여전히 '나'라는 개념을 제거하지 않고 있는 것이다. 누가 고통을 받고 있는가? 몸이 고통을 받고 있는가 아니면 마음 상태가 고통을 받고 있는가? 만약 아직도 몸과 마음의 진정한 본성을 관찰하고 있지 않다면, 우리는 여전히 '나'라는 미망에 매달려 있게 된다. 이와 마찬가지로 우리들이 자세에 마음챙김할 때도 몸과 마음 상태 이외에 다른 무엇이 있는지 없는지, 그리고 이러한 것들이 영원하다는 생각이나 혹은 '나'라는 생각이 있는지 없는지를 매우 주의해서 관찰해야 한다. 이것은 명심해야 할 매우 중요한 사항이다. 만약 그렇지 않으면 '자아' 혹은 '나'라는 미혹을 제거할 수 없게 될 것이다.

모든 마음 상태와 몸에 대한 마음집중은 몸의 자세에 대한 특별한 관찰과 함께 기본적인 수련이다. 보고, 듣고, 냄새 맡고, 맛보고, 감촉하는 모든 것에 끊임없이 마음집중하는 것도 또한 필요하다.

그렇게 하는 동안에 눈을 통해서 대상을 알아차릴 때, 보는 것은 마음의 상태라는 것을 알아차려야 한다. 귀를 통해서 대상을 알아차릴 때 듣는 것은 마음의 상태라는 것을 알아차려야 한다. 소리에 마음챙김하기보다는 오히려 듣는 것에 마음챙김하는 것이 필요하다. 만약 가르치는 스승이 정견을 가지고 있지 않다면, 소리에 마음챙김하든 아니면 듣는 것에 마음챙김하든 그것은 별 문제가 되지 않는다고 수행자에게 말할지도 모른다. 그리하여 그 스승은 제자에게 만약 소리가 더욱 더 분명하고 뚜렷하다면 소리에 마음챙김하라고 조언할 것이다. 만약 이런 식으로 마음챙김을 수련한다면, 그것은 정확한 수련법이 아니다. 색깔이나 소리에 마음을 챙김한다면 통찰은 일어나지 않는다. 왜냐하면 색깔이나 소리에 더 많은 마음챙김을 한다면 통찰력 대신에 더 강한 선정을 가질 것이다. 전에 말했듯이 이것은 정확한 수련이 아니다. 왜냐하면 욕망, 잘못된 견해, 자만심 등이 '나'라는 믿음을 계속해서 갖게 하기 때문이다. '우리'가 듣고, 느끼고 하는 것 등으로 생각하게끔 하는 것은 다름 아닌 바로 듣는 것 자체이다. 그렇기 때문에 소리에 마음을 챙김할 필요는 없다. 왜냐하면 욕망과 견해가 듣는 것이 일어날 때 소리를 '나'로서 받아들이기 때문이다.

욕망이나 자만심, 잘못된 견해가 어디에서 일어나든, 바로 그곳이 우리가 마음집중으로써 그러한 것들을 제거해야 하는 곳이다. 따라서 우리가 들을 때는 듣는 것에 마음챙김해야 한다. 또한 듣는 것은 마음상태라는 것을 알아야 한다. 만약 그렇지 않으면 듣는 것을 '내'가 듣는 것으로 착각한다. 우리들은 듣는 것으로부터 '나' 혹은 '자아'라는 환상을 제거하기 위하여 듣는 것에 마음집중해야 한다. 그러므로 우리가 듣고 보고 할 때, 듣거나 보는 것은 단순한 마음의 상태나 과정이라는 것을 깨닫는 것은 지극히 중요한 것이다.

마찬가지로 마음이 방황할 때도 방황하고 있는 마음의 상태에 마음집중 해야 한다. 당신이 마음의 방황을 중단하기 위해서 혹은 평화스러운 마음을 바라기 때문에 마음을 집중해서는 안된다. 그러한 관념이 수행상에 스며들도록 허용하지 마라. 우리들은 우리들의 마음이 방황하고 있는 마음의 현상을 균형된 상태에서 지켜보도록 해야 한다. 그러한 상황은 우리가 연극이나 영화를 관람하고 있을 때와 같다(배우가 곧 방황하고 있는 마음이다). 우리가 방황하고 있는 마음을 관찰할 때 그것을 중지하려고 해서는 안된다. 방황하는 마음 그 자체도 또한 존재의 세 가지 특성(삼법인)을 보여 줄 수 있다.

방황하는 마음이 우리들이 알 수 있는 세 가지 특성을 갖고 있지 않는 것처럼 보이지는 않는다. 그리고 세 가지 특성은 평화스러운 마음에서만 있는 것은 아니다. 사실은 평화로운 마음에서보다는 방황하는 마음에서 훨씬 더 쉽게 세 가지 특성을 깨달을 수 있다. 왜냐하면 우리들은 방황하는 마음이 통제할 수 없는 것이고 '나'가 아니고 또한 고통스럽다는 것을 쉽게 알 수 있기 때문이다.

　수련을 계속함에 따라 인식에 있어서도 각 대상을 알아차려야 한다.

　인식에서도 마음의 상태를 알게 되어진다. 또한 우리는 몸에도 마음챙김해야한다. 우리가 무엇에 대한 냄새를 맡을 때, 우리는 냄새에 마음집중해야 하고 그것은 대상이라는 것을 알아야 한다. 우리가 맛을 알 때나 맛이 혀에 접촉하게 될 때, 우리들은 맛에 마음챙김해야 하고 그것이 대상이라는 것을 알아야 한다. 그뿐만 아니라 맛이 일어나는 것은 우리들의 의지에 의한 것이 아니라는 것도 인지해야 한다.

　예를 들면 우리가 소금을 먹을 때, 우리가 소금 맛을 좋아하지 않더라도 소금의 기본적인 성질이 본래 짜기 때문에 그 짠맛을 바꿀 수는 없다. 그러므로 소금 맛이 우리들의 희망에 따라 일어나는 것이 아니고 자연스럽게 나타난다는 것을 알게 된다면, 그때에 욕망은 존재하지 않는다. 이것이 현재 순간을 관찰하는 것이 집착과 반감을 못 일어나게 하는 가장 중요한 도구라는 것을 알게 하는 이유이다.

　현재 순간의 의미는 주어진 시간에 우리들 욕망과 무관하게 일어나는 존재이다.

　우리들은 각 대상에 마음챙김해야 하고 그것의 참 본질을 파악해야 한다. 만약 어떠한 대상이라도 우리들의 욕망을 통해서 일어난다면, 마음이 오염된다. 우리가 욕망을 가지고 인식하는 어떠한 대상도 진리를 나타낼 수 없다는 것을 깨달아야 한다. 왜냐하면 그것은 가공되어진 대상이기 때문이다. 가공되어진 대상에 대해서 어떻게 진리의 본성을 실현할 수 있겠는가? 진리를 나타내는 유일한 대상은 '현재의 대상'이어야 한다. 그것은 우리의 욕망과 무관하게 스스로 일어난다.
 우리들은 현재의 대상이 무엇인지를 이해해야 한다. 가끔 우리들은 현재의 대상에 마음을 챙김하고 있다고 생각할지도 모른다. 그러나 실제로는 그렇게 않을 때가 있다. 눈 깜짝할 사이에 일어나고 있는 현재를 생각하는 것은 물속에서 고기를 잡는 것과 같다. 우리들은 고기가 한곳에서 놀고 있는 것을 보고 있기 때문에 잡을 수 있다고 생각한다. 그래서 고기를 잡기 위해서 손을 뻗친다. 그러나 고기는 다른 방향으로 미끄러져 빠져 나가기 때문에 그것을 잡는데 실패한다.
 현재 대상에 마음을 챙김하는 것도 이와 같다. 왜냐하면 집착과 반감이 항상 현재의 존재를 옆으로 제쳐놓기 때문이다. 스스로 일어나는 모든 대상에 매순간 마음챙김할 때 그 대상은 현재의 대상이다. 그러나 대부분의 경우 우리들은 현재의 대상이나 존재에 마음을 챙김하지 않고 있다.
 하나의 예를 들어 보자. 현재의 대상인 앉아 있는 자세에 대해서 마음챙김하고 있는 동안에, 우리들의 마음은 평화롭고 안락한 것인 이상, 우리들은 앉은 자세의 본질에 전혀 마음챙김하고 있지 않은 것이다. 대신 우리들은 아직 일어나지 않고 있는 마음의 평화를 달성하기 위한 대상에 마음챙김하고 있다.
 우리들은 몸과 마음 상태의 모든 행동을 현재의 순간에서 명확하게 관찰해야 한다. 그때에 어떻게 그러한 것들이 '무아'이고 '고(苦)'인가를 알게 된다. 현재의 대상에 지금 머물고 있지 않으면 우리들은 수행 시에 단지 시간만 낭비하고 있는 것이 된다. 그러나 만약 우리들의 마음이 현재의 대상에서 슬쩍 빠져 나간다는 것을 바로 알아차리는 순간, 다시 한번 현재 대상에 마음을 챙김할 수 있다. 이러한 마음 상태의 특성을 알아차린다면 오랫동안 정확한 대상에 마음챙김을 할 수 있게 되고 진리를 깨닫기 위한 보다 많은 기회를 가질 수 있다.

식사시에 이것을 어떻게 적용하는가를 알아보자. 먹는 이유를 알고 마음챙김해야 한다. 불교 문헌에는 우리가 음식을 먹는 것이 원한다거나 좋아서가 아니라 몸을 유지하는 데 음식이 필요하기 때문이라는 말이 있다. 붓다는 우리가 육체의 생존을 바라는 이유를 더 상세하게 설명하고 있다. 그것은 모든 고통의 종식에 이르는 길을 계발해 낼 수 있는 충분한 힘을 갖기 위해서이다.

이러한 것은 명심할 필요성이 있다. 만일 그렇지 않으면 마음의 오염을 방지할 수 없다. 우리는 음식이 맛있어서가 아니라 고통을 치료하고 배고픔을 만족시키기 위하여 음식을 먹는다는 사실을 이해해야만 한다. 배고픔을 충족시키기 위하여 음식을 섭취한다면 그 음식의 맛이 좋지 않더라도 배고픔은 충족된다.

맛을 위해서 음식을 섭취한다고 생각해 보라. 만일 맛이 좋지 않다면 혐오감이 일어날 것이다. 반면 맛이 좋으면 그때는 탐욕이 일어날 것이다. 이것이 뜻하는 것은 마음의 오염상태를 충족시키기 위해서 음식을 먹게 된다는 것이다. 음식이 좋을 때는 탐욕이나 집착이 일어날 것이며, 음식이 좋지 않을 때는 반감이 일어날 것이다. 깊은 사려 없이 음식을 먹는 것은 생사윤회와 끝없는 고통의 연속뿐이다. 그러므로 음식을 먹으면서 마음챙김을 할 때는 매 숟갈마다 그 이유를 이해해야 한다. 왜냐하면 음식을 먹을 때는 그것의 유일한 목적은 고통으로부터 해방되기 위한 것이기 때문이다. 식사시에 탐욕이나 반감이 일어나지 않는다면, 그때 통찰력이 발생할 수 있다.

 또한 목욕을 할 때도 목욕하는 것이 고통을 치료하는 행위라는 것을 이해해야 한다. 우리들의 일상생활에서도 우리들의 행동에 대한 이유를 바르게 보아야 한다. 우리들은 아름다움을 위해서 옷을 입어서는 안된다. 옷이란 추위로부터 우리의 몸을 보호해 주고 곤충이 몸을 물지 못하도록 감싸 주기 위하여 입는 것이다. 우리가 무슨 행동을 하더라도, 그 행동은 모두 열반을 성취하고 고통으로부터 해방되기 위한 것이다. 우리가 이러한 종류의 철두철미한 이해를 갖게 될 때 마음이나 몸을 변화시키려는 집착은 점점 약화되어 갈 것이다.

 다시 한 번 기억하라. 몸이 무엇이고 마음이 무엇인지를 깨달아야 한다. 그리고 언제나 이러한 알아차림이나 지혜를 가져야 한다. 모든 종류의 존재는 다만 마음의 현상과 물질에 지나지 않는다. 여기 이 자리에 실제로 앉아 있는 존재는 남자도, 여자도, 영혼도 아니다. 걷고, 서고, 잠자는 실체는 존재하지 않는다. 보고, 듣고, 냄새 맡고 하는 누군가 있는 것은 아니다. 이러한 것들을 이해하고 아는 실체(個我・自我)란 존재하지 않는다.

3. 통찰지혜(智慧)의 7단계

　우리들이 물질(몸)과 마음 상태의 공한 본성[空性]을 자각했을 때에는 통찰 지혜의 첫 번째 단계를 달성하게 된다. 그것을 몸과 마음을 구분하는 지혜라고 부른다. 그것은 모든 현상에서 분리된 몸과 분리된 마음 상태를 직접 자각하게 하는 통찰의 수준이다. 이 단계의 지혜에 의해서 깨닫게 되는 몸과 마음의 상태는 지식이나 듣는 것으로부터 알게 되는 몸과 마음의 상태와는 같지 않다는 것을 명심해야 한다.
　이 지혜를 체험하지 않은 사람은 '이론'에서 얻은 지식과 '체험'으로부터 오는 지혜의 차이를 구별할 수 없다. 그래서 무엇을 인지하더라도 보고 듣는 '자아'나 '나'의 착각이 아직도 있는 것이다. 즉 무엇이 마음이고 무엇이 몸인가에 대한 이론적 지식에 불과하고 아직도 미망 속에 있는 것이다. 예를 들면 만약 내가 앉는 자세가 마음인지 몸인지를 물으면, 그는 몸이라고 대답할 수 있다. 그러나 그가 실제로 앉을 때, 앉는 자세가 몸이라는 것을 그가 실제로 인식했는가? 그리고 몸과 여기에 관련된 마음상태를 분명하게 구별할 수 있는가?
　이것이 이론과 실제의 차이점이다. 실제로 몸과 마음을 구분하는 지혜가 지혜 계발의 첫 번째 단계이지만 그것을 달성하는 것은 쉽지가 않다. 모든 순간에 이것을 분명하게 구별할 수 있기 위해서는 분명한 마음챙김과 선정이 요구된다.

　지금부터 수련을 보다 깊이 있게 해 나가야 한다. 그것은 보다 더 강도 높게 몸과 마음의 상태에 마음챙김해야 한다는 것을 뜻한다. 우선 몸과 마음이 서로서로 관련되어 있는 요소라는 사실에 신경쓰지 말아야 한다. 그저 마음챙김할 뿐 그리고 무엇이 마음이고 무엇이 몸인가를 단지 알아차릴 뿐이다. 그러나 몸과 마음을 관찰하면 관찰할수록 무슨 원인으로부터 그것들이 일어나는지를 더욱더 깊이 있게 본다.

　예를 들면 듣는 것이 있을 때는 소리가 듣는 것의 한 요소라는 것을 알게 된다. 바라봄이 있을 때는 색깔은 보는 것의 한 요소라는 것을 알게 된다. 이와 같은 방법으로 소리와 색깔의 결과로서 어떤 종류의 마음 상태가 일어나는지를 알게 될 것이다. 몸의 자세나 움직임의 차이에 대하여 우리들은 항상 관찰을 계속해야 한다. 그러면 움직이고 있는 몸은 마음을 몸의 요소, 즉 원인으로서 갖고 있다는 것을 알게 될 것이다.

　몸은 의도에 의해서 움직여진다. 서고, 앉고, 걷고, 자세를 바꾸고, 다른 자세가 일어나도록 하는 것은 의도이다. 모든 이러한 몸의 자세는 마음이 선행되기 때문에 일어난다. 그리고 그러한 마음의 상태가 일어날 때, 마음 상태는 몸을 마음의 요소, 즉 원인으로 갖는다. 그리하여 몸과 마음의 상태는 어떤 요인들로부터 발생하거나 일어나는 것으로 보여질 것이다.

　이러한 통찰 지혜는 몸과 마음을 구분하는 지혜에 도달한 후에 일어난다. 이와 같은 방법으로 마음챙김할 때 몸과 마음의 인과관계는 드러날 것이다. 이전까지는 몸과 마음의 존재를 알더라도, 몸과 마음이 어떻게 일어나고 무슨 원인으로부터 일어나는지를 모르고 지냈다. 우리가 이것을 모를 때는 몸과 마음의 존재는 다른 종교에서 말하듯이 신이 일어나게 함으로써 일어난다고 생각할지도 모른다.

그러나 우리들이 몸과 마음의 인과성을 식별하는 지혜에 도달했을 때, 몸과 마음은 누군가의 창조에 의해서는 결코 일어나지 않는다는 것을 알 것이다. 대신 그것들은 요소와 원인들에 의해서 조건지워지고 서로의 인과관계 속에서 존재하게 된다. 몸과 마음은 독립된 요소로서 보여진다. 이와 마찬가지로 종소리도 막대기와 종의 두 가지 요소들로부터 일어난다는 것을 알게 된다. 만약 막대기가 종을 치지 않으면 소리는 없다.

아무도 이 종소리를 만들 수는 없다. 아무도 어디에 종소리가 있으며, 종소리가 어디로 가는지를 모른다. 그러나 위의 두 가지 요소가 있는 즉시 소리는 일어난다. 만약 마음과 몸에 관련해서 이것을 철저하게 경험한다면, 몸과 마음이 어떻게 해서 일어나고 무엇이 이들을 일어나게 하는가 하는 의문이나 신비는 사라질 것이다.

이 정도의 통찰 지혜에서 우리는 몸과 마음의 원인을 알았다 하더라도 몸과 마음의 분리를 아직은 충분히 깨닫지 못하고 있고, 몸과 마음의 급속한 연속성은 경험하지 못하고, 그들의 사라짐은 모른다. 몸과 마음의 상태가 엄청난 속도로 빨리 사라지고 있는 반면 통찰은 아직 이것을 볼 만큼 충분히 예리하지 못하다.

그러므로 우리들은 사라짐을 알 수 있을 때까지 계속해서 몸과 마음의 상태에 대한 알아차림을 계속해야 한다. 예를 들면 우리들이 앉은 자세에서 다른 자세로 바꿀 때, 앉은 자세의 사라짐을 자각할 것이다. 혹은 우리들이 일어설 때나 서는 것을 중지할 때는 서 있는 자세의 사라짐을 알게 된다.

그리고 새로운 자세의 일어남을 알게 될 것이다. 우리가 이것을 알게 될 때, 서 있는 자세는 영원하지 않다는 것을 안다. 우선 이러한 관점에서 우리들의 자세와 감각을 경험하게 된다. 하나의 자세가 사라질 때 다른 자세가 일어난다는 것을 즉각 알게 된다. 그러나 하나의 자세가 사라지는 것은 그 자세를 중지할 때에만 알게 된다. 우리는 그러한 자세 내에서 몸의 일어나고 사라지는 것을 알아차려야 한다. 지금까지는 앉은 자세의 사라짐을 알 때는 그 자세가 다른 자세로 바뀌었을 때다. 그 다음에는 우리가 앉아 있는 동안에 앉아 있는 자세에서 몸의 사라지는 것을 알아야 한다.

이것은 통찰이 깊어짐에 따라 앉아 있는 동안에 몸의 사라짐을 경험할 수 있다는 것을 뜻한다. 이것은 앉아 있는 동안에 우리가 경험하는 몸과 마음 상태의 급속한 연속성의 분리를 알아차릴 때에 일어난다.

수행을 계속함에 따라 급속한 연속성에 대한 경험이 명백하고 확실하게 된다. 이 단계의 통찰 지혜에 도달했을 때, 우리들은 과거나 미래의 모든 현상들도 이와 같이 무상하다는 것을 알게 된다. 이 지혜를 가질 때 미래의 성질에 대해서도 의심의 여지가 없다. 여러 다양한 존재의 생멸(生滅)을 경험하고 인지할 때, 현상에 대한 바른 이해의 지혜라 불리우는 지혜의 단계에 다다른 것이다. 그것은 몸과 마음 상태는 무상하다는 것을 명백하게 보여 주는 지혜이다.

이 단계의 통찰 지혜는 존재의 세 가지 특성을 실현했다고 말할 수 있다. 왜냐하면 그것은 순간순간 일어나고 사라지는 몸과 마음 상태의 무상을 경험하기 때문이다. 그러나 아직도 경험해야 하는 것은 몸과 마음 상태의 급속한 연속에 대한 분명한 구분이다. 이 정도의 지혜는 우리의 의식 깊이 잠재되어 있는 가장 근원적인 잘못된 견해나 착각을 근절할 만큼 충분히 강하거나 예리하지는 않다.

알아차림을 계속한다면 통찰 지혜는 점점 더 예리하게 성장할 것이다.

우리들의 알아차림도 더욱더 정교하게 되고 예리하게 될 것이다.

더욱더 마음챙김할수록 대상에 관계없이 현재 일어나는 것에 더욱더 지속적으로 알아차리게 될 것이다. 지금은 현재 일어나는 것에 대한 알아차림이 명백하게 되어서 몸과 마음의 일어나고 사라짐에 대한 예리한 구분이 실현될 것이다. 우리들이 일어나고 사라지는 경계에 대한 구분을 경험할 때 우리들은 생멸(生滅)이 현상에 대한 지혜라고 불리우는 통찰 지혜를 얻을 것이다.

이 단계의 통찰 지혜는 그 자체 내에 지금까지의 세 가지 지혜 모두를 포함하고 있다. 모든 존재를 단순히 마음과 몸(물질)으로 자각하는 첫 번째의 통찰 지혜를 실현한다. 다음에는 몸과 마음이 일어나는 인과관계를 경험하는 지혜를 얻고, 세 번째로 통찰 지혜 단계에서는 몸과 마음의 일어나고 사라지는 특성을 경험하지만, 분명한 구분은 아직 되지 않는다.

위빠사나의 진정한 출발은 생멸의 현상에 대한 지혜를 경험하면서부터 비로소 시작된다. 이 단계의 지혜는 매우 중요하다. 그리고 몸과 마음 상태의 급속한 연속성에 대한 구분을 처음 경험하는 것이 바로 이 단계의 지혜이다. 마음챙김이 계속 증가함에 따라 이 지혜는 훨씬 더 예리하게 되어진다. 이 지혜는 잠정적인 생과 사를 드러낸다. 몸과 마음이 일어나고 사라짐에 따라 그것들의 급속한 연속성에 대하여 분명하게 경계를 짓는 공간을 본다. 이 정도의 통찰을 갖는 것은 대단히 예리한 지혜를 갖는 것이다.

 이와 같은 종류의 지혜는 몸과 마음은 영원하다는 착각을 파괴하여 근절시켜 버린다. 그러한 것들은 영원한 행복의 원천이 되지 못하고 '자아'나 혹은 '나'의 비어 있음[空]을 보여준다. 이 단계의 지혜로 인하여 우리들의 의식 속에 내재해 오고 있는 많은 잘못된 오해를 제거한다. 그러나 이러한 통찰 지혜는 아직 일시적이다. 그리고 그것은 아직 모든 잘못된 견해들을 완전히 근절하지는 못하고 있다. 그것은 마음의 오염, 특히 '자아'에 대해 잘못 인식하고 있는 착각을 제거하기 시작한다.

 이 수준의 통찰 지혜는 매우 강하다. 실제로는 너무나 강하여 스승이 수행자에게 그가 진리를 실현했다고 재확인시켜 줄 필요가 없다. 즉 그 자신의 통찰 지혜가 정확하고 분명하게 판단할 수 있게 할 것이다. 이 지점에서 커다란 희열과 빛이 마음속에서 일어날 것이다. 이전에 결코 경험한 적이 없는 맑은 인식이 나타난다. 이것은 마음속에서 참 자유의 첫 번째 맛을 보게 되는 것이다. 직접적인 경험을 통하여 몸과 마음의 일어나고 사라지는 분명한 경계를 실현하는 것은 연구나 듣는 것을 통하여 그것을 지식으로 이해하는 것과는 같지 않다. 당신이 얼마나 잘 들었는지 혹은 연구를 통하여 얼마나 바른 이해를 했는가에 관계없이, 아직도 존재의 진리를 경험하고 있지 못한 상태이다. 존재의 진리는 연구나 생각을 통하여 얻어질 수 있는 것이 아니다. 만약 생각하고 연구한다면, 단지 개념적인 지식만 가지게 될 것이다. 그리고 우리가 아는 것은 오직 과거이거나 미래일 것이다. 현재 존재하는 진리는 무시된다. 생각으로만 알 때, 우리들은 단지 비교를 통해서 과거와 미래를 연결한다. 그것은 현재 실재(現在實在)를 직접적으로 경험하지 못한 생각이다. 그리하여 이러한 생각은 잠재되어 있는 마음의 오염을 조금도 제거하지 못한다.

 이러한 오염은 모든 자기 착각으로부터 깨어 있는 마음, 즉 올바른 수련, 올바른 원인에서 오는 통찰 지혜로써만이 제거되어질 수 있다.

 그리하여 이러한 상황에서는 의심이나 불확실, 모든 종류의 미혹은 사라질 것이다. 예를 들면, 어떻게 몸과 마음이 일어나는가에 대한 모든 의심은 사라진다. 우리들 스스로 그 원인과 요소들을 명백하게 보고 모든 불안이 사라질 때까지 점차적으로 진리를 경험하게 된다. 생멸의 현상에 대한 통찰 지혜를 달성함으로써 수행자는 이미 매우 높은 수준의 수련 단계에 이르러 있는 것이다. 수행자는 매순간의 경험에 대한 자각에 있어서 혁신적인 새로운 시각을 얻을 것이다.

 만약 수행자가 이러한 통찰 지혜에 대해 집착하거나 그 이전의 선정을 수련해서 그것을 강하게 계발한다면 이 기간 동안에는 지혜의 장애가 일어날 것이다. 지혜의 장애라는 말은 수행자가 이 정도의 지혜를 이루고 나서도 미묘한 장애를 경험하게 되는 것을 뜻한다. 이러한 통찰의 장애는 집착에서 오는 매우 미묘한 것인데 10가지 정도 있다.

그러한 것은 선정력에 대한 집착이 원인이 될 수도 있다. 그리고 그러한 것이 일어나면 보다 높은 단계의 지혜로 가는 명상 수련에 방해가 된다.

예를 들면 마음은 행복과 희열로 충만하게 될 것이다. 여기에 묘한 집착이 일어나서 깊은 지혜로 향한 간절함은 줄어들어 사라질 것이다.

그리하여 우리는 어떻게 해서 통찰의 장애가 지혜 발전에 방해가 되는가를 알 수 있게 된다. 그러한 장애가 종종 너무 지나치게 매혹적이어서 명상자의 지혜가 그것을 알아차리고 제거할 만큼 충분히 예리하지 못할 때는, 그는 더이상 진보하지 못한다. 그러므로 우리는 어느 것이 바른 길이고 어느 것이 잘못된 길인지를 알 수 있는 지혜, 즉 분명한 정견(正見)을 가져야 한다. 그렇지 않으면 잘못된 결과가 일어나서 우리는 수행상에서 나타나는 오류를 발견하지 못한다. 왜냐하면 감정은 너무나 미묘하고, 즐겁고 행복함이 충만하게 되어 우리가 깨달았다거나 열반을 실현한 것과 같이 잘못 오도하게 될 수도 있기 때문이다.

바른 이해나 합리성 없이는 통찰 수련에 있어서 그가 달성한 것이 옳은지 틀렸는지를 모른다. 올바른 이해[正見]로 보다 높은 통찰의 단계로 가는 길은 중간 상태에서 일어나는 여러 정신적 형상에 대한 집착을 놓아버려야 된다는 것을 알게 될 때 일어난다.

환희, 희열, 선정 심지어는 마음챙김까지도 미묘한 집착의 대상이 될 수 있다. 지혜는 집착 없는 맑은 마음챙김에 의해서만 계속해서 발전된다는 것을 알 때 통찰의 장애는 사라진다. 생멸의 현상에 대한 지혜가 통찰의 장애로부터 벗어남에 따라, 우리들은 몸과 마음의 일어남과 사라짐을 욕망과 편견 없이 있는 그대로 예리하고 날카롭게 알아차릴 수 있다.

그리고 나서 정화(성숙)의 지혜라 불리우는 통찰의 단계가 일어난다. 이 단계의 통찰로 인하여 열반으로 이르는 길은 몸과 마음에 대한 가장 미묘한 집착도 놓아버려야 된다는 것을 알게 된다.

보다 높은 수준의 통찰 지혜는 여기서부터 점차적으로 발전하기 시작한다. 알아차림은 계속해서 진행되는 현상 속으로 보다 예리하게 파고든다. 생멸의 현상에 대한 지혜로 오는 알아차림이 더욱더 많은 진리를 발견할수록 지혜는 더욱더 깊이 계발된다. 이러한 지혜가 일어남에 따라 다음 단계의 통찰, 즉 사라짐의 현상에 대한 통찰이 발생한다. 수행자의 주시가 현재 대상을 직시하면 할수록 몸과 마음의 사라짐을 더욱더 많이 경험하게 될 것이다. 그가 보는 모든 것이 사라지게 됨에 따라 두려움을 느낀다.

그러나 그가 계속해서 현재 대상에 머무름에 따라서 그가 관찰하는 몸과 마음의 사라지는 현상만 보인다. 이러한 지혜의 경험을 사라짐의 지혜라고 부른다. 그것은 모든 것은 위험하고, 두려운 것이며, 공허한 것이고, 즐거운 것이 못되는 것으로 경험되어지는 것을 뜻한다. 그리하여 몸과 마음에 대한 어떠한 집착에 대해서도 더욱더 싫증을 느끼게 된다. 이와 같은 감정이 일어나는 것을 혐오감의 지혜라고 부른다. 몸과 마음의 상태에 대한 어떠한 집착심도 통찰 수련의 결과로서 점점 약화된다.

마침내 수련자는 가장 청명하고 초연한 평등의 지혜에 이른다. 수행자가 잘못된 견해와 마음의 오염을 영원히 근절시키고 열반을 경험할 수 있는 것은 번뇌에서 벗어나서 모든 경험들을 명확하게 볼 수 있고, 집착에서 완전히 자유로워진 마음을 갖게 되는 바로 이 단계에서 온다.

이상에서 살펴본 것은 통찰의 길[道]에 있어서 높은 단계에 대한 개략적인 설명이다. 나는 생멸 현상에 대한 지혜의 수준에 도달하는 중요성을 다시 한번 강조하면서 이 설명을 결론짓고자 한다. 이것은 대단히 중요한 단계이다. 만약 당신이 수련해서 이 지혜를 얻는다면 이 지혜로부터 시작하여 더욱더 높은 지혜가 진보되어 마침내 몸과 마음의 본성을 완전히 알고 모든 현상이 멸(滅)한 열반을 체험할 것이다.

나는 한번 더 문제를 논의하고 싶다. 당신은 열반에 도달하기 전에 특별한 무엇인가를 수련하거나 혹은 특별한 절차를 밟는 것이 반드시 필요한 것은 아니라는 것을 이전에 여러번 들었을지도 모른다. 즉 계율도 없고, 어떠한 일정한 방법도 없다. 왜냐하면 우리가 무엇을 하더라도 거기엔 많은 방법이 있고 결국 각각의 모든 길[道]들은 열반으로 우리를 이끌어 가기 때문이다. 그러나 그러한 믿음은 사실이나 합리성에 비추어 볼 때 절대적으로 맞지 않다. 모든 사실에 의거해 보면 모든 불교인들은 붓다 자신이 열반으로 이르는 오직 유일한 길이 있다고 인정하고 확인했다는 것을 알아야 한다. 그 길은 사념처이다. 붓다만이 그 길을 우리에게 보여 주었다. 만약 일반인들이 그들 자신의 방법에 의거해서 명상을 수련한다면, 그때 각 개인은 그 자신의 교리를 만들어낼 것이다. 왜냐하면 각자 궁극적으로 열반을 달성했다고 말하기 때문이다. 이런 종류의 잘못된 견해가 타당성이 있고 도대체 가능한 것일까? 만약 그렇다면 붓다는 진실한 사람이 아닐 것이다. 만약 누구나 모든 사람이 사념처의 수련없이 열반에 도달한다면 붓다가 이 수련을 가르칠 필요가 없었을 것이다.

 붓다 당시에도 많은 종파와 명상수련법이 있었다는 것을 우리들은 안다. 그 당시에는 심지어 초능력도 수련되어졌다. 예를 들면 하늘을 나는 것, 물위를 걷는 것, 산을 뚫고 지나가는 것 등이다. 모든 이러한 종류의 신통(초능력)은 매우 자주 일어났다. 그러나 열반으로 가는 진정한 길은 그때까지 가르쳐지지 않았다. 그러므로 아직도 많은 길이 있다고 잘못된 생각을 가지고 있는 사람이 있다면, 이 문제에 대해서 더욱더 깊이 생각해 보아야 한다. 우리들은 붓다에게 경의를 표하는 것을 잊지 말아야 한다. 왜냐하면 그는 열반을 달성하는 마음 계발 방법을 우리에게 보여 주었기 때문이다. 그것은 이 세상에 있는 다른 모든 스승들이 가르치지 못했던 사념처 수련이다. 그것이 불교도가 붓다를 이 세상에서 가장 위대한 사람으로 생각하고 그의 청정함, 지혜, 자비의 미덕에 존경을 바치는 이유이다. 만약 우리가 사념처 수련에 의해서 통찰력 계발을 하지 않는다면, 우리들은 불교의 참모습을 이해할 수 없다. 그러나 오늘날에도 사념처 수행에 대해서 바른 이해[正見]를 갖고 있는 사람은 드물다. 실제로 이 방법이 충분히 합리적이지만, 바른 이해를 즉각, 혹은 단시일 내에 갖는다는 것은 쉽지 않다. 우리들은 깊이 연구하고 합리적으로 이해하도록 해야 한다. 그리고 나서 수련을 통하여 그 유효성을 실증해야 한다. 우리들은 수련을 통해서 불교의 진실성을 확인해야 하고 그 진리를 우리들 스스로 보아야 한다. 위빠사나 수련을 위한 몇 가지 지침을 더 첨가하면서 결론을 맺고자 한다.

1. 위빠사나를 시작할 때 모든 존재가 어떻게 정신과 물질(몸)로 구성되어 있는가를 철저히 이해해야 한다.
2. 당신과 관련되어 있는 물질과 마음은 당신 자신의 몸 내부에서 발생하는 것들이다. 따라서 그 본성을 명확히 보기 위해서는 지금 이 순간에서 매순간에 생멸하는 몸과 마음을 관찰해야 한다.
3. 마음의 상태나 몸 가운데 하나는 지속적으로 현재 순간에서 명상의 대상이 되어야 한다. 감정이 일어나면 감정을 관찰하라. 만약 대상을 잃어버리면, 걱정하지 말고 몸과 마음에 대한 관찰을 새롭게 시작하면 그만이다.
4. 수행을 하는 동안에 명상자는 어떤 특정한 상태를 바라거나, 특별한 지혜 계발을 위한 욕망이 일어나지 않도록 주의해야 한다. 단지 몸과 마음의 상태를 관찰하기만 해야 한다.
5. 몸과 마음 상태를 동시에 관찰하려고 하지 말라. 항상 현재 순간에서 각각 분리해서 관찰하라.
6. 네 가지의 서기, 앉기, 걷기, 눕기를 고수하라.
7. 자세의 변화가 필요하다면, 변화에 앞서 그러한 움직임의 이유나 원인을 반드시 알도록 하라.

8. 일상적인 자세와 상황을 이용하여, 그 안에서 일어나는 몸과 마음 상태를 관찰하라.
9. 자연스럽게 하라. 통찰력을 빨리 계발하기 위하여 지나치게 천천히 걷거나 움직이는 것을 삼가라. 이러한 욕망은 통찰력을 방해한다.
10. 수행을 할 때는 불필요한 행동은 삼가야 한다. 필요 이상의 말을 하지 말라. 필요할 때까지 자세를 고치지 말라. 필요할 때까지 먹지 말라.
11. 무엇인가를 하기 전에 그 행동에 필요한 이유를 이해해야 한다. 어떠한 고통으로 그러한 행동을 해야만 하는가를 알아라.
12. 명상이 무엇인가 특별한 것이라는 생각을 버려라. 지금은 어떠한 것도 얻을 때가 아니다. 단지 우리들 행동에 대한 원인을 알아차리고 몸과 마음의 본성을 알아차려야 한다.
13. 명상을 통해서 희열이나 평화로움과 같은 특수한 상태를 얻기 위하여 노력하지 말라.
14. 위빠사나 명상자는 경기의 관중처럼 되어야 한다. 직접 경기에 뛰어 들지 말고, 몸과 마음의 상태가 의식 속으로 흘러 들어오는 부단한 현상들을 마음집중하여 관찰하기만 하라. 이렇게 균형 잡힌 상태가 지혜로 이끌게 될 것이다.

제4장
아찬 마하 부와
(Achaan Maha Boowa)

ACHAAN
MAHABOOWA

1. 거칠고 엄격한 가풍의 선지식

　아찬 마한 부와는 대선지식으로서 태국 북부지방에 있는 전통적인 숲속 수도원의 유명한 원장이다. 명상 수련을 시작하기 전에 여러 해 동안 기초적인 불교 교리를 공부하고 불교경전의 원어인 팔리어를 마스터했다. 아찬 마하 부와는 숲속의 승려로서 여러 해 동안을 명상 수련하는 데에 보냈으며, 라오스어를 사용하는 유명한 선사인 아찬 문으로부터 많은 가르침을 받았다. 아찬 문은 금세기 태국과 라오스의 숲속 선사 중 가장 유명한 선사로서 특히 선정(사마타)과 지혜 수련(위빠사나)에 정통하고, 위대한 능력과 맹렬한 가르침의 가풍으로 유명하다.
　전해지는 말로는 그가 아찬 문을 친견하러 가기 전에 수행자로서 오랜 수련을 거쳐 선정 명상 중 일부를 이미 마스터했다고 한다. 이러한 마스터만으로도 대단한 성취이다. 아찬 문은 그를 만난 즉석에서 그에게 깨달음의 지혜와 선정에서 오는 희열 상태와의 차이점에 대해서 명확한 설명을 한 후에 그를 숲속으로 보내어 좀 더 수련을 하도록 했다.
　이러한 꾸지람(경책)을 들은 후 여러 해 동안 아찬 마하 부와는 전과는 달리 희열로 충만한 높은 선정 상태에 들어갈 수 없었다. 그러나 다시 한번 그러한 것들을 최종적으로 숙달했을 때는, 그것은 대단한 지혜와 통찰을 가져올 수 있었다.

아찬 마하 부와는 지혜 수련의 전주자(前奏者)로서 강하고 지속적인 선정 계발을 강조한다. 또한 선정과 고요함을 계발하기 위하여 몸과 마음의 관찰을 통한 지혜를 이용하는 방법도 설명한다.

이러한 선정은 훨씬 더 깊은 지혜로 안내한다. 비록 마하 부와는 정신적인 도의 세 가지 전통적인 부분(戒·定·慧)을 얘기했지만, 이러한 것들이 반드시 어떤 특별한 순서에 입각해서 계발될 필요가 있는 것은 아니라고 설명한다.

그 대신 수련이 '단계별로 선정을 계발'하는 것이 되어져서는 안되고 마음속에 번뇌가 일어나는 대로 번뇌를 제거하기 위하여 계·정·혜가 동시에 작용하는 것이라야 한다고 강조한다.

수련에 입문할 때 아찬 마하 부와는 기본적인 선정을 계발하기 위하여 반복하는 말, 즉 만트라를 심상(心象)하여 사용하든가 아니면 만트라만을 이용하길 권장한다. 그리고 나서 일단 고요함이 자리잡혀지면, 이 집중을 이용하여 몸의 본성을 관찰하도록 한다. 그 후에는 바로 마음의 본성을 직시하고, 어떻게 무명과 착각이 '나'라는 잘못된 견해를 일으키게 되고 윤회의 수레바퀴 속에서 커다란 고통으로 이끌게 되는가를 알게 한다.

아찬 마하 부와는 선정이 효과적으로 계발될 수 있도록 특히 수행 중에 일어나는 이미지와 시각적인 상(像)과 관련된 방법들을 상세히 설명한다. 그는 또한 명상 중에 나타나는 내·외적인 현상들과 그러한 것들을 어떻게 이용하는가를 구분한다. "이러한 것은 모든 경우에 나타나는 것이 아니다." 그리고 "어떠한 형태의 선정을 계발하더라도, 지혜는 항상 중요한 것이다."라는 중요성을 강조한다.

나는 초보자들이 선정 계발에 나타나는 여러 가지 현상이나 이미지들을 중요시하고 거쳐야 할 필수적인 경험들로서 집착할까 두려워서 그러한 현상들을 상세히 설명하기를 망설인다. 그러한 현상들을 기대하거나, 진보의 표시로서 간주하거나, 자신의 명상에서 그러한 것들이 나타나도록 하고 그렇게 노력하는 것은 하나의 함정이 될 수 있다.

만약 자신의 수련 중에 선정을 계발하기 위하여 그러한 것들을 선택해서 수련하길 원한다면, 스승의 지도하에 하는 것이 가장 바람직하다. *집중된 마음으로부터 오는 특별한 경험이나 기이하게 보이는 것 같은 설명에 흥분해서는 안 된다. 그러한 것들은 가치 있는 것이 아니다. 오직 지혜만이 중요하다.

마하 부와는 가슴이라는 말을 자주 사용한다. 이것은 동정과 같은 특정한 감정적 성질의 의미로 말하는 가슴은 아니다. 여기에서의 가슴은 마음을 뜻한다. 가슴을 마음이 머무는 장소로 간주하는 것은 불교의 전통이다. 이것이 가르침에 대한 숲속 법문의 특성을 보존하는 것이다.

비록 어떤 말들은 경전 상의 해석들과 일치하지 않지만, 그러한 것들은 대부분의 실제적인 의미에서 명상을 계발하기 위한 지침으로서 사용되어진다.

아찬 마하 부와의 숲속에 있는 사원 '왓바반탈'은 태국 북부의 우도론(*Udron*)지방에 있는 약 100에이커 되는 땅 위에 있다.

---

* 더욱 상세한 것은 『청정도론(淸淨道論)』 참조

승려와 막사의 숫자는 20개 이하로 적다. 수련은 대단히 엄격하다. 아찬 마하 부와는 어떤 면에서는 그 자신에게 엄격했던 스승의 방법대로 가르친다.

상당수의 서구인들이 그와 함께 공부했으며, 그들 중 얼마는 아찬이 항상 새로 들어온 제자에게 바라는 대로 여러 해 동안 그와 함께 있었다.

태국과 라오스의 다른 숲속 사원과 마찬가지로 그의 사원에서 가르치는 대부분의 실수련은 엄격하고 극도로 단순한 생활방식을 통해 이루어진다.

하루 한 번의 간단한 식사, 조그만 막사, 목욕을 하기 위한 우물, 이른 아침에 나가는 탁발, 오랜 기간 동안의 침묵, 다소 고립된 생활, 이와 같은 모든 환경은 세속적인 것을 거의 생각나지 않게 하는 생활을 만든다.

그리고 숲속 사원은 집중적인 명상을 위한 기능뿐만 아니라 특별한 교육환경을 위한 곳으로서의 역할도 한다.

단순한 공동체적인 환경에서, 침착하고, 단순해질 수 있고, 마음과 생활의 진행을 관찰할 수 있으며, 그리고 지혜를 계발할 수 있다. 마하 부와는 가끔씩 가르침을 펴기 위하여 방콕에 온다. 영어로 발행된 그의 법문은 방콕에 있는 왓 바보르니오즈 사원을 통해서 얻어볼 수 있다.

2. 지혜는 선정을 계발한다

계(戒)*

 계란 인간의 몸과 언어 활동에 의한 '정화되지 않은 외적 표출'을 조복(調伏)하는 것이다. 이러한 활동과 그 결과는 마음속에 내재된다.
 계율을 정확하게 수련하고 있는 사람에게는, 행복하고 관대한 마음으로 '초연한' 삶을 영위하는 것도 계를 수행하는 또 다른 하나의 목적이 된다. 만약 계행이 철저한 사람과 같이 지낸다면, 필연적으로 그 사람 자신도 선(善)한 사람이 되게 된다. 그러나 비열하거나 천한 마음을 가진 사람은 계의 필요성을 이해하려고 하지 않는다. 왜냐하면 그들은 선한 사람이 되기를 원하지 않고 그런 사람들의 세계에도 살고 싶어하지 않기 때문이다. 그러한 사람들은 타인의 행복을 파괴하려 하고, 기회가 있을 때마다 세상에서 문제나 위험을 일으키려 한다.
 자연스런 계행은 그것이 확립되기 전에는 승려로부터 혹은 공적인 기관의 누군가로부터 명령을 받아서 지켜져야 하는 강제적인 규범으로 생각되어서는 안된다.

---

* 계(戒)의 어원은 팔리어로 실라(Sila, 尸羅)로서 불교의 도덕을 말하는 것이다. 또한 금제(禁制)적인 계조(戒條)로 보는 것이 계율이란 뜻이다. 그리고 율(律)의 원어는 위나야(毘尼, Vinaya)로서 '조복(調伏)'으로 신(身)·구(口)·의(意) 악업을 금제하고 멀리하라는 뜻이다.

왜냐하면, 만약 어떤 사람이 바르고, 선(善)하고, 품위있는 행위들을 그 자신 내면으로부터 좋아하고 존경한다면, 그는 타인과의 관계에서 뿐만 아니라 개인적으로도 이런 식으로 행동할 것이기 때문이다. 이렇게 선한 행위에 역행하는 행동을 자연스럽게 삼가는 사람은 그 자신의 품성 내에서 이미 계행을 가지고 있다는 것을 가리킨다.

계행은 절대적으로 인간의 능력에만 속하는 것으로 생각해서는 안된다. 왜냐하면 동물들도 그러한 능력을 갖추고 있기 때문이다. 조금만 관찰해 보면 집에서 기르는 동물들이 어느 정도로 행동과 마음에서 달마[法]의 영향을 받고 있는지 알 수 있다.

계행을 잘 이행한 사람은 이웃 사람들에게도 인기와 신뢰가 있고 그 자신 내부에도 선한 품성을 갖고 있다. 이런 사람은 금생의 모든 생활에서 뿐만 아니고 내생에서도 또한 훌륭한 성품의 소유자가 된다.

그러므로 계행은 이 세상에서 언제나 필요한 덕목인 것이다.

정(定)

모든 종류의 명상은 마음에서부터 '정화되지 않은 외적 표출'을 조절하기 위한 것이다. 명상에 의해서 길들여지지 않은 마음은 일생 내내 바깥을 향해서 구한다. 어려서부터 늙을 때까지 부자나 가난한 사람이나, 똑똑한 사람이나 어리석은 사람이나, 지위가 높거나 낮은 사람이나, 시각장애인, 청각장애인, 소아마비, 장애인 등 모든 경우에도 마찬가지로 해당한다.

불교에서는 그러한 사람들을 여전히 '정화되지 않은 외적 표출'을 가진 마음의 단계에 있다고 본다. 그들의 마음엔 숭고함이 없다. 지족(知足)도 찾아볼 수 없고 마음의 행복에 대해서는 병들어 있다. 그들이 죽을 때 모든 것을 잃어버린다. 마치 많은 가지, 꽃, 열매를 가진 나무가 뿌리에 상처를 입을 때 시들어 죽어서 모든 것을 잃어버리는 것과 같다.

 달마[法, 진리]를 가지고 있지 않은 마음은 '정화되지 않은 외적 표출'로부터 오는 해독으로 결코 진정한 행복을 발견하지 못할 것이다. 설사 행복을 추구하여 행복이 온다 하더라도, 그러한 것은 배우가 한 부분의 연기를 하고 있는 것과 같은 형태의 것이다.

 그리하여 '정화되지 않은 외적 표출'의 증대는 마음을 나쁜 방향으로 흐르게 하여 참으로 만족스러운 행복에 이를 수 없게 한다. 마음의 안정과 평온함을 의미하는 집중[定]은 '정화되지 않은 외적 표출'에 반대되는 것이다. 마음은 '마음의 약'을 복용하기를 원하지 않는다. 그 약은 명상이다.

 약을 복용한다는 것은 달마로써 마음을 훈련하여 제멋대로 방황하는 것을 허용하지 않는 것을 의미한다. 왜냐하면 마음은 동반자로서 '정화되지 않은 외적 표출'과 같이 다니기를 좋아하기 때문이다. 다른 말로 하면 약을 복용한다는 것은 마음이 달마를 마음의 감시인으로서 마음속에 배치시키는 것을 의미한다. 달마는 명상이라고 불리워지는 마음의 약이다.

 붓다는 각기 다른 성향을 가진 사람들에 따라 다양하게 적용되는 40가지 종류의 명상을 가르쳤다. 이러한 방법 중에서 일반적으로 널리 사용되고 만족할 만한 결과를 주는 몇 가지 방법을 소개하면 아래와 같다.

1. 머리의 머리카락, 몸의 털, 손톱, 발톱, 이빨, 피부, 가죽 등을 포함한 신체에 대한 32가지 부분을 관(觀)하는 것.
2. '붓도[佛]', '달모[法]', '상고[僧]'를 염하는 것.
3. 호흡의 출입에 집중하는 것.

어떠한 방법을 사용하더라도 본인의 개성에 맞아야 한다. 왜냐하면 각자 개성이 모두 다 틀리기 때문이다. 모든 사람들이 한 가지 방법만을 사용해야 한다고 가르치게 된다면 어떤 사람에게는 오히려 방해가 되어 수행으로부터 좋은 결실을 얻지 못하게 한다.

자신의 개성에 맞는 명상법을 발견했을 때(그런 방법을 가르쳐 줄 믿을 만한 스승이 없을 때는 시행착오를 거쳐서 알 수 있다) 우선 몸에 대한 명상으로서 '머리카락(몸에 대한 32가지 부정관)'과 같은 말을 예비적으로 반복하면서 수행을 시작해야 한다. 그때에 그 말을 소리 내는것이 아니고 마음으로 반복하면서 동시에 자신의 주의를 머리카락에 고정시킨다. 그러나 머리카락을 관하는 것으로 마음을 포착할 수 없다면 염불하듯이 예비적인 반복을 되풀이하여 그 소리가 마음을 포착하도록 하여 마음이 고요하고 정적인 상태가 되도록 해야 한다. 마음이 고요해질 때까지 예비적인 반복을 되풀이한다. 이때에 중단해도 된다. 그러나 어떠한 형태의 예비적인 반복을 하더라도 그 명상에 대한 알아차림을 유지해야 한다. 예를 들면 '머리카락'을 계속 집중할 때에 머리의 머리카락에 대한 알아차림을 유지해야 한다.

만약 '붓도', '달모', '상고' 중 하나를 반복적으로 염한다면, 반복하는 대상에 대한 알아차림을 마음속에 확립시켜 두어야 한다. 이것은 다른 형태의 명상에서도 마찬가지이다. 왜냐하면 '붓도'(혹은 '달모' 혹은 '상고')의 염송이 계속해서 마음과 접촉되어지고 예비적 반복의 '붓도'를 '되풀이하는 마음'과 마음속에 그것이 누구인가를 '아는 마음'이 합일되어질 때까지 '붓도'를 반복해야 한다. '아는 마음'은 사실 마음의 한 형태이다.

 예를 들면 누군가에게 거짓말을 할 때, 자신의 행동, 말, 생각이 거짓말에 맞추어 행해진다. 그러나 가슴 어디엔가에 '아는 마음'이 있다. 이것은 거짓말이라는 것을 항상 알아차리고 있다. 그러나 아주 드문 경우를 제외하고는 아직도 '아는 마음'은 무명(無明)의 영향하에 있다. 비록 알고 있다 하더라도 대부분 잘못 알고 있다.

 호흡에 대한 수련은 호흡을 마음의 대상으로 사용하고 호흡의 출입에 대해서 마음집중하여 알아차림으로써 향상되어 나간다. 호흡을 알아차리게 됨에 있어서 코끝이나 입천장*에 닿는 호흡의 느낌에 우선 집중해야 한다. 왜냐하면 여기가 호흡이 처음 접촉되는 부분이고 이 부분에 주의력을 유지하기 위한 표시점으로 이용해도 좋기 때문이다.

 숙달될 때까지, 그리고 호흡의 출입이 더욱더 섬세해질 때까지 이렇게 하면서 호흡출입의 접촉에 대한 본성을 점차적으로 이해하고 알게 된다. 마침내 호흡이 가슴의 중앙 부근이나 명치에 위치한 것처럼 느껴질 것이다.

---

* 실수행에 있어서 입을 벌리고 해서는 안된다. 호흡이 들어오고 나감에 따라 많은 사람들이 이 부분에서 강한 느낌을 받는다.

이렇게 된 후부터는 자신의 호흡에 대한 주의력을 그 지점으로 옮겨서 고정시켜야 한다.

 더이상 코끝이나 입천장에 호흡이 부딪히는 곳에 집중할 필요는 없고, 호흡의 출입을 따라가면서 알아차릴 필요도 없다. 호흡을 집중하는 데 있어서, 호흡과 관련하여 '아는 마음'을 명확하게 하고 '아는 마음'을 보조하기 위하여 호흡출입을 감독하기 위한 예비적인 반복으로서 호흡과 병행하여 '붓다'를 염송해도 된다. 그렇게 하면 호흡은 더욱더 명확하게 마음에 나타날 것이다.

 일단 호흡에 숙달되면, 매번 호흡에 집중할 때마다 가슴의 중앙이나 명치에 주의를 고정해야 한다.

 특히 마음챙김을 확고하게 해야 한다. 마음을 조절하기 위한 마음챙김을 확고하게 해야만 호흡출입시에 매 순간 호흡을 느끼며, 길고 짧은 것을 알아차리고 마침내 매 호흡의 상태가 점점 더 미묘하고 예리하게 되어져 감을 분명하게 느낀다. 즉 가장 예리하고 미묘한 호흡과 마음이 챙김되어 하나가 된다(다른 말로 하면 마음이 호흡처럼 느껴지고, 호흡이 마음처럼 느껴진다.) 이 단계에서는 마음속에 있는 호흡에만 집중해야 한다. 예비적 반복(염송)에 대해서는 염려할 필요가 없다. 왜냐하면 호흡의 출입이나 장단(長短)을 알아차림에서, 예비적인 염송은 마음을 예리하게 하기 위해서만 이용하기 때문이다.

 호흡의 가장 예리한 수준에 이르게 되면, 명상자는 밝고 초연하고 평온하게 되고 단지 마음만을 알아차리고 있는 상태에 있다. 어떠한 방해에도 영향받지 않는다. 마침내 호흡이 사라진다 하더라도 걱정할 필요는 없다. 왜냐하면 모든 짐을 벗어버리고 마음의 알아차림만 있기 때문이다. 다른 말로 표현하면 그것은 비이원화(非二元化)이다. 이것이 선정의 계발이다. 이것이 호흡에 대한 마음챙김 수련을 계발함으로써 얻어지는 결과이다. 그러나 언제라도 명상을 수련할 때나, 누구라도 명상을 수련할 때 이것이 얻어져야 할 결과임을 이해해야 한다.

 마음을 조절하기 위해 예비적인 방법으로 이러한 명상 중 하나를 이용함으로써 명상자는 차츰 '정화되지 않은 외적 표출'을 조복할 수 있게 될 것이다. 그때에 평온함과 행복함이 증대할 것이다. 그리고 마음에 영향을 미치는 유일한 하나가 있다. 그것은 어떠한 방해나 흐트러짐 없이 마음을 알아차리는 것이다. 왜냐하면 이러한 상태를 이루지 못하게 마음을 초조하게 하거나 방해할 것은 아무것도 없기 때문이다. 이것이 마음의 진정한 행복이다. 마음은 모든 공허한 상상과 생각의 창조물로부터 자유로워져 있다.

 어떤 한 가지 형태의 명상을 수련하고 있는 중에 사람에 따라 그 명상형태의 특성들이 나타날 수도 있다. 예를 들면 머리털이나 몸의 털, 혹은 손톱, 발톱, 이빨, 가죽, 살, 근육, 뼈 등이 마치 눈으로 보는 것처럼 마음에 선명하게 나타날 수도 있다. 만약 이러한 것이 일어나면 그것에 주시를 해서 자신의 마음에 그 대상이 고정될 때까지 그것을 분명하게 봐야 한다.

 이러한 대상이 마음속에 분명하게 고정되었을 때, 명상자는 그 대상이 불쾌하고 구역질나는 면에 주시함으로써 바르게 관해야 한다. 왜냐하면 이것이 몸의 내외적인 모든 부분들의 성질이기 때문이다. 명상자는 그러한 대상들을 더 상세하게 관찰하기 위하여 그러한 것들이 썩고 부패하게 되는 것, 화장터에서 타고 있는 것, 독수리, 까마귀, 개에 의해서 뜯어 먹혀지는 것을 직접 눈으로 봄으로써 몸이 기본적인 원소, 즉 지(地) · 수(水) · 화(火) · 풍(風)으로 분해되는 것을 관찰해도 좋다.

이런 식으로 수행하는 것이 몸의 성질과 관련된 착각을 줄이고 제거하는 데 있어서 대단히 유용하다. 몸에 대한 착각은 성적 욕망을 불러일으킨다. 그것은 마음의 '정화되지 않은 외적 표출'의 일면이다. 이렇게 수행함에 따라 마음은 점차적으로 점점 더 고요해지고 섬세해져서 지혜가 성장하게 된다.

모든 예비적인 명상은 마음을 고요하고 행복한 상태로 이끌기 위한 것이라는 것을 이해해야 한다. 그러므로 이러한 수행법 중 어떠한 것에도 의심을 일으키지 말아야 한다. 그러한 것들은 모두 다 마음을 평온한 상태로 이끈다. 그리고 나서 나중에 지혜로써 위험*을 보게 한다.

명상자는 어떠한 명상을 수련할 것인지를 결정하고 자신에게 맞는 어떠한 염송도 포기하지 말고 낙담하지 말고 반복해야 한다. 어떠한 명상법을 수련하더라도 그것은 각기 다른 방법을 통하여 같은 목적지에 도달한다는 것을 인식해야 한다. 모든 이러한 달마의 방법들은 모든 명상법의 궁극인 평화와 행복, 즉 열반으로 이끈다. 그러므로 자기자신의 명상 수련에 전념해야 한다. 다른 명상법에는 신경쓰지 말아야 한다.

---

* 여기에서 위험은 목숨이 언제 끝날지도 모르고 오욕의 위험이 고통으로 이끌고 나쁜 상태, 즉 무시무시한 윤회의 길로 이끈다는 것을 뜻한다.

만약 그렇지 않으면 불확실하거나 회의의 상태에 빠지게 되어 어떠한 명상법이 옳은가를 결정할 수 없게 된다. 이것이 명상자의 마음속에 끊임없이 장애가 되어, 자신의 처음 한 결심을 관철하는 데에 방해가 된다. 대신 명상자는 수행에 참으로 마음집중할 것을 결심해야 한다.

 그리고 계(戒)·정(定)·혜(慧)를 어떠한 특별한 순서에 입각해서 수련하지 말아야 하고, 계·정·혜를 떠나서 수련해서도 안된다. 왜냐하면 탐·진·치와 그 외의 모든 마음의 오염이 마음속에 자리 잡고 있고 아무도 그러한 것들을 질서정연하게 다루지 못하기 때문이다. 명상자가 삿되게 잘못 생각할때, 자신의 마음에 오염(번뇌)을 일으킨다. 아무도 이러한 번뇌는 더 빨리 오고 그리고 저러한 번뇌는 더 늦게 오도록 결정하거나 조절하지는 못한다.

 마음의 번뇌는 항상 이와 같은 성질을 가지고 있게 마련이다. 어떠한 순서로 일어나는가는 중요하지 않다. 왜냐하면 모든 번뇌들이 화나게 하고 탐욕을 일으키게 하기 때문이다. 그러므로 번뇌를 정화하는 데에 계를 먼저, 그다음은 선정, 세 번째로 지혜를 계발할 필요는 없다. 이러한 것은 '단계적인 선정 계발'이라고 불리운다. 왜냐하면 이 방법은 명상자를 언제까지나 과거나 미래에 머무르게 하고 이런 식으로는 결코 평온과 행복을 성취할 수 없기 때문이다.

지혜는 정(定)을 계발한다

 명상 수련의 진정한 목적은 마음의 평화[安心立命]를 가져오는 것이다. 만약 예비적인 방법으로 마음을 진정시켜 평온을 달성할 수 없다면,

일종의 협박으로써 진정시키는 방법을 이용해야 한다. 다른 말로 하면 지혜는 마음이 집착하고 있는 것을 찾아서 조사해야 하고 지혜의 숙련 정도에 따라서 지혜에 따르지 않는 마음을 몰아낼 방법을 찾아내야 한다.

마침내 지혜에 굴복하게 되어 마음은 집착하고 있다는 사실을 받아들일 것이다. 그때에 마음은 산만하지 않게 되고 불안정에서 벗어나서 평온의 상태에 들어간다. 이와 같은 것은 일하는 가축의 '길들여져 있지 않은 외적 표출'이 주인의 뜻에 따르도록 끊임없이 길들여져야 하는 것과 같다.

다음과 같은 비유가 이 방법을 설명하는 데에 도움을 줄 것이다. 나무가 거의 없고 한 장소에 한 그루만 서 있는 곳에서는 만약 어떤 사람이 나무를 쓰러뜨린다면 원하는 대로 쉽게 쓰러뜨릴 수가 있다. 그리고 그는 아무런 어려움없이 그가 원하는 대로 그것을 가져가서 사용할 수 있다.

그러나 만약 덩굴에 얽혀 있는 나무 숲에서 나무 베기를 원한다면, 나무를 그가 원하는 대로 쓰러뜨리는 것이 어렵다는 것을 발견할 것이다. 그러므로 나무꾼은 지혜를 이용해서 나무에 얽혀 있는 것을 찾아내고 그 얽혀 있는 덩굴들을 제거함으로써 그가 원하는 곳으로 나무를 잘라 어려움 없이 사용할 수 있다.

우리 모두는 이상과 같은 두 종류의 나무에 비교될 수 있는 개성을 가지고 있다. 어떤 사람들은 환경에서 오는 압박이나 신경쓸 일들을 많이 가지고 있지 않다. 그러한 사람들이 '붓도', '달모' 혹은 '상고' 등과 같은 염송을 예비적 명상으로 사용할 때, 마음은 가라앉고 초연하게 되어 쉽게 선정의 상태에 들어갈 수 있다. 이것이 지혜 계발의 초석이 되어 쉽게 진보해 나아갈 수 있다. 이러한 경우에 '선정이 지혜를 계발하는 것'이다.

그러나 환경적으로 마음에 많은 압박과 부담을 가지고 있는 사람들이 있다. 그들은 많이 생각하기를 좋아한다. 만약 그들이 앞에서 서술한 예비적인 명상을 사용하여 수련한다면, 그들은 그들의 마음을 선정 상태에 들어가게 할 수 없다. 그러므로 그들은 지혜를 이용하여 그들의 산만함을 근원적으로 절단하기 위한 망상의 근본적 뿌리를 찾아 내야 한다.

지혜가 마음이 강하게 집착하고 있는 것을 파헤칠 때, 집착은 사라지고 마음은 평온의 상태에 들어가서 선정을 얻을 것이다. 이런 형태의 사람들은 지혜를 사용하여 선정을 얻기 위한 마음 수련을 해야 한다. 이러한 경우가 '지혜가 선정을 계발하는 것'이다.

선정이 지혜의 사용으로 인하여 견실하게 계발될 때, 선정은 보다 높은 수준에서 지혜의 향상을 위한 초석이 된다. 후자의 경우가 '선정이 지혜를 계발한다'는 기본적인 원칙에 부합된다.

마음을 오염시키고 미혹하게 하는 배후에 무엇이 있는지를 알고 마음을 훈련하여 숙련시키길 원하는 사람은 불교를 연구하고 배우는데 집착하지 말아야 한다. 불교 공부는 마음이 장애를 일으키지 않는 범위 내에서 해야 한다. 그러나 또한 연구하고 배우는 것을 포기해서도 안된다. 왜냐하면 이렇게 하는 것이 붓다의 가르침에 얽매이지 않고 넘어서는 것이기 때문이다.

바꾸어 말하면 집중을 계발할 목적으로 명상을 수련할 때, 마음이 이론으로 배운 것에 집착하지 않도록 해야 한다. 왜냐하면 이론이 과거나 미래의 생각 속으로 빠져들게 하기 때문이다. 대신 수행자는 마음을 현재에 머물게 해야 한다. 그것은 자신의 유일한 관심은 현재 계발하고 있는 달마의 실재여야 한다는 것을 뜻한다.

수행자 자신이 해결할 수 없는 의문이나 회의가 있을 때는 명상 수련을 마친 후에 연구하고 배움으로써 확인할 수 있다. 그러나 자신의 수련과 연구해서 배운 것을 항상 검토하는 것은 잘못이다. 왜냐하면 이것은 단순한 지적인 지식이지 명상 계발에서 오는 지혜는 아니기 때문이다.

평온을 가져오는 지혜는 불교 경전을 적절히 연구함으로써 올 수도 있다. 그것은 또한 신체 각 부분의 본성을 관찰함으로써 올 수도 있다.

무상(無常)과 고(苦)를 보는 것은 마음을 평온으로 이끈다. 또한, 지혜는 우리들의 집착, 걱정, 공포를 직시하고 관찰함으로써 올 수 있다. 이러한 지혜와 원소의 집합인 몸과 마음에 대한 더욱 깊은 관찰이 더 큰 초연함과 궁극적인 평온과 선정을 가져온다.

만약 수행자가 계발하고 있는 예비적인 염송 같은 대상으로 마음이 고요해진다면 그 방법을 계속 해야 한다. 그러나 지혜의 사용, 즉 장애를 극복하기 위한 여러 편리한 방법을 이용함으로써 평온을 얻을 수 있다면, 수행자는 평온을 달성하기 위하여 지혜를 이용해야 한다. 이러한 두 가지 방법들('선정이 지혜를 계발하는 것'과 '지혜가 선정을 계발하는 것')의 수련에서 오는 결과는 깊은 평온과 지혜의 계발이다. 그것은 마음으로부터 나오는 잠재된 광명이다.

선정 계발

  선정 즉 사마디(三昧 : *samadhi*)의 본성은 평온이다. 세 가지 종류의 삼매가 있다. 첫 번째는 일시적 선정(삼매)이다. 마음이 짧은 기간 동안 확고하게 고정되고 고요해진다. 그리고 난 다음에는 움츠러든다.
  두 번째는 접근적인 중간 선정(삼매)으로 첫 번째와 유사하지만, 기간이 다소 길다.
  세 번째는 충만하고 몰두하는 고도의 선정(삼매)으로 섬세하고 확고 부동하게 장시간 집중의 상태로 있을 수 있다. 명상자는 원하는 대로 이 상태로 머물 수 있거나 선정에서 나올 수도 있다.
  중간 선정은 좀 더 자세히 설명할 만큼 중요하다. 왜냐하면 그것은 더 깊은 선정과 지혜에 결정적 역할을 하기 때문이다. 중간 선정에서는 마음이 선정 상태로 들어갈 때, 그 상태에 머물러 있지 않고 다소 후퇴하여 마음에 나타나는 여러 가지 대상들을 좇아서 알아차리게 된다.
  중간 선정에서는 가끔씩 부패하거나 부풀어 오른 시체가 누워 있는 환상이 나타나기도 한다. 혹은 다른 누군가의 시체가 나타날 수도 있다. 때로는 해골이나 산산이 흩어진 뼈가 나타나거나 혹은 과거에 시체가 운반되는 것을 본 것이 나타나기도 한다.
  그러한 상(像)이 나타날 때, 영리한 사람들은 그러한 것을 과정상에 나타나는 배움의 상(learning sign, 像)으로 받아들인다. 이것이 점차 확고하게 되어지는 선정으로 그리고 꿰뚫어 볼 수 있는 지혜로 유도된다. 상으로부터 효과를 얻기 위해서는 무집착적 합리적인 태도를 유지할 수 있는 강한 능력을 갖춰야 한다. 그래야만 그러한 경계를 만났을 때 마음집중과 지혜를 계발할 수 있다.

배움의 상을 가지고 수행하는 것이 더 깊은 선정과 확고한 상(fixed sign)을 계발하기 위한 가장 좋은 밑바탕이 된다. 배움의 상은 '향상'을 위한 기초이다. 배움의 상이 각각의 요소들로 분해될 때 고정된 상이 된다. 예를 들면 육체에 대한 상이 부서져서 신체의 각 기관과 부분들을 나타낼 때 그것은 고정된 상으로 계발해야 한다. 그래야만 고정된 상에 대한 느낌을 마음속으로 몰두시킬 수 있다. 이것이 뜻하는 것은 명상자의 마음이 고정된 상을 받아들인다는 것이다. 만약 시체나 몸의 각 부분이 이러한 상일 경우에는 고제(苦諦 : 사성제 중 하나)로 받아들일 수 있다. 이것은 성스러운 진리[사성제]를 우리 마음속에 일깨우는 것이다.

명상자가 선정에 숙달될 때에는 마음대로 자유롭게 그 상(像)을 일어나게 하며 무엇이 일어나는가를 관찰해도 된다. 그때에 과거와 미래의 사건들을 이해하는 데에 대단한 효과가 있을 것이다. 중간 선정에서 여러 가지 종류의 상이 나타날 때 명상자는 대담무쌍하여야 한다. 처음에는 그러한 것이 나타나는 즉시 무상(無常)·고(苦)·무아(無我)의 세 가지 특징 면에서 관찰해야 한다. 이것은 즐거운 상에 대한 극단적인 집착이나 불쾌한 상에 대한 혐오감을 피하는 중도(中道)를 유지해야 한다는 것이다.

즐거운 상에 대해서 집착해서도 안되고 그것이 사라질 때 아쉬워해서도 안된다. 무상·고·무아를 관찰함으로써 초연하고 안정된 상태에 있어야 한다. 그렇게 되면 그러한 것들로 인해서 더이상 문제될 것이 없다.

명상자가 보게 되는 상이 외부에서 오는 것인지, 내부에서 오는 것인지를 항상 알 수 있는 것은 아니지만, 가끔씩 외부에서 일어나는 상들이 스쳐간다. 그러나 내부에서 일어나는 상들에 숙달되었을 때 명상자는 외적 상인지 아닌지를 알 수 있을 것이다. 외적 상은 여러가지 형태의 사람, 동물, 유령 등과 연관되어 있다. 그러한 경계가 나타날 때는 여러 가지 내·외적 상황에 따라 오래가기도 하고 짧게 가기도 한다. 그러한 상들이 사라지고 마음이 깨어날 때는 그것들과 관련된 상태에서 여러 시간이 지났을 때도 있다.
    아무리 오랫동안 마음이 이런 식으로 집중되어 있었다 하더라도 그것이 사라졌을 때는 그것으로 인해서 자신의 집중력이 증가하거나 확고하게 고정된 것도 아니고, 지혜를 계발하고 강화하는 것도 아니라는 것을 알게 된다. 그것은 마치 꿈을 꾸면서 잠에 들어 있었던 것과 같다. 깨어났을 때, 자신의 몸과 마음이 기운을 회복한 것도 아니다.
    그러나 명상자가 한 상태에 집중되어 머물러 있던 집중형태로부터 빠져 나왔을 때, 명상자는 자신의 집중력이 증가되었고 더욱더 확고하고 지속적으로 되어 있는 것을 발견할 것이다. 그것은 마치 꿈없이 깊이 잠들어 있었던 것과 같다. 그가 깨어났을 때, 몸과 마음은 신선한 기운을 느낀다.
    그러나 선정에서 이와 같은 상들이 매번 나타나는 것은 아니며, 아무리 오랫동안 마음이 선정에 머물더라도 좀처럼 나타나지 않을 때도 있다는 것을 이해해야 한다. 이러한 사람의 형태를 '지혜가 선정을 계발한다'는 유(類)에 속한다고 말할 수 있을 것이다.

이러한 사람에게는 마음이 고요해져 선정 상태에 들어가서 아무리 오래 있더라도 상들은 일어나지 않는다. 왜냐하면, 지혜가 선정과 관련되어져 함께 있기 때문이다. 지혜는 선정이 현전했을 때 마음의 상태를 끊임없이 관찰하고 반조한다. 이것이 어떠한 상이 나타나는 것을 효과적으로 방지한다.

어떠한 형태의 선정을 계발하더라도, 지혜는 언제나 중요한 것이다. 명상자가 선정에서 나왔을 때 지혜로써 원소*나 오온을 관찰해야 한다. 왜냐하면 지혜[慧]와 선정[定]은 분리할 수 없이 병행되야 하는 '한 쌍의 달마'이기 때문이다. 그래서 만약 선정이 충분히 진보하지 못하다면 명상자는 그것을 돕기 위해서 지혜를 이용해야 한다.

기본적으로 모든 종류의 선정이 지혜 계발을 돕고 지원하지만, 도와주는 정도는 자신의 선정력에 달려 있다. 바꾸어 말하면 선정이 약하거나 중간이거나 예리한 경우 각각 지혜를 약하게, 중간으로, 그리고 예리하게 돕고 지원해 준다. 그리고 그의 선정을 지혜 계발로 사용하기 위해서 전환하는 것은 수행자의 현명함에 달려 있다.

그러나 일반적으로 말해서 어떠한 종류의 선정을 얻더라도 명상을 수련하는 사람은 그것에 집착하게 되기 쉽다. 왜냐하면 마음이 선정 상태에 들어가서 거기에 머물 때, 평온하고 행복한 상태가 현전하기 때문이다. 평온한 것에 집착함에 있어서 마음이 집중되어 있는 한 아무런 문제는 없다고 말할 수 있다. 자신의 선정 능력에 따라 마음은 원

---

*원소 : 地·水·火·風을 말함. 목련 존자도 지·수·화·풍에 관련된 오온을 관찰하여 아라한이 되었다. (역자 주)

하는 것 만큼 오랫동안 편하게 머물 수 있다.

중요한 것은 마음이 선정에서 나왔을 때 아직도 깊은 휴식의 상태를 갈망하고 있다는 것이다. 비록 명상자가 지혜 명상을 할 만큼 충분히 고요해져 있더라도, 그리고 자신의 고요함을 지혜 명상에 효과적으로 이용할 만큼 충분하다 하더라도, 지혜 계발에는 전혀 관심을 두지 않고 깊은 고요의 상태에 머물려고 시도한다. 이것이 선정에 집착하는 것으로 선정에서 벗어날 수 없게 되어 더 멀리 진보하지 못하게 된다.

지혜(慧)

일단 마음이 아주 고요해졌으면, 명상을 하는 사람에게 올바른 길은 지혜를 가지고 몸을 관찰하도록 시도하는 것이다. 즉 신체의 한 부분이나 여러 부분을 관찰하는 것이다.

자신의 어떠한 희망을 실현하지 못하는 것들도 이 몸에 관한 것이고 몸의 범주 내에 있는 것이다. 존재하는 것과 현상에 관련된 착각도 이 몸에 관한 착각이다. 존재나 현상에 대한 집착도 이 몸에 대한 집착이다. 존재나 현상*에 대한 분리도 이 몸으로부터 분리이다. 죽음을 원하지 않는 것도 이 몸에 관한 것이다. 사람이 죽을 때, 친척이나 친구들의 울음도 이 몸 때문이다. 인간이 출생에서부터 죽을 때까지 괴로워하고 고통받는 것도 이 몸 때문이다. 밤낮으로 사람과 동물들이 이렇게 돌아다니고 떼를 지어 먹이를 찾고 살 곳을 찾는 것도 이 몸의 성질 때문이다.

---

* 현상은 몸이나 사람, 동물, 다른 실재물을 구성하는 요소, 기능, 관계를 뜻한다.

이것이 사람과 동물로 하여금 본성에 눈뜨지 못한 채 육도를 윤회하며 돌아다니게 하는 원인이다. 그것은 마치 그들 자신을 태우고 있는 불길과 같은 것이다. 몸이 그러한 모든 것에 대한 원인이다. 중생들은 몸 때문에 이러한 상황에서 그들 자신을 구출해 낼 수 없는 한 이러한 속박에서 살고 있다. 간단히 말해서, 이 세상의 모든 이야기는 이 몸에 관련된 이야기들이다.

　마음이 지혜를 가지고 앞에서 말한 방법대로 몸을 관찰하면, 자신이나 다른 사람의 몸과 동물들의 몸에 대해서 환멸을 느낄 것이다. 이것이 몸에 대한 감각적 흥분을 감소시킬 것이다.

　그리고 감각적 욕망을 포기함으로써 몸에 대한 고정된 집착을 버릴 것이다. 동시에 몸과 몸의 각 부분을 있는 그대로 본다. 명상자는 더이상 타인의 몸에 애정이나 반감으로 인해 미혹되지 않을 것이다.

　마음이 '육체라는 도시[市]'를 지혜의 쌍안경을 쓰고 자기자신과 타인, 그리고 동물들의 육체를 매우 명확하게 볼 수 있다. 마침내 명상하는 모든 도로, 길, 골목길들은 세 가지 측면(무상・고・무아)과 네 가지 측면(지・수・화・풍)으로 나누어지는 것을 보다 상세하게 볼 수 있다.

　이것은 전육체의 모든 부분을 통하여 그렇게 나타나는 것이다. 심지어 변소와 부엌도 이 '육체라는 도시'와 함께 발견된다.

　이런 식으로 몸을 명확하게 볼 수 있는 사람은 세상을 알고 모든 존재의 영역을 이해하는 사람에 해당한다. '몸의 내부에 있는 것을 사실대로 보는 것'과 몸에 관한 모든 의심을 종결짓는 방법에 의하여 전삼계(全三界-

欲界, 色界, 無色界)에 걸쳐서 '육체라는 도시'를 명확하게 보는 것은 형상의 법(Rupa : 色)이라 불리워진다.

다음에는 마음의 달마(Nama : 受・想・行・識)와 관련된 깊은 통찰에 대해서 고찰해 보기로 한다. 마음의 달마는 오온 중에서 수(受)・상(想)・행(行)・식(識)을 포함한다. 몸보다 훨씬 더 미묘한 것이 마음이다. 눈으로써 수, 상, 행, 식을 볼 수는 없다. 그러나 마음으로써 그들을 알 수 있다. 이러한 것들은 다음과 같이 더욱더 상세하게 정의되어진다.

수(受)는 즐거움, 고통, 중립성의 느낌들을 마음으로 경험하는 것이다.
상(想)은 인식을 뜻하며 기억이나 추억을 포함한다.
행(行)은 마음의 작용, 의지, 감정이나 상념뿐만 아니라 대상에 관련된 마음의 관계를 뜻한다.
식(識)은 형색・소리・냄새・맛・감촉・법의 6진이 안・이・비・설・신・ 이 6근에 닿을 때에 이러한 것들을 알고 의식하는 것을 뜻한다.

이상 네 가지 마음 달마는 마음의 활동이고, 마음에서 나오고, 마음 내부에서 의식되는 것이다. 그리고 만약 주의를 기울이지 않으면, 속게 되고 이 네 가지도 사실을 은폐하거나 흐리게 한다.

이 네 가지 마음의 달마에 대한 관찰은 삼법인의 측면에서 지혜롭게 행해져야 한다. 왜냐하면 그들이 어떤 형태로 변하든, 이러한 것들은 언제나 자신들의 내부에서 삼법인의 세 가지 특성을 제시하기 때문이다. 그러나 마음의 달마를 관찰할 때 명상자는 하나만을 관찰하거나 혹은 세 가지 특성(삼법인) 중 자기가 좋아하는 하나를 이용해도 된다. 혹은 그들 모두 한꺼번에 관찰해도 된다.

왜냐하면, 각각의 오온과 삼법인은 서로 연관되어 있고 연결지어진 달마의 측면들이기 때문이다. 그리하여 만약 명상자가 오온이나 삼법인 중 하나를 관찰한다 하더라도, 나머지 오온과 삼법인을 충분히 통찰해서 이해할 수 있게 된다. 만약 명상자가 한꺼번에 모든 것을 동시에 관찰해도 마찬가지이다. 왜냐하면 그러한 모든 것들은 사성제를 그들의 영역으로 그들을 조화시키는 것으로 갖고 있기 때문이다. 삼법인이나 오온을 관찰할 때마다 사성제를 발견하게 된다. 그것은 마치 음식을 먹는 것과 같다. 음식이 위 속으로 들어가서 몸 전체에 골고루 스며든다.

사온(四蘊)인 마음의 달마를 투철하게 파악하기 위해서 명상자는 마음챙김과 지혜를 가져야 한다. 이러한 마음 달마는 항상 변하고 있다.

왜냐하면 그들은 나타나 잠시 머물다가 사라져 없어져 버린다. 무상(無常)하므로 그들은 또한 고통스럽고[苦] 무아(無我)이다.

이러한 것이 그들의 참 본성을 전개하고 나타내는 양태이다. 그러나 그들은 잠시라도 멈추어서 참 본성을 찾아볼 시간을 갖고 있지 않다.

그들은 잠시도, 심지어 한 순간도 평온해질 시간을 갖고 있지 않다.

내·외적으로 모든 곳에 그들은 무상하고 괴롭고 무아인 것을 한 목소리로 외쳐댄다. 그들은 언제나 독립되어 있고 자유로우며, 누구든지 무명으로 인해 그것에 집착하게 되면 그의 생각과 마음은 고통, 괴로움, 슬픔으로 가득차며 결국엔 불행의 눈물을 홍수로 범람한 강처럼 흐리게 된다. 그리하여 중생이 미망에 빠져 혼란 속에 남아 있는 동안 그러한 상태는 항상 계속되어진다. 그러나 무명에 빠져 있는 사람에게는 오온이 눈물의 씨앗샘이라는 것을 이해하는 것은 쉽지 않다.

　오온과 우주의 모습, 즉 대자연의 달마를 명확히 알기 위하여 올바른 지혜를 가지고 그들을 관찰함으로써 자신의 눈물을 최소한으로 하고 윤회의 과정을 줄일 수 있다. 심지어 마음에서부터 그들을 완전히 제거하여 완전한 행복을 경험할 수도 있다.

　오온과 같은 성질의 달마는 아직도 미망에 빠져 있는 삶에게는 해로운 것이다. 그러나 모든 오온과 대자연의 달마를 있는 그대로 사실대로 알고 있는 사람에게는 해가 되지 않고 적절한 방법으로 그들로부터 이득을 얻는다. 그것은 마치 가시덤불이 자라나고 있는 장소와 같은 것이다.

　어디에 가시덤불이 있는지 몰라서 그 속에 빠져 얽혀 있는 사람에게는 위험하다. 그러나 가시덤불에 대해서 모든 것을 아는 사람은 그것을 이용해서 울타리나 담으로 사용할 수 있다. 그리하여 적절한 방법을 이용해서 그들로부터 이익을 얻는다. 그러므로 수행하는 사람은 오온과 대자연의 달마와 관련해서 능숙하게 행동해야 한다.

　이러한 모든 것들은 마음에서 일어나서 사라진다. 명상자는 일어나고 있는 모든 것을 알아차려야(관찰) 한다. 명상자는 이것이야말로 모든 상황에서 주의 깊게, 잊어버리지 않고 행해져야 할 중요한 임무로 생각해야 한다. 수행이 깊어감에 따라, 수행자는 진리를 나타내고 있는 오온과 대자연의 참 본성을 발견하는 데에 완전히 몰두한다. 그는 지혜로써 오온과 자연의 본질을 쉬지 않고 찾아내려는 간절함 때문에 좀처럼 누워서 잠을 잘 시간을 갖지 못할 것이다.

대자연의 달마와 오온으로부터 그는 진리를 얻을 것이다. 삼계도처 어디에나 드러나 있는 달마는 어떠한 상태에서도 욕망과 번뇌로부터 벗어나 있다는 것이 지혜로 볼 때 수행자의 마음에 명백해질 것이다. 이것은 대부분 사람들의 미혹된 이해와는 대조적인 것이다.

아래의 비유가 이것을 설명하는 데 도움을 줄 것이다. 어떤 물건이 도둑에게 도난당했다고 가정해 보자. 그 물건은 도둑에 의해서 손상될 것이다. 그러나 당국은 증인과 증거가 확보될 때까지 면밀히 조사하고, 회수된 도난품이 원주인에게 돌아가거나 도난품이 손상되지 않도록 안전한 곳에 보관되면 만족할 것이다. 이때에 당국은 이미 도둑맞은 물건에 대해서는 신경 쓰지 않고 도둑의 죄에 대해서만 관여할 것이다. 그들은 도둑에 대한 증거를 확보해야 하고 그를 체포해서 법에 의거해서 처벌을 내릴 것이다. 그의 범죄 사실이 믿을 만한 증거에 의해 밝혀질 때, 법에 따라 형벌이 부과된다. 무죄로 밝혀진 사람들은 사건 전의 상태로 석방될 것이다.

무명에 가려진 마음의 행동과 대자연 속의 달마는 이 비유와 같다. 왜냐하면 삼계 어디에나 있는 달마의 본성과 오온은 허물이 없고 어떠한 오염(번뇌)이나 죄악으로부터 완전히 자유로워져 있으나 사물의 본성에 대한 무지 영향하에 있는 마음은 무명이 무엇인지 모르므로 번뇌와 악에 관련되기 때문이다. 무명과 마음은 하나로 섞여 있다. 4원소와 오온, 즉 6진과 6근 속에 묻혀서 미움과 사랑을 만드는 것은 완전히 무명에 덮인 마음이다. 그것은 또한 삼계에서 색·수·상·행·식 속에 사랑과 미움을 묻어버린다. 도둑맞은 것은 자연 속의 달마이며, 달마를 움켜쥐고 탈취하는 것은 무명에 가린 마음으로부터 오는 사랑과 미움이다. 이러한 '무명에 가린 마음'이 훔치고 집착하는 힘 때문에 삼계를 통하여 지위의 고하와 선악과 관계없이 모든 생에서 생·노·병·사의 윤회로 방황한다. 이러한 영역에서 중생들이 갖는 태어남의 종류는 수를 헤아릴 수 없이 다양하게 많다. 그러나 무명에 가린 마음은 주변의 형성된 조건과 그 조건의 강·약, 선·악에 따라서 생에 집착하게 된다. 이러한 마음은 인연있는 곳으로 가서 다시 태어난다.

그리하여 마음은 오직 무명의 힘 때문에 진정한 마음의 본성에서 어긋난 길로 차츰차츰 빠져들게 된다. 마음은 오염되기 시작하고 거짓된 방법으로 우주에 있는 모든 것을 채색하여 마침내는 자연적인 상태를 변형시킨다. 바꾸어 말하면 본래의 근본적인 요소가 변하여 무명에 따라서 동물이 되고, 사람이 되고, 태어나고, 늙고, 병들고, 죽게 된다.

대자연 속의 달마와 오온이 사건의 주된 이야기가 아니고, 이야기를 시작한 것도 아니며 단지 무명의 힘 때문에 이야기에 말려들었고, 그 힘이 이야기를 만들고 모든 현상을 이러한 상황으로 몰고 왔다는 것을 명상자가 분명히 이해하게 되며 지혜는 이 모든 것의 원인을 찾는다.

그것은 '아는 마음'이며 모든 '이야기'가 끝없이 나오는 '샘'이다. 그리고 지혜는 마음 안에 있는 '아는 것'에 확신을 잃지 않는다. 지혜는 '아는 마음'이 아직도 무명에 가려져 있다는 것과 '아는 마음'이 가끔 잘못 안다는 사실을 꿰뚫어 본다.

오랜 수련으로 계발된 마음챙김과 지혜가 충분히 숙달되었을 때에는 '마음의 중심부'를 바로 투과할 수 있다. 비록 '아는 마음(즉 알고 있는 마음'이 무명 속에 덮여 있고 지혜에 대항해서 싸우기를 주저하고 있지 않더라도, 이미 무명은 '금강(지혜)의 검'에 대항할 수 없다. 확고부동한 마음챙김과 지혜로 인해서, 무명은 영구한 세월 동안 절대적 권좌를 누려왔던 마음에서 사라질 것이다. 이 시점에서 사용해야 할 바른 무기인 '지혜의 길(8정도)'의 우세한 힘에 의하여 무명은 부수어져 마음에서 사라지는 즉시 수없는 세월 동안 무명에 가려져 있던 진리의 전체 모습은 드러나고, '도난 당했던 물건'* 즉 완전한 진리로서 보여진다.

이전에는 절대로 발견되지 않았던 달마는 마침내 지혜와 모든 달마를 꿰뚫어보는 통찰력(지혜)으로 드러나 감춰지거나 모호한 것이 하나도 없이 모두를 적나라하게 드러낸다.

죽음의 세계를 지배해 왔던 군주인 무명이 지혜의 무기에 의해서 파괴될 때, 열반은 진실하게 행하고, 알고, 보는 사람에게 어쩔 수 없이 드러난다.

오온 혹은 내·외적 감각기관(6진, 6근)에서부터 우주 삼라만상에 이르기까지 모든 달마의 본성은 사실 있는 그대로 나타나 있다. 그때에는 아무것도 자기 마음의 적으로서 나타나지 않을 것이다. 단 본래 목적에 도달할 때까지 감시되어져야 할 오온의 변화를 제외하고는 아무것도 없다.

그러므로 모든 이야기는 자연적인 상태를 방해하고 괴롭혀서 그들

---

* 이것은 무명 속에 있던 마음이 대자연의 달마와 오온을 찬탈하여 그들을 자신의 소유물로 생각했던 것을 뜻한다. 무명이 파괴될 때, '도난 당했던 물건'은 마음의 소유물이 아닌 중도적인 자연스러운 현상으로 보여진다.

본래의 자연적인 상태로부터 변화되게 하는 '전도된 앎'인 무명의 이야기다. 바로 이 무명을 종식시킴으로써 세계는(어디에서나 본래의 상태를 의미함) 정상적으로 되며 나무라고 비난할 것은 아무것도 존재하지 않게 된다. 그것은 마치 유명한 산적이 경찰에 의해서 사살된 것과 같아서 시민들은 행복하게 살아갈 수 있고 더이상 공포에 싸여 조심하면서 살아갈 필요가 없게 된다. 그때에 마음은 본래대로의 모든 달마의 본성을 알고, 보고, 따른다. 이 앎이 균형되어지고 더이상 편견으로 빠져들지 않는다. 무명이 마음에서 사라지는 날로부터 마음은 전적으로 자유롭게 생각하고, 명상하고, 알며, 마음과 관련된 대자연의 달마의 진리를 보게 된다. 눈·귀·코 등 6근과 형색·소리·냄새 등 6경은 여느 때와 같이 마음에 의해서 억압되거나 강요당하지도 않고 부추겨지거나 격려받지 않은 채 그들 자신의 자연스러운 영역에서 자유롭게 되어진다. 마음은 편견이 없고 달마 상태에 있기 때문에, 만사에 평등하게 처신하여 이미 어떠한 적도 갖고 있지 않다. 이것은 마음과 우주에 있는 모든 달마는 완전한 진리에 의해 각각 완전한 평화와 고요한 상태에 있다는 것을 뜻한다.

짓따(Citta : 心, 마음, 의식)와 관련된 마음 달마에 대한 통찰과 마음의 작용은 여기에서 끝난다.

붓다의 달마를 이용해서 마음의 오염(번뇌)을 제거하기 위하여 수행하는 모든 사람과 이 설명과는 다른 방식으로 지금까지 수행해 온 모든 사람에게 용서를 바란다. 그러나 모든 옛 불교경전 상에 있는 달마는 마음의 오염과 자신의 내부에 있는 달마를 바로 겨냥하고 있다는 것을 알아야 한다. 왜냐하면 마음의 오염과 달마는 자기 자신으로부터 떨어져서 외부 어디엔가에 숨어 있다고 생각해서는 안되기 때문이다.

자신의 마음속에 확고하게 내적으로 향하는 달마를 가진 사람은 그 자신을 해방할 수 있다. 왜냐하면 붓다의 달마는 우리들 각자 마음으로 체험되고 사용되어지기 위하여 가르쳐지고 있기 때문이다. 붓다의 달마 가르침은 과거나 미래의 것으로 생각해서는 안되고 오로지 죽은 사람이나 아직 태어나지 않은 사람에게만 관계한다고 생각해서도 안된다. 붓다는 이미 죽은 사람이나 아직 태어나지 않은 사람에게는 가르치지 않았다는 것을 알아야 한다. 그는 그 당시에 살고 있는 사람에게 가르쳤다. 왜냐하면 현재에 존재하고 항상 오늘의 일이 되어야 하는 것이 불교의 본질이기 때문이다.

여러분 모두 다 예외없이 행복하고, 이 법문을 듣거나 읽는 모든 분들에게 축복이 있길 바란다.

제5장
아찬 담마다로
(Achaan Dhammadaro)

붓다의 후예, 위빠사나 선사들

ACHAAN
DHMMADARO

1. 감각 관찰을 통한 깨달음

아찬 담마다로는 (일설에 의하면 부인을 둘 가진) 평신도였다가 나중에 승려가 되었다. 그는 대단히 정력적이고 자신감 넘치는 사람으로 여러 가지 명상 공부를 한 후, 그러한 것들이 부적합하다고 느끼고 그 자신 스스로 명상을 공부해 나가기 위하여 그에게 방 하나를 제공한 한 사원을 찾아갔다. 그는 스스로 불법의 정수에 이르는 길을 발견할 때까지 이 방에서 여러 달 동안 홀로 머물렀다. 이 방에서 나온 즉시 그는 남부 태국으로 여행했다. 마침내 마콘스리 탐마라즈에 있는 왓토오우코테(사찰이름)에서 지혜 명상을 가르치기 시작했다. 왓토오우코테는 이 도시 교외에 있는 큰 사원이다. 이 지역은 한때 해변이었음이 틀림없다. 왜냐하면 땅바닥은 모래이고 나무가 매우 드물게 서 있기 때문이다. 이 사원의 반 이상은 남녀 수행자를 위해 두 개의 커다란 구역으로 할당되어 있다. 승려의 구역은 환하게 트인 커다란 지역으로 50개 이상의 작은 막사들로 둘러싸인 곳이다. 그곳에서 단체로 매일 여러 시간씩 경행과 좌선을 한다.

그뿐만 아니라, 그 구역 내에는 그 도시의 화장터 중 하나가 자리잡고 있다. 수행자들은 정기적으로 화장하는 것을 보면서 그들의 수행에 '묘지 명상'을 추가하여 수행한다. 식사는 다함께 커다란 홀에서 아침 일찍 그리고 오전 늦게 하루에 두번씩 가진다. 아찬 담마다로는 전심전력해서 수련하라고 경책하고 어떠한 문제나 질문에도 응한다. 종종 그는 자기 제자들과 함께 주변을 산책한다. 매일 사원에서는 아찬 담마다로의 설법을 녹음한 명상 법문이 큰 스피커로 울려 퍼진다. 열두 명 이상되는 서구인들이 이 사원에서 수련한다.

아찬 담마다로는 그들을 특별히 환대한다. 그는 영어를 못하지만 항상 아찬 곁에는 몇 분의 통역관들이 있다. 이 책을 발간할 즈음에 그는 마콘스리 탐마라즈의 북부에 있는 여러 지방을 순회하면서 그곳에서 태국과 서구인들에게 명상을 지도하고 있다는 소문을 들었다. 아찬 담마다로는 그의 명상에서 감각(혹은 감정)에 대한 마음챙김을 강조한다. 변화하고 있는 감각에 대해 끊임없이 마음챙김함으로써 우리들의 모든 체험이 순간순간 일어나고 사라진다는 것을 알 수 있다.

이것은 분명한 사실이라고 그는 말한다. 왜냐하면 형상[色]과 감각은 모든 오온(五蘊)의 기본이 되기 때문이다. 오온이 일어나고 사라지는 그대로 오온을 알아차리는 것은 붓다가 몸[身]에서는 몸을, 감각[受]에서는 감각을, 마음[心]에서는 마음을, 달마[法]에서는 달마를 마음 챙김하라고 설한 것과 같은 것이다. 아찬 담마다로는 몸과 느낌에 심지어는 내적 진리를 체험하는 직접적인 수단으로서 미묘한 마음의 변화에서 인식되는 감각에 대한 순간순간의 알아차림을 유지하도록 한다. 명상의 계발을 설명하는 데 있어 그는 감각에 대한 마음챙김이 어떻게 해서 심장(심장*은 전통적으로 마음의 자리로 알려져 왔다) 근저에 있는 모든 감각을 바로 경험하게끔 하는가에 대해 설명한다.

---

* 실제 수행에서는 가슴의 명치 부근에 집중하여 모든 감각의 변화를 이곳과 연계하여 관찰한다.

모든 경험, 심지어 마음까지도 심장 근저에서 일어나고 사라지는 감각으로서 명백하게 인식될 때, 우리는 무상·고·무아를 본다. 이것으로 해서 우리들은 가장 심오한 진리, 고(苦)의 멸(滅), 열반의 체험에 도달한다.

2. 통찰 수련의 본질에 관한 질의응답

질문 : 불법의 근본은 무엇입니까?
대답 : 붓다는 궁극의 행복과 평화에 이르는 길을 가르쳤다. 고(苦)의 이해로부터 고(苦)의 멸(滅)에 이르는 길이 마음챙김 명상법으로서 가장 간단하고 가장 직접적이라고 가르쳤다. 마음챙김은 모든 수행의 근본이다.

질문 : 사성제(四聖諦)와 성스러운 팔정도에 관해서 책으로나 사고를 통하여 도달 할 수 있습니까?
대답 : 책은 수행과 명백히 구분되는 것으로 붓다의 성스러운 길에 의해 고를 소멸시킬 수 있다는 가능성만을 가르친다. 지적인 이해는 책과 가르침에서 온다. 수행은 이것과는 궤도를 달리한다. 몸과 마음을 실험실에서 실제로 실험하고 있는 것과 같다. 수행자가 스승 밑에서 명상하면서 완전한 마음챙김과 완전한 선정을 계발하고 있을 때, 수행자 스스로 그 길을 완전히 깨닫게 된다. 이것은 부단한 알아차림에 의해 성취될 수 있다. 바꿔 말하면 몸·감각(느낌)·마음·법에 관해서 매순간 마음챙김함으로써 가능하다. 이것이 마음챙김을 굳건히 하는 것이다.

질문 : 마음챙김과 지혜 명상의 계발로부터 오는 결과가 무엇입니까?
대답 : 마음챙김은 우리 내부에 있는 달마[法]를 깨닫기 위해 수련되어진다. 이것이 제대로 수련되어질 때, 감각대상에 대한 집착을 제거하고 고의 흐름과 끝없는 생사의 수레바퀴에 종지부를 찍는다. 무명과 산만함이 고(苦)를 만드는 원인이다. 우리들의 모든 감각은 여섯 가지 대상에 연(緣)해서 일어난다. 의식이 일어날 때 마음챙김이 되어 있지 않다면 감각을 통하여 아는 것은 좋아함과 싫어함을 유발한다. 이것은 지속적인 쾌락을 위한 욕망으로, 더 나아가 집착, 행동, 윤회로 나아간다. 오온으로 구성된 몸과 마음을 가진 우리 전 존재는 여섯 감각 문에서 매번 의식이 일어남에 따라 우리 존재 자체가 더욱 명백하게 드러난다. 좋아함과 싫어함[愛憎]이 행위를 만드는 업(業)으로 나아갈 때, 우리는 고의 바다에 들게 되고 윤회의 수레바퀴는 계속된다. 지혜(통찰) 명상은 이 끝없는 욕망을 치료하는 것이다.

질문 : 붓다는 마음챙김과 선정 계발의 필요성에 대해 설했습니다. 선정에 관해 좀 더 설명해 주시겠습니까?
대답 : 명상에서 일어나는 세 가지 종류의 선정이 있다. 그들 중 둘은 선나[jhana, 定]에 이르는 길로서 중간 단계(근접)의 선정과 고도의 선정 단계가 있다.*

　이것은 마음을 하나의 명상 대상에 집중시킴으로써 계발된다.

---

* 아찬 마하 부와 편 참조

그러한 명상은 고정된 모양, 색깔을 관하는 것, 자비관 등을 포함한다.

이러한 두 가지 형태의 명상이 계발될 때 희열과 평온이 일어나고, 명상자는 그 대상에 몰입되며 어떠한 것도 그를 방해하지 않는다. 이러한 일시적으로 욕망이 없는 상태는 명상자가 대상에 집중하고 있을 때만 가능하다. 마음이 대상에서 떠나는 즉시, 희열은 사라지고 마음은 다시 욕망의 흐름에 의해 오염된다. 이러한 선정에는 또 다른 위험이 있다. 그것은 지혜가 없으므로 희열에 대한 집착을 가져오든가 선정력을 오용하여 실제로는 오욕을 증장시킨다.

세 번째 종류의 선정은 팔정도에 나타나 있는 정정(正定), 즉 완전한 선정이다. 이것은 지혜 명상에서 순간순간의 알아차림으로 계발된다. 마음챙김으로부터 오는 순간순간의 잠정적 선정만이 번뇌를 제거시킨다. 이 선정은 한 대상에 마음을 고정함으로써 계발되는 것이 아니고 변화하고 있는 몸[身]·감각[受]·마음[心]·법(法)에 마음 챙김함으로써 계발되며, 몸과 마음의 내부에 자리 잡게 함으로써 잠정적 선정은 윤회 수레를 파괴한다. 이 선정을 통하여 우리가 인습적으로 남자다, 여자다라고 부르는 것을 구성하고 있는 오온을 명백히 볼 수 있는 능력을 계발한다.

질문 : 잠정적 선정을 계발하는 방법을 주제로 좀 더 상세히 설명해 주시겠습니까?

대답 : 두 가지 중요한 핵심이 있다. 첫째 우리들의 통찰 계발은 각 감각

기관의 접촉에서 오는 감각을 통한 것이다. 색온(色蘊)은 잠정적인 선정 계발과 지혜의 결실을 가져오는 초석이다. 그러므로 우리들은 육근(안·이·비·설·신·위)의 접촉에서 일어나는 감각에 마음챙김해야 한다.

　둘째로 중요한 사항으로 명상의 성공비결은 계속성이다. 수행자는 밤낮으로 매순간 마음챙김하도록 전력을 다해야 한다. 그러할 때, 신속하게 선정과 지혜를 계발한다. 만약 실답게 일주일 동안 밤낮으로 매순간 마음챙김한다면, 완전한 깨달음에도 도달한다고 붓다 자신이 보장했다. 그러므로 지혜 명상의 핵심은 여섯 감각문의 접촉에서 일어나는 감각에 순간순간 지속적으로 마음챙김을 하는 것이다.

질문 : 아찬께서 말씀하시는 마음챙김과 일반인의 마음 상태와는 어떻게 다릅니까?

대답 : 누구나 약간의 마음챙김은 갖고 있다. 일상적인 일들, 운전, 빵 굽는 것 등도 어느 정도 현재 순간에 마음 챙김하거나 주의할 것을 요구한다. 그러나 이것은 매 순간 오랫동안 내려온 망각의 습성으로 대체된다. 마음챙김을 전혀 갖고 있지 않은 사람은 미치거나, 완전히 산만하여 남과 교제할 수가 없다. 그러나 모든 이러한 일상적인 마음챙김은 세간적인 것이다. 심지어 선행에 포함된 마음챙김도 세간적인 것이다. 열반에 도달하기 위하여 마음챙김은 초세간적이어야 한다. 몸·감각(느낌)·마음·법을

대상으로 하는 정확한 마음챙김을 통하여, 우리 자신 내부에 있는 전 우주를 이해할 수 있다. 이것을 실현하기 위하여 우리가 해야 할 모든 것은 움직이거나 움직이지 않는 모든 자세에서 몸에 계속적인 마음챙김을 확고하게 하는 것이다.

질문 : 이 수련이 붓다의 팔정도와 어떻게 연결됩니까?
대답 : 언제라도 올바른 마음챙김[正念]이 있을 때는 자동으로 정정(正定)과 정견(正見) 그리고 팔정도의 나머지 요소들도 동반된다. 실제로 이것이 뜻하는 것은 몸·감각·마음·법 네 곳에 마음 챙김하여 이 네 곳에 감촉되는 감각을 분명히 경험할 때 팔정도는 계발된다는 것이다. 이것은 우리들의 순간적으로 일어나고 사라지는 경험에 특별히 마음챙김하는 것을 뜻한다. 몸과 마음의 네 곳 중 하나에 마음챙김하는 것은 똑같은 효과가 있다. 왜냐하면 그들 네 곳 모두 그들의 근거지로서 형상의 집합[色蘊]을 가지고 있기 때문이다. 더 많은 질문에 답하기보다는 수행을 주제로 보다 상세하게 설명하겠다. 마음챙김은 한순간에 네 곳[四念處] 중 하나에 머문다. 이러한 마음챙김 확립과 이에 따른 선정과 이해로, 형상[色]을 구성하고 있는 사대를 볼 수 있게 된다. 그는 또한 내적인 몸과 외적인 몸의 차이를 구별하기 시작한다.

이것이 두 가지의 중요한 사항이다. 모든 네 곳의 마음챙김은 그들의 근거지로서 색온(色蘊)을 가지고 있다는 것을 기억하라. 이러한 사실 때문에 우리들은 몸에 대한 마음챙김으로 시작하는 명상을 강조한다. 여섯 감각기관(6근)에 명백하게 나타나는 미묘한 감각들을 경험함으로써 여섯 감각기관에 대한 마음챙김을 계발해야 한다.

또 다른 중요한 사항은 붓다가 마음챙김에 관한 위대한 설법에서 몸에서는 몸을, 감각에서는 감각을, 마음에서는 마음을, 법에서는 법을 알아차려야 한다고 설한 것이다. 이것에 의해서 붓다가 뜻하는 것이 무엇인가를 우리들이 이해하는 것은 우리들의 수련에 절대적으로 필요불가결한 것이다. 어떻게 몸에서는 몸에 마음챙김할 수 있을까? 무엇이 내적인 몸이고 무엇이 외적인 몸인가? 외적인 몸은 딱딱함, 유동성, 따뜻함, 진동(지, 수, 화, 풍)의 4원소가 20 : 12 : 5 : 4의 비율로 이루어져 있다. 이 몸은 무명에 기인한 업에 의해 만들어지고 유지된다.

외적인 몸은 태어나고 성장하고 소멸한다. 머리는 백발이 되고, 이빨은 빠져나가고, 모든 것은 우리들의 뜻에 역행한다. 결국, 옷 입고 그렇게도 정성을 다해 향수를 뿌리던 이 몸은 죽은 후에 불에 태워진다. 그러나 붓다는 죽음을 극복하는 길을 발견했다. 그의 방법은 외적 몸의 도움으로 내적 몸을 이해하는 것이다. 내적 몸에는 끊임없이 흐르고 있는 오온만을 본다. 그러나 욕망과 집착의 정상적인 상태에서는 내적인 몸은 보이지 않는다. 욕망과 집착은 계속성의 착각을 낳고 오온의 생·멸은 보이지 않는다. 그러므로 마음챙김의 수련이 필요하다. 만약 마음챙김 수련을 하지 않으면 내적 몸을 볼 수 없고, 오온을 볼 수 없고, 번뇌를 쳐부술 수 없고, 사성제를 이해할 수 없다. 수행자는 가능한 한 연속적으로 오온의 일어나고 사라지는 것을 보도록 해야 한다. 이것은 일반인에게는 대단히 어렵다. 그리하여 그 자신 내부의 진리를 보지 못한다. 수행자가 충분히 선정과 마음챙김을 가질 때만이 내적 몸의 진정한 특성이 나타난다. 그때에 수행자는 스스로 붓다의 진리를 경험하게 된다.

내적인 몸을 보기 위하여 수행자는 외적인 몸에 마음챙김하여 관찰해야 한다. 감각이 있는 곳, 예를 들면 가려움이나 구부림 같은 곳 어디에나 마음챙김해야 한다. 이러한 감각에 대한 계속적인 예리한 알아차림(관찰)을 통하여, 모든 몸의 자세와 움직임에서 무상의 진정한 특성을 이해한다. 수행자는 몸이 어떻게 순간순간 일어나고 사라지는가를 볼 것이다. 이것을 보는 즉시, 내적 몸의 특성을 보게 되고 오온을 볼 것이다.

내적 몸을 보는 것이 바로 노력[正精進]이다. 마음챙김을 네 곳에 굳건히 하는 것[四念處]은 몸의 바깥이 아닌 내부에 일어나는 감각에 집중하는 것이다. 그것은 몸에서 몸을, 느낌에서 느낌을, 마음에서 마음을, 법에서 법을 봄으로써 체험된다.

몸에 대한 마음챙김은 지혜 명상 중 첫 번째로 접하게 되는 것이다. 다음은 느낌에 대한 마음챙김이다. 다섯 종류의 느낌이 있다. ① 육체적 쾌감, ② 육체적 불쾌감, ③ 정신적 쾌감, ④ 정신적 불쾌감, ⑤ 비고비락(非苦非樂)의 중립 느낌. 일반적인 수준이라 함은 쾌감에 대한 집착과 고통에 대한 혐오감을 뜻한다. 이러한 집착이 거기에 있을지라도 그것을 알아차릴 수 없을지도 모른다. 이러한 경우에 집착은 더욱더 잠재된 상태로 존재할 것이다.

그러나 여전히 경험은 '나'에 의해서 경험되어지는 것 같이 보인다. 이것은 집착이 있다는 것을 뜻한다. 이것은 느낌을 '나', '나의 것', '나 자신'이라고 믿는 느낌과 동일시함을 갖는 느낌, 그리고 탐내고 화내고 어리석음을 갖는 느낌은 외적 느낌이다.

외적 느낌은 집착을 내게 하고 우리로 하여금 생사의 수레바퀴를 돌게 한다. 지혜 명상은 내적 느낌을 알도록 유도한다. 갈애와 동일시함을 파괴함으로써, 수행자는 내적 느낌을 경험할 수 있다. '내가 고통을 받고 있다'고 하는 느낌은 외적 느낌과 동일시함이 존재한다는 것을 나타내는 것이다. 수행자는 이해를 해오기 위하여 외적 느낌을 통하여 내적 느낌 즉 오온을 봐야 한다.

접촉이 있을 때마다 느낌이 일어난다. 느낌이 있을 때마다 욕망이 일어난다. 욕망이 있을 때마다 여섯 감각 문에 집착은 일어난다. 만약 수행자가 느낌 내에 있는 느낌을 본다면, 그는 집착을 제거할 수 있다. 수행자는 몸·느낌·마음·법에서 경험되어지는 감각에 알아차림을 확고하게 구축함으로써 내적 느낌을 봐야 한다. 그리하여 그는 어떻게 느낌이 색온(色蘊)을 바탕으로 해서 일어나는가를 보게 될 것이다.

비록 붓다가 모든 감각의 문에서 명상을 가르쳤지만, 몸의 감각을 통하여 느낌을 관찰하는 것이 가장 쉬운 방법이다. 이것은 어떤 자세에서도 행해질 수 있다. 예를 들면 수행자가 앉아 있는 동안에는 땅에 닿아 있는 몸의 접촉 부분에 집중해야 한다. 그리고 접촉의 감각을 경험해야 한다. 그의 명상에서 접촉 부분에 집중력이 증가함에 따라, 그는 어떻게 다섯 가지 종류의 느낌이 접촉된 곳에서 색온이 일어나는가를 볼 것이다. 느낌이 일어나는 곳으로서 모양을 볼 때, 또한 모양과 몸을 무상한 것으로서 볼 때, 느낌 역시 무상한 것으로 보여진다. 이 통찰을 확대하여 볼 때 수행자는 인식의 요소, 마음과 의식의 요소를 포함한 모든 오온(五蘊)도 또한 무상한 것으로 볼 것이다. 그들은 무상 · 고 · 무아(삼법인)이다. 이 세 가지 특성은 집착으로 인해 명상하기 전에는 경험되어지지 않는다. 집착이 파괴되는 즉시 자신의 몸에서 사성제의 경험을 실현할 수 있다.

이제 우리는 내적인 마음과 외적인 마음 양자 모두에서 마음 집중하는 방법을 이해해야 한다. 외적 마음은 외적인 대상을 다루는 피상적인 마음을 뜻한다. 이것은 집, 아내, 자식, 과거, 미래 등에 관해서 생각하는 마음이다. 바꿔 말하면 모든 것에 대해 생각하고 오온을 직접 경험하지 않는 마음이다. 외적 마음에는 욕망, 집착, 차별 등이 따른다.

내적 마음을 알기 위해서는 느낌의 경우와 마찬가지로 색온을 바탕으로 해서 관찰해야 한다. 이것은 마음에서 일어나는 미묘한 육체적 감각인, 마음의 접촉에서 일어나는 느낌을 관찰함으로써, 가장 잘 행해질 수 있다. 어떠한 대상이라도 6근 문두 어느 곳에서 접촉되더라도 수행자는 마음의 접촉으로부터 느끼는 감촉을 경험한다. 그리하여 이러한 진행으로 마음에서 마음을 관찰한다. 이것이 내적 마음으로 알려졌다. 마음의 접촉에서 일어나는 느낌을 관찰함으로써 오온을 바로 이해할 수 있고 어떻게 그들이 일어나고 사라지는가를 볼 것이다.

명상자의 수련이 내적 마음을 알아차리는 정교함에 도달할 때, 여러 가지 이미지들, 달, 태양, 별, 환상적인 몸 같은 것이 나타날 것이다. 이러한 경계에서, 마음은 가끔 수동적으로 되어 희열을 느끼거나 기쁜 느낌을 경험하거나 심지어 번뇌에서 해방되었다는 느낌과 깨쳤다는 믿음을 갖기도 한다. 수행자는 이러한 경계에 집착하게 될지도 모른다. 그때 그러한 모든 경험을 꿰뚫어 보기 위하여 지혜를 이용하여 세 가지 특성(삼법인)을 봐야 한다. 그러한 것은 언제나 감각으로 돌아옴으로써, 즉 마음의 접촉에서 일어나는 감각의 느낌을 관찰함으로써 이루어진다. 계(도덕)와 지혜를 최고도로 정화시키는 것은 오직 이러한 과정에 의해서만 가능하다. 마음의 접촉에서 일어나는 느낌에 잠시도 마음챙김을 멀어지게 하지 말아라.

수행자는 마음의 접촉에서 일어나고 있는 감각의 본성을 관찰하고 있는 동안 어떻게 그것이 일어나고 어떻게 의식이 사물을 인식하는지를 더욱더 자세히 보도록 해야 한다. 수행자는 마음에 연(緣)하여 일어나는 의식이 눈·귀·코·혀[5根]의 의식보다 더욱 분명하게 대상을 안다는 것을 보게 될 것이다. 수행자는 각기 다른 감각이 어떻게 작용하고 있는가를 더욱더 자세히 보도록 해야 한다. 예를 들면 그는 눈[眼], 모양[色], 안식 [眼識]을 통하여 각기 다른 모양을 어떻게 인식하는가를 관찰 해야 한다. 눈으로 보는 것을 이렇게 경험함으로써, 그는 어떻게 해서 우리들의 세계가 무아(空)인가를 이해할 수 있다. 이것은 명상을 제대로 계발함으로써 오는 자연스러운 결과이다.

가끔 마음챙김과 선정이 강해서 마음챙김의 네 곳 대상으로부터 떨어져 있을 때, 마치 내외(內外)에 자아가 없는 것처럼 공(空)을 체험하고 마음이 유쾌해진다. 이것이 일어날 때 그는 마음의 번뇌를 벗어난 것처럼 느낄지도 모른다. 그러나 이러한 공의 상태에서도 집착은 여전히 잠재된 상태로 남아 있다. 이러한 것이 일어날 때마다 그는 열반으로 가는 참다운 길에서 이탈하여 선정을 향하여 가고 있다는 것을 알아차려야 한다. 열반의 진공(眞空)은 선정과 전혀 다르다는 것을 명심하라. 그러한 비어 있음은 열반을 향하여 나아가고 있는 명상의 과정이다. 이것을 경험하는 것은 계속된 마음챙김을 계발하고 있음을 의미한다. 내적인 마음이 보일 때, 그것은 많은 것들의 모임 혹은 집합으로서 보일 것이다. 통찰이 더욱더 발전할 때 수행자는 매번 일어나는 생각의 순간적인 변화를 알아차릴 수 있다. 그때 고정성(견고성)이나 자아(自我)에 대한 자기의 느낌이 파괴되고 자아의 비어 있는[空] 느낌이 자리 잡게 된다. 이것은 영혼의 신비를 파괴한다. 존재의 다른 특성들도 마찬가지로 명백하게 드러난다. 자세를 끊임없이 관찰할 때, 몸은 고통의 근거지로서 보여진다. 행복에 대한 신비도 파괴되고 몸에 본래부터 내재하고 있는 진정한 고통이 경험되어진다. 몸과 마음에서 순간순간 생멸(生滅)하는 무상을 각성함으로써 자동으로 연속성(영원성)에 대한 신비를 부수어 버린다. 수행자는 그가 경험하는 모든 현상에서 무상·고·무아의 세 가지 특성을 볼 수 있다.

내적, 외적 법(달마)에 대한 마음챙김이 명상의 마지막 단계이다. 사람이 선하든 악하든, 행복하든 불행하든, 열반으로 가든 안 가든, 모든 것은 마음에 달려 있다. 법을 이루기 위해서는 바른 노력을 해야 한다.

그리고 진정한 내적인 법(달마)을 봐야 한다. 내적, 외적 법은 서로 연관되어 있다. 수행자는 그들을 분명하게 구분해야 한다. 그것은 수행자가 말이나 가르침의 형태인 외적인 법에 집착하지 말아야 한다는 것을 뜻한다. 외적인 법에는 개인의 근기에 따라 설해진 8만 4천 법문이 있다고 붓다는 말했다. 외적인 달마의 성질은 붓다가 한 줌의 나뭇잎을 움켜쥐고 그의 제자들에게 이 한 줌의 나뭇잎이 숲속의 나뭇잎보다 많은지 적은지를 물었을 때 명백하게 나타난다. 제자들은 "적습니다. 세존이시여!"라고 대답했다. 그때 붓다는 말했다.

"내가 지금까지 가르쳐 온 법은 숲속에 있는 나뭇잎에 비유될 수 있다. 그러나 지혜로운 사람은 실제로 법을 적용하는 방법을 알아서 한 줌의 나뭇잎과 같은 한 줌의 법(달마)으로 충분하다는 것을 안다."

이 한 줌은 네 곳에 마음챙김을 굳건히 하는 것[四念處]을 언급한 것이다. 바다에 있는 모든 물은 짠맛을 갖고 있다. 마찬가지로 붓다가 얼마나 많은 법을 설하더라도, 모든 법문이 자유와 마음의 오염(번뇌)에서 벗어나는 해탈을 목표로 하고 있다. 여러가지 다양한 법문은 시각의 차이에서 오는 길을 보여 주고 있다. 그러므로 이러한 설법, 즉 외적인 법도 중요하고 유용하다. 그러나 그것은 오직 지혜와 지성을 가진 사람에만 그러하다. 지적 능력을 갖추고 있지 않은 사람은 외적인 법의 개념이나 말에 매달려 있을 것이다. 그것은 칼의 양면성과 같다. 심지어 오온이나 사성제도 외적인 법이다. 수행자는 외적인 법에 대한 집착을 부수어 버려야 한다. 지적인 집착으로 인하여 붓다나 그의 가르침을 인용하면서 외적인 법에 사로잡히게 된다.

수행자는 외적인 법에서 벗어나서 내적인 법을 꿰뚫어 봐야 한다. '외적인 법은 증상(징후)이고 내적인 법은 원인이다.'라고 말할 수 있다. 모든 법은 일어남의 원인을 갖고 있다. 수행자는 주요 대상으로서 마음의 접촉에서 일어나는 감각에 끊임없이 마음챙김함으로써 내적인 법을 관통해야 한다. 이런 식으로 수행할 때 수행자는 그의 내부에서 진정한 달마의 모든 것, 오온을 보게 된다. 붓다가 말한 "나를 본 자는 법을 본다"와 그 반대의 경우도 바로 이러한 수행상의 방법에 관련된 것이다. 그러므로 몸에서 몸을, 마음에서 마음을, 감각에서 감각을, 법에서 법을 본 사람은 이러한 말들의 심오한 뜻을 이해한다.

이제 모든 달마는 모든 마음챙김이 굳건히 확립된 곳에서 발견된다. 그것은 몸에서 몸을 볼 때 감각·마음·법도 포함된다는 것을 의미한다. 사념처(네 곳의 마음집중)는 넷 중 어느 한 곳에서 함께 발견된다. 왜냐하면 그들은 각기 독립해서 일어나지 않기 때문이다. 오온이 사념처 중 하나에서 일어나고 사라지는 것이 보일 때, '모든 모여진 것(오온)은 무상하다'는 말이 수행자에게 명백하게 될 것이다. 그는 이루어진 모든 것에서 외적이든 내적이든, 유정물이든 무정물이든, 보이는 것이든 보이지 않는 것이든 무상(無常)을 보게 될 것이다.

모든 것(법)은 어떠한 개아나 영혼이 없다는 것이다. 개념이나 말과 같은 외적인 법이나 우리들의 진정한 본성의 한 부분인 오온과 같은 내적 법까지도 어떤 영원한 개아는 없는 것이다. 이처럼 법이 보이고 이해되어지고 통찰될 때, 수행자는 집착에서 자유로워진다.

그때 그는 자아의 환영과 번뇌(오염)를 쳐부수는 성스러운 길을 경험할 것이다. 이 수련을 계발하기 위하여 오직 필요한 것은 신심과 간절함이다. 어린애나 술 취한 사람, 미친 사람, 나이 많은 사람, 문맹인 할 것 없이 누구나 마음챙김을 계발할 수 있다. 만약 붓다의 깨달음에 대한 가능성과 사성제에 대한 믿음이 있다면, 그 길을 따라 나아갈 수 있다. 전통적으로 법을 세 가지 방법으로 보존할 수 있다. 첫째는 수행자에게 물질적인 것을 제공하는 것이다. 둘째는 경전공부나 근본 가르침의 전수를 통하여 법을 보존할 수 있다. 셋째는 수행과 깨달음과 해탈이 불교의 핵심이므로 모든 사람이 깨달음에 이르는 수행으로 법을 보존해야 한다. 이것이 붓다가 실제로 가르친 것이다. 모든 사람은 깨달을 수 있다. 왜냐하면 진리는 모든 존재의 내부에 본래부터 있어 왔기 때문이다. 정성을 다하여 수행하는 사람은 불법을 잘 호지 하는 사람이다. 이것이 최상의 공덕이다. 우리는 대발심을 해야 한다. 우리들은 현재 순간에서 항상 몸에서 몸을, 감각에서 감각을, 마음에서 마음을, 법에서 법을 관찰할 것을 결심하여야 한다. 우리들은 네 곳에 마음챙김[四念處]을 해야 한다. 욕망은 모든 6근 문두에서 일어난다. 그러므로 6근 문두에서 모든 욕망을 제거하기 위하여 감각에 마음챙김해서 관찰하는 것이 수행의 열쇠이다. 그것은 집착을 소멸하고 해탈의 길로 이끈다. 진지하게 수행해서 자유(해탈)를 얻자. 우리는 길을 벗어나서 꽃을 따 모으는 데 탐닉해서는 안된다 왜냐하면 아직 가야 할 길이 멀기 때문이다. 그 길은 우리에게 생·노·병·사의 고통으로부터 자유로워지도록 가르쳐 왔다. 이 길은 열반으로, 적멸과 자유로, 자아의 환영에 종지부를 찍고 평화로 인도한다.

3. 수행의 실제

   마음챙김의 네 가지 길[四念處]에 의거한 위빠사나의 수행은 몸에서 몸을 집중함으로써 시작한다. 이것은 손바닥 가운데 일어나는 감각에 마음챙김하여 손과 팔의 앞부분을 약간 들어 올려서 3에서 6인치씩 수평에서 수직으로, 그리고 뒤로, 밑으로 천천히 움직이면서 관찰하는 방법이 가장 효과적이다. 매번 손을 움직일 때 손에서 일어나고 사라지는 섬세한 감각에 마음챙김을 고정시켜라. 처음엔 평상시에 손을 올리는 것처럼 느껴질 것이다.
   나중에는 손의 움직임에 주시하면서 마음챙김이 강하게 되었을 때는, 가끔 부드러운 전류가 손에 흐르는 것처럼 처음보다는 훨씬 더 분명한 감각이 일어날 것이다. 손이 움직임을 멈출 때 이 감각도 사라진다.
   수련과 주시를 증가함에 따라 통찰이 일어나서 명상자는 매번 손의 움직임에 따라 손의 감각이 어떻게 일어나고 사라지는가를 점점 더 분명하게 볼 것이다.
   더구나 이 감각에 대한 마음챙김과 선정은 몸 전체에 걸쳐 생멸하는 감각을 알아차리도록 해준다. 이것은 심장 근저에 일어나는 느낌에까지 이르게 한다. 그것이 뜻하는 것은 수행자의 손에서 감각이 일어나고 사라지는 동시에 그의 심장 부근에서도 감각이 일어나고 사라지는 것을 느낀다. 좀 더 수련한 후에는 선정력과 마음챙김이 충분히 강해져서 몸에서 느껴지는 다른 감각과 동시에 심장 근저에서 미묘한 감각이 일어나고 사라지는 것을 알아차릴 수 있게 된다. 손의 움직임과 다른 부분의 움직임에서 일어나는 감각을 순간순간 알아차림으로써 바로 심장 근저로 주의가 가게 된다.

 이것은 모든 자세에서 더욱더 계발되어야 한다. 온종일 끊임없이 수련하면서 자세를 바꾸어가며 해도 좋다. 서 있는 자세에서는 땅 위에 있는 발의 감촉에서 오는 감각에 마음챙김해야 한다. 경행에서는 움직이는 발의 발바닥에 일어나는 감각의 순간순간 변화를 관찰하도록 노력해야 한다. 누워서 할 때는 몸이 바닥에 닿아 있는 곳에 일어나는 감각 쪽으로 방향을 돌려야 한다. 모든 이러한 자세에서 마음챙김은 강하고 지속적인 감각에서 매순간 모든 감각의 생멸을 보다 명확하게 알아차리도록 계발돼야 한다. 마음챙김이 강해짐에 따라, 수행자는 심장에서 동시에 일어나고 사라지는 감각을 보다 명확하게 관찰할 수 있다. 그 때에 수행자가 심장 근저에서 감각을 체험하기 위하여 그의 손을 움직일 필요는 없다.

 수련은 가능한 한 모든 자세에서 지속되어야 한다. 이때 심장 근저의 감각은 더욱더 강해질 것이다. 예리한 고통이나 증상이 경험될 것이다.
 모든 감각의 문은 명상의 한 부분이 될 것이다. 우선 소리가 정상적으로 들릴 것이다. 그때에 귀 고막에서 감각으로 인식될 것이다. 마침내 강한 선정과 마음챙김으로 소리는 심장 근저에서 감각이 일어나고 사라짐에 따라 몸의 감각처럼 알아차려지게 될 것이다.

마음챙김이 더욱더 섬세해짐에 따라 다른 감각도 명상 속으로 들어올 것이다. 마침내 맛, 냄새, 보이는 것도 처음에는 감각기관에서 다음에는 심장 근저에서 변화하는 감각으로 인식되어질 것이다. 감각에 대한 마음챙김의 이용은 감각이 일어남에 따라 어떤 특별한 모양이나 쾌감에 집착하는 것을 제거하는 직접적인 도구이다.

여섯 기관 중 무엇보다도 미묘한 마음 또한 그것이 일어나고 사라짐에 따라 더욱 명확하게 느껴진다. 그때 수행자는 마음의 접촉에서 오는 감각을 경험할 것이다. 생각이 일어날 때에 심장 근저에서 감각을 느끼게 된다. 이것이 마음 접촉에서 일어나는 감각이다. 명상자는 이제 생각의 시작부터 끝까지 마음의 변화를 포착할 만큼 충분한 마음의 힘을 가지고 있다. 그는 또한 마음이 심장에서 목 뒤와 머리 위로 움직임에 따라 감각의 통로를 느낄 수 있게 될 것이다.

이때에 수행자는 여러 가지 시각적인 모양이나 밝은 빛, 흰색 혹은 색깔 있는 것 등을 볼 수도 있다. 이러한 것들은 매혹적이어서 우리로 하여금 진리의 체험을 못하게 방해한다. 그러므로 수행자는 그러한 현상에 특별한 주의를 기울이면 안된다. 대신 심장 중앙에서 경험되어지는 감각 그 자체를 직시해야 한다. 명확한 주시를 하고 있는 동안 매 순간 일어나고 사라지는 과정을 볼 것이다. 생각이 일어나지만, 신속히 사라질 것이다. 추억이나 계획 역시 스쳐 지나간다. 마음챙김의 힘이 현재 순간에서 일어나고 있는 감각을 꿰뚫어 봄으로써 이러한 모든 것은 신속 하게 지나간다. 수행이 깊어졌을 때, 우리는 외적인 모양과 내적인 경험 간의 구분을 훨씬 더 명확하게 볼 수 있고 마침내 진리의 깊은 내적 체험까지 관통한다.

수행상 핵심적인 것은 모든 자세에서 일어나는 감각에 계속된 마음 챙김을 유지하는 것이다. 이처럼 하여 몸에서 몸을, 감각에서 감각을, 마음에서 마음을, 법에서 법을 바로 알아차리게 될 것이다. 감각, 접촉 그리고 심장 근저에서 순간순간의 알아차림을 계발하는 것이 열쇠이다.

궁극적으로 수행자는 모든 오온이 매순간 어떻게 일어나고 사라지는가를 알아차리게 될 것이다. 오온의 흐름을 직접 체험하는 것이 붓다의 진리이다. 마음이 충분히 정화되고, 집중되고, 균형되어졌을 때, 수행자는 모든 육근의 감각을 심장 근저에서 일어나는 감각으로써 인식할 것이다. 모든 세계, 즉 이제는 매순간 일어났다가 완전히 사라지는 진동 혹은 감각은 더이상 그를 붙잡고 있지 않을 것이다. 그는 세 가지 특성의 진리를 분명히 볼 것이다. 우리들은 오직 오온으로 구성되어 있다. 이러한 것들은 순간순간 급속하게 일어났다가 사라진다. 이제 변화하는 진동으로 인식된 모든 세계는 무상이다. 그것은 고통이며, 순간적인 생과 사다. 6근 중 어디에나 일어나는 감각은 고통이다. 태어남과 죽음이다. 일어남과 사라짐이다. 마침내 수행자는 생과 사를 넘어선 평화, 열반을 체험할 것이다. 이것이 붓다의 진리이다. 금생에서 수행할 기회를 얻는 것은 대단히 중요하다. 고통을 멸하는 유일한 길이 있다. 이 가르침으로 모두에게 유익하게 될 것을 기원한다. 일체 중생이 행복할지어다.

제6장
아찬 줌니엔
(Achaan Jumnien)

붓다의 후예, 위빠사나 선사들

ACHAAN
JUMNIEN

1. 다양한 수행법을 통달한 선지식

  시골 마을에서 태어나, 어린 나이에 성직자이자 맹인 점성가인 마을의 전통 민간 치료자 밑에서 수련을 한 아찬 줌니엔은 여섯 살에 명상수련을 시작했다. 그의 첫 번째 훈련은 선정 수련과 자비관이었다. 그는 또한 전통 민간 치료자로서 수업을 받았고 그 명상을 꾸준히 수련하면서 독신으로 살아가도록 교육받았다. 청년기까지 많은 지방 사람들이 그에게 도움을 받으러 왔고, 20세에 테라바다 불교 전통에 따라 승려로서 계를 받았다.

  그는 고행 행각승으로서 태국의 유명한 스승과 함께 여러 가지 선정 명상을 계속 수련했다. 그러고 나서 왓 토오우코테에서 아찬 담마다로의 지도로 집중적인 지혜 명상 수련을 했다. 8년 전(1977년 기준)에 가르침을 요청받았을 때 그는 아직 30대 초반이었고, 깊은 자비심과 체험적인 지혜에서 우러나오는 설법으로 인해 그곳 지방민들 사이에 널리 알려지기 시작할 무렵이었다. 그는 특히 왓 수콩타와즈 주민들이 커다란 문제에 봉착함에 따라 그곳으로 와서 가르침을 베풀어 달라는 요청을 받았다. 태국 남부에 있는 이곳의 울창한 숲과 고무나무 숲은 정부군과 산속에 기거하는 공산주의 반정부군 간에 오랫동안 지속적으로 폭력적인 충돌이 일어나는 접전지역이었다.

  그가 도착하여 법을 펴기 시작했을 때 그는 그곳을 떠나라는 통지를 받았다. 만약 그렇지 않으면 사살하겠다고 협박 당했다. 그럼에도 불구하고 그는 계속해서 법을 펴 나갔다. 그의 법력을 통하여 마침내 시내에 주둔하고 있는 정부군을 가르칠 수 있었고 나중에는 산에 있는 반정부군들에게도 설법의 요청을 받았다. 그리하여 각 진영에서 그의 사원을 '보호'하자고 제의했다. 진정한 달마와 함께 조화를 이루는 것이 그가 필요로 하는 모든 보호라고 그는 답했다.

아찬 줌니엔은 많은 수행법을 근기에 맞추어 가르치는 완전히 개방적인 스승이다. 그는 여러 다양한 수행법을 익혀 왔다. 한 방법만 고수하기보다는 제자들의 필요성이나 개성 혹은 특별히 선호하는 것에 따라 다양한 수행법을 제시한다. 그러나 어떠한 기술을 계발하더라도 결국은 제자들에게 몸과 마음의 본성을 무상·고·무아로 보게 하는 지혜 수련으로 귀착하도록 가르친다.

진리에 도달하는 길은 정확한 나의 방법만이 있다고 주장하지 않는 것이 그의 가르침의 하나이다. 그는 우리들 자신의 욕망과 고통을 관찰하게 함으로써 법(달마)을 성장시키고, 우리들의 명상 진보를 지혜의 성장으로 바라본다. 그는 제자들을 대단히 세밀하게 지도한다. 특히 높은 수준의 선정을 계발할 때나 혹은 강도 높은 수련으로 고통을 관통할 때 그러하다. 그는 종종 제자들에게 '달마에 있어서 수행자의 길[道]은 끊임없이 관찰하고 조사하는 가운데에 있다'고 상기시킨다.

그는 말한다.

"수행자가 법에 있어 성장하고 못하고는 그들 자신에게 책임이 있다는 것을 아는 것이 중요하다."

우리들은 비록 특별한 명상 기술을 당분간 이용하지만, 수행은 우리들 모두에게 전 인생의 과정이며, 수행은 모든 고통을 영원히 종식시키고 궁극의 평화에 이르게 하기 위함이다. 이것이야말로 우리들 정신적 수련의 진정한 종착역이다.

왓 수콩타와즈의 언덕에 있는 고무나무 숲 사이로 수행자를 위한 막사가 신축·확장되었다. 우기철에는 아찬 줌니엔의 지도하에 백 명에서 2백 명정도의 비구, 비구니들이 수행한다. 6~7 명 정도의 서구인들도 이곳에서 공부한다. 비록 아찬 줌니엔은 영어를 못하지만 언제나 통역관이 대기하고 있다. 현재(이 책을 발간할 무렵) 그는 자기 사원을 떠나 태국 남부에 있는 크라비 산속의 동굴로 떠났다는 말을 들었다.

2. 수행법에 대한 질문과 응답

질문 : 아찬께서는 어떤 종류의 명상을 가르치십니까?
대답 : 당신은 여기에서 다양한 종류의 명상을 하는 사람을 볼 것이다. 붓다는 그의 제자들에게 40종류 이상의 명상을 가르쳤다. 모든 사람이 똑같은 배경을 갖는 것은 아니다. 모든 사람이 똑같은 능력을 갖는 것은 아니다. 나는 한 가지 종류의 명상만을 가르치지 않고 각자에게 알맞은 것을 선택해서 여러 가지를 가르친다. 여기에 어떤 사람은 호흡 명상 수련을 하고, 다른 사람은 몸에 일어나는 감각 관찰에 바탕을 둔 명상을 한다. 어떤 사람은 자비관을 한다. 어떤 사람에게는 처음부터 지혜 명상(위빠사나)을 가르친다. 반면 다른 사람들에게는 선정력을 기르게 해서 보다 높은 통찰수련과 지혜로 이끈다.

질문 : 수련에는 많은 종류의 훌륭한 방법들이 있다고 했습니다. 다른 스승들은 그들의 길이나 방법이 참으로 붓다의 방법이고 다른 수련법은 깨달음으로 이끌지 못한다고 하는데, 여기에 대해서는 어떻게 생각하는지요?
대답 : 붓다의 모든 수련법은 한마디로 요약될 수 있다. 즉 "아무것에도 집착하지 마라." 종종 매우 현명한 사람들까지도 그들이 이용

했던 하나의 수행법에 집착하고 있다. 그들은 그들의 수행법과 스승에서 완전히 벗어날 수 없다. 그들은 모든 우리들의 수행에서 공통성과 보조를 같이할 수 없다. 이것은 그들이 훌륭한 스승이 아니라는 것을 뜻하는 것이 아니다. 스승은 어떠해야 하는가에 대한 자신의 독단에 집착하거나 스승을 판단하지 않도록 주의해야 한다.

지혜는 우리가 집착하는 무엇이 아니다. 단지 무집착만이 지혜가 흘러나오게 한다. 나는 운이 좋았다. 내가 가르침을 펴기 전에 많은 스승들로부터 다양한 수련법을 통달했다. 훌륭한 수련법이 많이 있다. 중요한 것은 당신 자신의 수련에 믿음과 노력을 하고 전력을 다하라. 그러면 당신 스스로 그 결과를 알 것이다.

질문 : 아찬은 제자들에게 바로 지혜 명상을 가르치는지 아니면 선정 수련부터 가르치는지요?

대답 : 대부분 지혜 명상으로 시작한다. 그러나 가끔은 특히 과거에 명상 경험이 있거나 혹은 그들의 마음이 쉽게 선정에 든다면 선정 수련부터 가르친다. 결국엔 모든 사람은 지혜 수련으로 돌아가는 것이 가장 중요하다. 팔리어 경전상에 붓다가 어떤 신도를 접견 중, 이 점을 설명한 곳이 있다. 그는 자기 숲속에서 그룹별로 유유상종으로 앉아 있는 승려들을 가르쳤다. "지혜에 강한 성향이 있는 승려들은 지혜 제일 사리풋다와 함께 모여 있고, 신통에 강한 성향이 있는 승려들은 나의 위대한 제자 마하

목갈라나와 같이 자리하고 있고, 계율이 강한 성향이 있는 승려들은 계율에 통달한 우바리와 함께 있고…….”
그러므로 붓다 당시부터 스승들은 수행자가 그들 자신에게 맞는 적절한 수행법을 선택하는 것을 돕기 위해서 그들의 성향을 고려했다는 것을 우리는 알 수 있다.

질문 : 적절한 수행법을 선택하는 데 있어서 다른 요소들은 어떠한 것이 있습니까?

대답 : 제자들을 지도하는 데 있어 그의 과거 수련과 습성을 본다. 또한, 얼마나 많은 시간과 노력을 수행자가 명상에 바쳐야 하는지를 고려한다. 그가 하루에 한 시간 수련할 수 있는 신도인지, 아니면 온종일 내내 집중적인 수련을 원하는 승려인지? 그리고 기질이다. 이 사람의 기질이 그 수행법에 맞는지?

화를 잘 내는 사람에게는 자비관이 처음 시작하기에 좋은 방법이다. 평등심(무심)에 관한 명상은 그들 자신의 수련 대신에 그들 주위에 있는 사람들에게 지나치게 관심을 갖는 사람에게 유효하다. 하나의 수련법을 선택하는 데 있어서 고려해야 할 많은 요소가 있다. 명상은 실제로 삶의 한 방법이다. 우리는 여기에서 명상을 더 나은 존재의 방식에 이용되는 기술로서 얘기하고 있지만, 삶에 있어서 모든 것이 명상이 될 수 있다는 것을 기억해야 한다. 기술의 관점에서 볼 때, 지혜로 나아가는 기본적인 붓다의 수행법이 어떠한 것이든 일단 선택했다면, 정성을 다하여 수련하라.

그러면 당신은 잘못 인도 되지는 않을 것이다.

질문 : 수행법에 관한 좀더 많은 지침을 주시겠습니까?

대답 : 수행은 당신에게 가장 두드러지게 방해하는 것이나 집착하는 것의 반대방향으로 행해져야 한다. 솔직하게 당신을 볼 수 있다면 이것은 쉽게 확인된다. 예를 들면, 당신이 냉정하다면 자비관을 계발하는 데 특별한 노력을 기울여야 한다. 탐욕이 많다면, 탐욕의 본성을 명확하게 봐서 욕망에 의해 방해되지 않을 때까지 당신 몸의 부정한 곳을 관하라. 만약 당신이 산란하다면, 감각력과 관찰력을 계발하고 이러한 것을 극복하기 위해 명백하게 관찰하고 공부해야 한다. 그러나 당신은 성실하게 일념을 가지고 당신 자신의 수행 길에 전심전력해야 한다. 만약 그렇지 않으면 당신의 수행은 정체되고 하나의 형식처럼 될 것이다. 오직 마음에서 탐·진·치의 소멸을 위해 행해져야 한다. 매순간 점차적이고 지속적으로 당신의 수행을 계속 해 나가야 한다. 대담무쌍하게 단도직입적으로 당신의 집착을 직시하라. 해탈(열반)에 이를 때까지 수행하라. 그것이 전부다.

질문 : 혼자서 수행하는 것이 좋은지 아니면 단체로 같이하는 것이 좋은지요?

대답 : 경우에 따라 다르다. 신참자일 경우, 진지하고 열심히 수행한다면 혼자서 하도록 하고 그의 처음 경험들을 주의 깊게 지도해 주는 것이 좋다. 그렇게 진지하지 않고 자기 스스로 하기가 어려운

사람이나, 특히 수행상 균형이 이루어지지 않고 스승의 세밀한 지도가 필요한 사람은 조직적이고 도움을 주는 단체 수련이 적합하다. 이처럼 도움과 격려를 받고 단체 모임에서 오는 힘으로써 그들의 수행을 강화할 수 있다.

더욱더 노련한 수행자에게는 만약 그가 엄격하고 진지하다면 혼자서 조용하게 수행하는 것이 최상이다. 이러한 수행자는 자신에게 도움을 줄 수 있고 스승이나 단체의 힘을 빌리지 않고 수행의 깊이를 더해 갈 수 있다. 설사 경험은 있더라도 다소 덜 규율화된 수행자는 단체 좌선을 하는 것이 낫다. 그들은 스스로 진정한 달마를 볼 때까지 규율과 고된 수행을 통하여 그들의 내적인 장애들을 격파해 버린다. 그때 그들의 수행은 혼자서 하든 단체로 하든 방해 없이 꽃피게 된다.

질문 : 종종 고립되어 집중적인 명상 수련을 하도록 권합니까?

대답 : 물론이다. 각오가 되어 있는 사람에게는 엄격하고 집중적인 명상이 대단히 효과적이다. 그것도 고립되어 홀로 한다면, 그 수행자는 강한 선정과 맑은 지혜를 신속하게 계발할 수 있다. 지금까지도 나 자신 스스로 일 년에 한 달 동안은 발우와 가사만 가지고 숲속으로 가서 집중적으로 수련한다.

여기 있는 대부분의 수행자들도 그렇게 하도록 권유한다. 그들이 경험을 얻게 됨에 따라, 정기적인 결제 수련과 일상생활 중에 하는 명상 간에 그들 자신의 균형점을 발견할 수 있을 것이다.

집중적인 결제 수련, 특히 장기 결제 중에 나의 제자들은 몸과 마음의 변화를 관찰하는 단순한 위빠사나 수련을 주로 한다. 단기 결제 기간에는 특별한 선정 수련이나 혹은 몸의 고통을 극복하는 수련을 한다. 그러나 결국에는 모든 수련을 지혜 수련으로 전환해서 모든 것을 놓아 버려야 한다. 이것이 모든 불법(佛法)의 목적이다.

질문 : 몸의 고통을 극복하는 과정을 설명해 주시겠습니까?
대답 : 고통의 두려움과 몸에 대한 집착이 지혜를 방해한다. 용맹스러운 정진력과 간절함을 가진 수행자에게는 몸에 일어나는 감각 변화에 집중하는 지혜 수련을 권한다. 이것은 한 가지 자세를 유지하고 있는 동안에 행해진다. 즉 오랫동안 앉아 있거나, 서 있거나, 가거나, 누워 있을 때 수행자가 몸에 집중하며, 어떠한 하나의 자세를 유지함에 따라 고통은 증가한다. 그가 계속해서 그 자세를 유지함에 따라 고통은 계속 증가하고, 그는 이러한 감각의 당처에 바로 집중하여야 한다. 몸의 감각은 집중의 정확한 대상이 된다. 결국에 마음은 고통을 고통으로서 인식하지 않고 몸에서 일어나고 사라지는 탐할 것도 버릴 것도 아닌 명확한 감각으로서 인식한다.

종종 수행자들은 한 자세로 24시간 동안 서 있거나 앉아 있는다. 움직임을 멈추는 즉시, 몸에 내재해 있는 고통이 그 정체를 드러낸다. 수행자가 몸의 감각에 대한 집착을 극복하기 전에 가끔

4~5시간, 때로는 8시간 이상씩 지나갈 때도 있다. 그때는 몸을 움직일 필요는 없다. 마음은 지극히 맑아지고 집중되고 순응해진다. 커다란 기쁨과 희열이 이러한 관통과 함께 일어난다. 수행자는 평정심을 가지고 몸과 마음에 생멸하는 현상을 명확하게 볼 수 있다. 몸의 감각이 정화되고 강한 선정이 계발되면서 지혜가 발생한다. 한 자세를 관통하는 것은 여기에서 많이 이용하는 수련 중 하나이다. 그것은 세밀한 감독하에서 진지한 수행자에게만 이용된다.

질문 : 위빠사나의 많은 스승들은 감각, 감정, 의식과 같은 알아차림의 특정한 한 측면에서 시작하라고 강조합니다. 이러한 것들 중 어떤 한 곳에서 개발된 마음챙김도 같은 곳, 같은 깊이, 완전한 마음집중에 도달하는지요?

대답 : 물론이다. 매순간, 매 경험에서 달마의 모든 것이 반영된다. 이것은 우리가 관찰하는 몸이나 마음의 어떠한 측면도 깊은 선정과 우리가 누구인가에 대한 이해로 유도한다. 우리가 누구인가를 철견하고, 우리들은 또한 어떻게 해서 전우주가 같은 특성을 갖고 있는가를 보게 된다. 우리들은 모든 경험의 흐름인 무상을 본다. 어떠한 상태를 유지하는 데에 불안정을 보게 된다.

무엇보다도 중요한 것은 모든 사물의 비어 있음[空]에 대한 깨달음이다. 수행자는 보이는 것, 소리 · 맛 · 냄새 · 감각 · 감정 · 마음의 요소들, 어떤 것에서도 직접 체험을 하면서 명상할 수 있다. 이러한 것 중 어느 하나에 집중하는 것이 선정과 통찰, 지혜를 동시에 깊게 하는 훌륭한 방법이다. 그러나 어떤 경계에선 마음이 너무 맑고 균형 되어져서 무엇이 일어나더라도 아무런 방해없이 보여지고 마음이 혼란되지 않은 채로 남게 된다. 어떤 특별한 관념에 집착하는 것을 멈춘다. 그리고 모든 것이 단순한 몸과 마음, 그 자체로 일어나고 사라지는 공(空)의 흐름이나 혹은 단순한 진동이나 에너지, 공의 체험으로 보인다. 우리가 고통과 개아를 넘어서서 진정한 자유를 발견하는 것은 분별없는 마음의 완전한 균형으로부터 온다.

 더이상 작용하는 것은 존재하지 않고 심지어 알아차리는 감각 마저도 존재하지 않는, 단지 있는 그대로의 텅빈 우주이다.

질문 : 명상에서 생각을 이용하는 것, 생각을 관찰하는 데에 어떠한 효과가 있는지요?

대답 : 우리가 처음 수련을 시작할 때, 우리는 일상적인 생각의 흐름을 보기 시작한다. 즉 관념, 공상, 후회, 계획, 판단, 두려움, 욕망, 분석, 걱정 등의 끝없는 흐름, 생각하는 마음을 바로 우리들 수련으로 향하게 하는 것은 매우 도움이 되고 특히 명상의 초기단계에 유용하다. 이것이 뜻하는 것은 사대에 관해 관찰하는 것과 같이, 달마에 관련된 사고를 계발하는 것이다. 우리가 알고 있는 모든 것이 어떻게 끊임없이 변화하는가를 관찰하라. 우리들의 세계는 단지 변화하는 요소들의 연출에 불과하다. 우리들은 일상생활 모든 상황에서 우리들의 생각을 삼법인의 관찰로 돌릴 수 있다. 우리

들은 달마의 관점에서 우리들의 경험을 이해하는 한 방법으로서 생과 절박한 죽음에 관해서 생각해 볼 수 있다.

이러한 모든 것이 바른 이해[正見]를 계발하는 것이다. 책을 읽고 설법을 듣는 것으로부터 우리들 자신의 직관과 내관으로 전환해서 마침내 우리 자신의 마음속 내부에서 고요하고 깊은 지혜를 가져오는 명상으로 승화된다.

질문 : 달마에 관한 토론이 수행에 도움이 됩니까?

대답 : 만약 마음이 집중되어 있고 고요하다면, 지혜롭게 설법하는 사람으로부터 달마를 경청할 때, 지혜가 성장할 수 있다. 당신이 말을 꼭 해야 할 필요가 있다면, 달마에 관해서 이야기하는 것이 가장 알맞은 대화이다. 그러나 대화는 가끔 지나쳐서 무명(無明)을 증장시키는 결과만 초래한다. 우리들 마음이 고요할 때만이 정견을 가진 다른 사람의 말로부터 올바르게 달마를 들을 수 있다. 대부분의 사람들의 마음은 이미 말과 사념으로 꽉 차 있다. 최상의 수련은 지혜와 집중과 고요함을 계발하는 것이다.

질문 : 여기서 행하는 여러 가지 수행법과 관련해서 음식은 어떻게 권하시는지요?

대답 : 식사의 내용이 특별히 중요한 것은 아니다. 몸의 건강을 유지하는 정도면 충분하다. 중요한 것은 어떻게 음식을 먹느냐이다. 우리들은 보통 먹는 것에 강한 욕망이 있다. 우리들의 명상은 욕망을 넘어

서는 방법이다. 법도에 따라 마음챙김하며 음식을 받아서, 준비하고 먹는다.

음식에 대한 명상 중 어떤 것에는 물질의 본질을 보는 사대(지·수·화·풍)의 관법과 모든 음식을 관하는 것이 포함된다. 그때 당신의 몸 내외에서 사대의 흐름을 인식할 수 있다. 혹은 식사시에 접촉 부위를 알아차려도 된다. 손과 입에 음식이 닿는 감각, 후각, 손이 발우에 닿는 감촉 등이 있다. 음식을 먹는 전과정에 일어나는 감각과 감촉에 분명하게 집중하라. 그러면 당신은 욕망을 초월할 것이다. 당신의 욕망이 너무 강하다면, 음식이 준비되고, 소화하여 배설되는 전과정의 부정(不淨)한 면을 명상하든가, 농부의 농장에서 위까지 들어가는 끊임없는 음식의 변화를 명상하라. 가장 간단한 것은 음식을 가져와서 먹는 전과정을 분명하게 알아차리는 것이다.

의식이 변화하고, 욕망이 오고 가고, 먹고자 하는 의도, 씹는 것, 맛보는 것 등에 따라 마음을 관찰하라. 무엇이 일어나더라도 그 과정을 알아차려라.

어떠한 음식 명상도 욕망을 뚫고 나가서 청명함에 그리고 욕망을 넘어선 자유에 이르게 한다.

질문 : 하타 요가나 다른 몸을 중심으로 한 수행에 대해서 어떻게 생각하십니까?
대답 : 이러한 것들은 몸을 건강하게 유지하는 데 유용할지도 모른다.

그러나 그러한 수련은 우리들의 작업에 본질적인 것이 아니다. 명상이 진보해 감에 따라, 몸은 자동적으로 균형되어진다. 선정과 마음챙김이 증가함에 따라 자동으로 보다 나은 자세로 그리고 체내에서 더 나은 기(氣)의 순환으로 나아가게 된다. 당신의 명상이 깊어짐에 따라, 몸이 더욱 가벼워지고, 더욱 균형되어지고 힘이 넘치게 된다. 당신은 이것에 관하여 걱정할 필요는 없다. 당신 욕망의 리스트에 이것을 첨가할 필요는 없다. 그것은 저절로 온다.

나 자신도 하타 요가나 그와 유사한 것을 수련해 본 적이 없다. 그러나 현재 나는 세 시간 이하의 수면으로 충분함을 느낀다. 나는 항상 경쾌하고 원기 왕성하며 여러 날 동안 쉬지 않고 음식도 먹지 않으면서 아무런 부작용 없이 명상하며 산속을 걸어갈 수 있다. 몸을 잘 보호해야 하는 것은 분명한 사실이다. 그러나 우리들 수행에 필요 불가결한 기본요건은 몸에 집착해서는 안 되는 것이다.

질문 : 우리들 수행에 있어서 계행의 수련은 어떠한 점에서 필요합니까?
대답 : 절대적으로 필요하다. 계행에는 세 가지 중요한 점이 있다. 첫째는 기본적인 계율을 지키면서 미숙한 행동을 삼가는 것이다. 둘째는 수련을 향하는 마음과 욕망을 피하는 것을 포함하여 모든 여섯 감각문을 지키면서 감각을 억제하는 덕목이다. 셋째는 고요하고 청정한 마음으로부터 오는 진정한 내적 덕목으로 계율을 뛰어넘는 것이다. 지혜는 모든 여섯 감각과 관련해서 일어난다. 그리고

매순간에 이기심을 초월한 마음챙김을 하는 것이다.

　우리들은 처음 두 가지 덕목의 수련부터 시작해야 한다. 우리들의 마음이 맑아지고 고요해짐에 따라 내적인 덕이 나온다. 그것도 몸과 마음의 조화로부터 모든 욕망을 놓아 버림으로써, 세계의 공(空)한 이치를 깊이 이해함으로써 성장한다.

질문 : 가정주부나 일반 신도들이 얼마나 많은 시간을 수행에 할애하길 바랍니까?

대답 : 아직 수행에 의심이 있고 초보 상태에 있는 사람도 그들이 좋아할 때 언제라도 한 번에 한 시간씩 계속 수행하면 그는 스스로 그 효과를 알게 된다. 수행의 결실을 보다 명확하게 본 사람은 그들의 작업 중에서 가능한 한 많이(아마도 아침과 저녁에 각 1시간씩 좌선을 하면서) 명상해야 한다. 수련의 참 본질을 아는 사람은 세상에서 일하는 것이 방해되지 않는다. 집중과 알아차림은 어디서나 계발될 수 있다. 그들은 어떻게 해서 모든 상황이 가르침이 되는가를 알며, 진정한 명상은 생활과 분리된 것이 아니고 모든 환경 내에서 내적인 고요함과 지혜를 계발하는 것임을 알게 된다. 그때에 달마에 대한 자신의 수련이 시간의 영역이나 환경을 뛰어넘는다.

질문 : 선정 상태에 대해서 서로 모순되는 많은 이야기를 들어 왔습니다. 어떤 분은 오늘날과 같은 시대에는 그러한 상태를 얻는 사람이

거의 없다고 합니다. 어떤 분은 열반에 들기 위해서는 반드시 성취해야 한다고 합니다. 다른 분은 선정이 오히려 지혜에 방해가 된다고 합니다. 무엇이 옳습니까?

대답 : 오늘날에도 선정의 상태를 성취한 사람들이 있다. 열반에 이르기 위해서 반드시 필요한 것은 아니지만, 선정은 어떤 근기의 사람들에게는 최상의 길이다. 또한, 선정없이 위빠사나를 수행하면서 열반을 성취할 수도 있다. 나의 제자들은 두 가지 방법을 다 사용한다. 선정 수련을 하는 수행자는 선정을 성취할 때까지 호흡이나 심상(心像)을 이용한다. 그러고 나서 선정에서 나온 후에는 지혜 명상으로 전환한다. 가끔씩 나는 그들과 함께 명상하면서 그들과 같은 수준에 들어가서 그들을 지도한다. 만약 지혜뿐만 아니라 선정도 성취할 수 있다면 부수적인 이득이 있다. 경전 상에는 붓다가 제자들을 선정에 들게 해서 깨달음을 얻게 한 많은 사례가 있다. 그들은 완전히 깨달은 후에도 이 수련으로부터 분명히 이익을 얻었다. 그러므로 우리도 역시 선정의 성취로부터 평등심과 육체적 건강, 달마를 꿰뚫어 보는 데에 도움을 얻을 수 있다.

질문 : 달마를 완전히 관통할 때 각 단계, 즉 수다원(入流果), 사다함(一來果), 아나함(不還果), 아라한(완전한 자유, 해탈)에서 한번씩 열반의 평화를 경험합니까?(이러한 4과는 불교경전에 전통적으로 설명되어 내려오는 것이다. 그것들은 향상되면서 아래에 나타난

결박의 번뇌들을 제거한다.)

대답 : 반드시 더 많은 결박의 번뇌를 제거함이 없이도 달마(열반)를 충분히 관통하는 경험을 반복할 수도 있다. 우리를 윤회에 결박시키는 열 가지 번뇌는 ①자아에 대한 잘못된 견해(有身見), ②회의와 불확신, ③의식과 형식에 집착(戒禁取見), ④감각에 대한 욕망(탐심), ⑤화냄, ⑥색계에 대한 욕망, ⑦무색계에 대한 욕망, ⑧자만심, ⑨불안정한 마음과 호기심, ⑩무명(無明)이다. 수다원(入流果)에서는 그의 첫 달마 관통에서 처음 세 개의 번뇌(①~③)를 완전히 제거한다. 사다함(一來果)에서는 나머지 번뇌들을 약화시킨다. 아나함(不還果)에서는 마지막 다섯 가지(⑥~⑩)를 제외한 처음 다섯 가지를 완전히 제거한다. 아라한에서 모든 번뇌를 완전히 제거하고 윤회의 구속에서 벗어난다.

질문 : 여기 사원이 있는 지방은 동남아시아에서 보편적으로 볼 수 있듯이 정부와 공산주의 간의 정치적 투쟁에 개입되어 있습니다. 이러한 투쟁과 관련해서 아찬과 같은 스승이나 승려들의 역할에 대해서는 어떻게 보십니까?

대답 : 붓다의 가르침이 2500년 이상 보존해 내려올 수 있었던 것 중 하나는 승려들이 정치에 관여하지 않았기 때문이다. 달마는 정치 위에 있다. 우리들 사원은 전쟁터로부터의 피난처다. 마치 달마가 욕망의 전쟁터에서 피난처가 되듯이, 나는 여기 오는 모든 사람과 똑같이 법을 나눈다. 내가 밖에 나갈 때는 법을 원하는

모든 사람에게 가르친다.

산에서는 반 정부군에게 달마를 가르치고, 시내에서는 정부군에게 달마를 설한다.(각 진영에서 무기를 내려놓은 다음에 설한다.) 진정한 평화, 진정한 행복은 사회적 질서의 변화에서 오지 않는다. 양 진영 모두 타당성 있는 불평을 하고 있을지도 모른다. 그러나 진정한 평화는 달마를 통해서만 올 수 있는 내적 평화이다. 승려와 일반인, 모두의 안정은 세상 모든 것에서 무상을 보는 지혜와 달마로부터 온다.

질문 : 수행하는 데에 스승이 필요한지 아니면 우리 스스로 할 수 있는지요?

대답 : 만약 많이 읽고 정확한 달마를 들었다면, 더 이상의 지도없이도 수행하는 것이 가능할지 모른다. 그러나 매우 완벽한 지식을 가졌다 하더라도 마음의 미묘한 현상에 현혹되거나 집착하기 쉽다.

나는 항상 수행은 그 길과 함정에 대해서 명확히 이해하고 있는 스승의 지도로 행하여져야 한다고 강조했다. 또한 도반들의 도움도 중요하다. 우리 욕망과 무지가 우리들 삶을 지배해 왔다. 진정한 본성을 밝히고 자유로워지기 위해서 우리가 할 수 있는 모든 도움과 안내를 받는 것이 가장 효과적이다.

질문 : 명상하기 위하여 사원에 올 때 순수한 목적을 갖는 것이 중요합니까?

대답 : 여러 가지 원인으로 사람들은 달마에 접하게 된다. 때로는 그 원인을 볼 수 있고 때로는 볼 수 없다. 건전치 못한 욕망으로 인해 달마를 듣게 되거나 명상을 하게 되어 좋은 결과를 얻을 수도 있다. 어떤 이는 여기에 온 목적이 여기에 있는 비구니 혹은 다른 비구들이 너무나 잘 생겼고 매력적이어서 왔다고 말했다. 그러나 여기 온 후로 처음의 의도는 사라졌고 지금은 훌륭한 수행자와 달마를 배우는 진지한 학생이 되었다.

수행자로서 여러분에게 지금 중요한 것은 현재이다. 무엇이 당신을 달마로 오게 했는가를 알아차리려고 하는 것이 아니라, 현재 순간 당신의 마음, 당신의 욕망, 당신의 의도를 알아차려야 한다. 마음챙김과 통찰 수련은 과거 업보를 제거해내는 힘을 가지고 있다. 우리가 참으로 마음집중하고 알아차리는 순간 우리들의 욕망을 놓아 버리고 새로운 업을 짓는 것을 멈추게 된다. 과거의 업 중에서 어떤 것들이 나타날 것이다. 그러나 마음챙김은 과거업이나 과거습관을 파괴한다.

질문 : 아찬은 종종 세 가지 말을 연결시킵니다. 달마, 자연(본성), 일상. 이것을 설명해 주시겠습니까?
대답 : 이러한 모든 것은 같은 바탕이 있다. 자연은 자연스럽고 자발적으로 드러난다. 일상 혹은 평범한 것은 간섭없이 일어나는 것이다. 그리고 달마는 있는 그대로의 사물의 진리이다. 반면 가르침으로서의 달마는 이러한 진리를 말로 표현한 것이다. 달마는 마음을

자연스러운 것으로, 진정한 본성으로 돌아가게 한다. 그때 우리는 모든 것은 있는 그대로이고, 특별한 것이 없고, 일상적이며 가장 깊은 의미에 있어서 평범한 것이다. 그러므로 달마는 우리들을 자연으로 그리고 평범 속의 진리로 환원시킨다. 그리고 자연과 우리들의 일상적인 존재를 보다 명확하게 봄으로써, 우리들은 달마를 더욱 깊이 있게 이해한다. 이러한 순환 관계는 가슴과 마음이 자연과 하나가 될 때까지, 우리들 존재와 자연의 모든 양상들이 명확하게 될 때까지 계속된다.

질문 : 아찬의 수련에서는 어떤 것이 문제라고 생각하십니까?
대답 : 처음 가르침을 시작했을 때, 나의 제자들이 얼마나 잘 수행하는가에 지나치게 신경을 썼다. 나는 그들이 빨리 달마를 이해하고 명상으로부터 효과가 나타나길 기대했다. 이와 마찬가지로 나의 사원 근처에 있는 일반 제자들에게도 관심을 뒀다. 후원하는 신도들에게 보람을 느끼게 하는 것과 모든 사람들이 진지하게 수행 하고 있다는 것은 중요하다. 계속 수행하는 모든 사람에게 세심한 관심을 둬야 한다고 느꼈다. 지금 나는 거의 모든 것을 놓아 버렸다. 사원은 자체적으로 잘 운영되고 있다. 나의 제자들은 그들에게 가장 적합하게, 자연스러운 보조로 배우고 진보한다. 나는 가르침과 적절한 환경을 제공한다. 나머지는 그들에게 달렸다.

나는 매우 어렸을 때부터 자비관을 해오고 있다. 이것이 나의 인생에서 아직도 강한 힘이 되고 있으며 이 힘으로 남을 돕고자 하는 원력이 된다. 나는 그들이 달마와 그들의 명상으로부터 빨리 효과가 있기를 바란다. 나는 그들이 고(苦)의 끝을 보기를 원한다. 지금, 자신의 수행에서 이러한 자비와 원력들이 더 깊어지고 동정적이고 평등심으로 승화되도록 노력하고 있다. 사람들이 수행의 성공 여부는 자신에게 책임이 있다는 것을 아는 것은 중요하다. 그것은 자연스러운 진행이다. 붓다의 가르침은 자연스러운 지혜의 성장을 위한 촉매의 일종이다. 그것은 현재 당신에게 달려 있다. 모두가 행복하고 모두가 고(苦)의 멸(滅)을 보기를 기원한다.

제7장
현존하는 테라바다 전통

붓다의 후예, 위빠사나 선사들

1. 테라바다 전통에 관한 추가 질문과 응답

이미 제시된 가르침을 분명히 하고 발전시키기 위해 편집자는 편저자에게 추가적인 질문을 했다. 잭 콘필드는 여기 제시된 많은 스승과 함께 수행했으며 지금은 미국과 캐나다의 명상 수도원에서 명상을 가르치고 있다.

질문 : 특별히 이 책에 대해서 몇 가지 질문을 하겠습니다. 우선 선생님은 이 가르침을 모아 출판함에 있어서 가장 중요한 점은 무엇이라고 생각하십니까?

대답 : 이 가르침의 모음은 현재 테라바다 남방불교의 풍부함과 다양성을 보여 줍니다. 그것은 여러 스승의 각기 다른 태도와 개성이 반영된 많은 양식과 방편을 보여 줍니다. 그러나 그것은 또한 이들 가르침이 모두 기본적으로 같은 이해, 즉 같은 달마[法]에서 나왔음을 보여 줍니다. 나는 이 책이, 독자가 자기에게 맞는 양식의 명상을 선택하는 데 도움이 되고, 스스로 달마의 맛을 알아 그것을 충실히 수행하도록 고무할 수 있기를 바랍니다.

질문 : 테라바다 불교에 있어서 스승의 위치는 무엇입니까?

대답 : 테라바다 불교는 다양한 가르침의 양식을 포함하고 있습니다. 어떤 사원에서는 스승이 경배의 대상이 됩니다. 그의 발을 씻고 그의 행동을 모방하며, 그를 극히 경건하게 따릅니다. 이 점에서 그는 스승으로서의 역할이 큽니다. 붓다다사와 같은 사원에서 스승은 자신을 좋은 친구 정도로 여깁니다. 만약 명상에 관해 조언을 구하면 그는 경험으로 배운 바를 얘기합니다. 그는 매우 단순하고 직접적이며, 형제와 같이 말합니다.

   스승과 제자와의 관계는 매우 다양합니다. 어떤 스승은 달마를 설함에 있어 사랑과 친절한 말을 많이 사용합니다. 그들의 마음 상태와 행동은, 당신이 계발하려고 하는 깨달음의 무비판적 순수성을 나타내는 수용과 허용의 표준입니다. 반면에 어떤 스승은 제자를 매우 거칠게, 언뜻 보기에 화난 듯이 다룹니다. 그들은 당신의 일상적인 행동 양식과 집착의 파괴를 돕기 위해 이 사나움을 사용합니다. 스승은 당신이 균형을 취할 수 있도록 방편을 사용할 수 있습니다. 스승은 그가 알지만 당신이 아직 깨닫지 못한 내면의 숨은 욕구를 분명히 보게 하는 상황에 당신을 둘지도 모릅니다. 혹은 스승은 당신에게 특별히 어려운 특정의 수행을 주장할지도 모릅니다. 스승은 이야기와 마법으로 당신을 고무시키거나 때리고, 속이고, 놀리고, 당신에 대해 웃고, 심지어 무시할지도 모릅니다. 스승은 당신이 가지고 있는 특정의 견해나 집착을 부수어 당신이 고착된 특정 지점에서 균형 잡힌 중심으로 되돌아오게 도울 수 있는 것이면 무엇이든 할 것입니다.

스승은 사랑이나 집중, 경책과 같은 여러 정신 요소를 조절할 수 있도록 다양한 수단을 사용합니다. 예를 들어 수행에서 원기는 왕성하나 집중이 부족할 때 스승은 꼼짝하지 않고 오래 앉아 있기를 강요할지도 모르며, 혹은 노여움이 많을 때 균형을 이루기 위해 자비의 명상을 권할지도 모릅니다.

스승들은 그들의 수행에서 오는 모든 종류의 방식과 테크닉을 사용합니다. 스승이 맹렬한 성품의 소유자이건 혹은 부드럽고 사랑이 넘치는 성품의 소유자이건 그는 당신이 진보하는 데 도움이 되는 모든 것을 사용합니다. 어떻게 그것을 행하는가 하는 것에 엄격한 규칙이 없습니다. 어떤 경우이건 유능한 스승은 당신이 그에게 의지하거나 그의 지도에 의지하지 않게 합니다. 스승들은 외부의 권위에서 독립해 신선하고 명백하며 완전히 자유로워 어떤 견해에도 의지하지 않는, 당신 자신의 내면의 진리를 발견하도록 지도합니다.

질문 : 스승이 제자의 개성에 맞는 특별한 명상 방법을 선정해 준다는 것은 모든 수행 방법이 결국 같다는 생각과 상충되지 않습니까?
대답 : 스승이 사용하는 가장 큰 속임수의 하나는 "나의 길이 가장 훌륭한 길이다. 가장 직접적이고 가장 빠른 길이다."라고 말하는 것입니다. 그것은 제자에게 불가피하게 어려운 지점을 통과하여 수행을 계속할 수 있게 정력과 노력을 쏟을 수 있는 믿음을 충분히 주어 거기서 결과를 얻을 수 있게 합니다. 이것은 궁극적 자유로

인도하는 참으로 많은 수행이 있다는 사실과 상충되지 않습니다. 당신이 스승에게 처음 갔을 때 그는 당신의 흥미를 끌기 위해 매우 개방적인 달마를 설합니다. 일단 당신이 명상을 시작하면 스승은 더욱 특별한 수련으로 당신을 인도하여 그 방법에서 마주치게 되는 어려움을 헤쳐 나가게 합니다. 스승의 노련함의 일면은 완전한 진리를 당신에게 드러낼 뿐만 아니라 그와 동시에 당신의 진보에 도움이 될 특별한 방법으로 당신의 노력과 집중력을 지도하는 묘도(妙道)에 있습니다.

먼저 언급했듯이 스승을 찾음에 그 선택은, 무엇이 옳은가 어떤 스승, 어떤 스타일에 당신이 이끌리는가 하는 직관력에 달려 있습니다. 그것은 균형을 맞추려는 욕구에서 올 수 있습니다.

만약 당신이 그리 엄격하게 수행하지 않았다면 엄하게 수련하게끔 하는 사람을 찾는 것이 좋을 것입니다. 반면에 당신이 강압적으로 수련하는 사람이라면, 당신으로 하여금 그냥 휴식하여 자연스런 흐름에 맡기게끔 하는 스승을 찾는 것이 도움이 될 것입니다. 수많은 요인이 포함됩니다.

붓다는 최소한 5년간 첫 번째 스승과 지내는 것이 좋을 것이라고 말했습니다. 어떤 길을 선택하더라도 빨리, 그리고 당장 깨달음을 얻을 수 있는 것은 극히 어렵다는 것을 명심해야 합니다.

붓다의 가르침을 돌이켜 생각해 보면, 점차 경사져서 깊어지는 대양의 바닥과 같이, 지혜와 이해 그리고 변화의 와중에서 평온(무심)을 점차적으로 계발하는 인상을 받습니다. 이처럼 당신은 잠시 둘러보고 다른 시기에 한두 가지 방법을 꽤 오랫동안 수행하는 것도 필요합니다.

질문 : 스승의 선택에 있어 좀더 구체적으로 이야기를해 주십시오. 이것은 미국인과 서구인의 경우에도 그렇습니까? 스승의 선택은 첫 스승으로부터 가르침의 경험이 기대한 것과 다를 때, 그를 떠나 다른 스승을 찾아야 함을 뜻합니까?

대답 : 전혀 그렇지 않습니다. 비록 내가 한두 스승을 즉시 받아들이는 어려움을 당했을지라도 나는 그들과 함께 머물렀는데 그것은 그들에게서 배울 것이 많음을 분명히 보았기 때문입니다. 나중에 나는 내부에의 많은 부분이 자신의 스승에 대한 이미지에 집착하기 때문임을 깨달았습니다. 내가 그들의 사원이나 그들의 개성, 혹은 가르침의 특정한 일면을 보고 혼란될지라도 그것이 그들 가르침의 궁극적 가치에 대한 나의 순수한 흥미와 신뢰를 흐리게 하지 않았습니다. 개방되고, 환상과 편견을 넘어서기 위해 스승으로 보다는 가르침으로 달마를 찾는 것이 도움이 됩니다. 이와 같은 방법으로 우리는 모든 상황을 수행하고 배우며 성장하는 장소로 이용하도록 개방될 수 있습니다. 마찬가지로 이와 같은 방법으로 좋은 가르침을, 그것을 설하는 스승에 지나치게 좌우됨이 없이 이용할 수 있습니다. 스승을 택함에 당신이 개방되면 될수록 당신에게 맞는 사람과 상황을 발견하기 쉬워집니다.

붓다의 후예, 위빠사나 선사들

질문 : 스승이나 수행 방법을 택하는 것은 차를 선택하는 것과 같지 않음을 이해하는 것이 중요한 것 같습니다. 자신에게 맞는 스승과 수행 방법은 항상 가장 좋게 느끼고 가장 편안하며 선입관에 맞는 사람일 필요는 없다는 것이 사실입니까?

대답 : 맞습니다. 불교 수행의 본질은 자신의 내면을 분명하게 보는 것, 즉 몸과 마음의 과정을 완전히 철견하는 것입니다. 당신이 보는 첫 번째 사실 중의 하나는 당신의 집착으로부터 오는 고(苦)입니다. 어떤 길을 선택하든 간에 결국엔 수행에서 통찰력을 전부 드러내는 부분으로서 고통과 어려움이 있습니다. 가르침은 처음에 보이는 것과 다를수 있고 당신의 명상은 첫 단계에서 전혀 드러나지 않던 것을 이해할 수 있는 단계로 향상합니다. 당신이 믿을 수 있는 스승을 선택하고, 당신을 편안하게 해주는 사람을 택하지 마십시오.

질문 : 명상은 그것을 집중적으로 하기 위한 정기적 안거(결제) 없이도 진보합니까?

대답 : 아찬 차나 아찬 붓다다사가 가르치는 방식과 같이 단지 자연스러운 알아차림을 계발함으로써, 집중적인 수련 없이도 달마의 진보는 가능합니다. 동시에 집중적 수련은 극히 중요합니다. 결국, 나는 균형을 권합니다. 즉 가끔 세상에서 물러나 집중 명상을 하고, 가끔 세상 속에서 시간을 보내는 것이 그것입니다. 집중적인 수련을 통하여 강한 집중력과 붓다가 설한 진리에 대한 깊은

통찰, 강한 신념과 굳은 의지를 계발할 수 있습니다. 집중 수련을 일상적 알아차림과 통합함으로써 삶의 어떤 부분도 수행과 떨어지지 않습니다. 물러나 집중 수행에서 얻은 깊은 통찰력을 일상적 행동과 다른 사람에 대한 관계로 통합할 기회가 있습니다. 역으로, 깊은 수행 속에 일상적인 사회적 상호 작용으로부터 생기는 문제를 위하여 그 문제를 관통함으로써 그것으로부터 생기는 집착과 해방을 알 수 있습니다. 지혜는 집중 수련과 일상 수련 모두에서 향상됩니다. 얼마나 자주 안거하는가 하는 데 대해서는 자신의 욕구를 지켜보아 자신만의 흐름을 발견해야 합니다. 이들 전 과정은 관찰과 탐구 그리고 실험의 하나입니다. 항상 깨어 있고 자신의 진보를 관찰하고 지켜 보아야 합니다. 그것이 전부입니다. 그것이 진리로 가는 열쇠입니다.

질문 : 이 모든 것은 어디로 인도합니까?
대답 : 그것은 자유로 인도합니다. 그것은 더욱더 현재를 사는 삶으로 인도하여 거기에 있는 그대로 경험하며 그것에 매달리지 않고, 선입관으로 사물을 대하지 않고, 있는 그대로 분명히 봅니다. 그것은 집착을 떠나게 하여 고통을 덜 당하고 덜 이기적이게 합니다. 이것은 더 많은 사랑과 기쁨, 다른 존재에 대한 더 많은 연민 그리고 존재하는 것과 함께 유연히 흐름을 함께함을 의미합니다. 그것은 자신의 존재가 이 몸과 마음의 진행일 뿐임을 자각하게 합니다. 그것 외에 아무것도 없으며, 할 일도 없고

붓다의 후예, 위빠사나 선사들

얻을 것도 없습니다.

질문 : 이 생애에서 열반을 경험하는 깨달음과 능력은 무엇입니까?
대답 : 열반에는 여러 의미가 있습니다. 인생의 끝에서 어떤 것에서나 더 이상 집착이 없을 때 일어나는 마지막 열반이 있습니다. 이 마지막 무집착은 사람을 윤회의 바퀴에 머물게 하는 욕망의 힘을 그치게 합니다. 더 이상 재생이 없을 때 그때 열반이 있습니다. 즉 아라한의 성취, 이 세상 안에서 완전히 깨달음으로써 이 생애에서 자유를 얻습니다. 아라한은 더이상 이기적이지 않으며, 탐욕과 증오 그리고 마음속에서 일어나는 어떤 종류의 미망도 없습니다. 그것을 다른 말로 하면 아라한은 순간순간 언제나 알아차림의 연속이며 완전히 깨어 있지 않은 한 순간도 없습니다. 아라한의 일생은 완전한 균형[中道]과 완전한 자비를 갖춘 것입니다.

우리는 아라한의 열반과 같은 것을 우리가 완전히 알아차리는 매순간 경험할 수 있습니다. 우리가 집착으로부터 자유롭게 되는 매순간 마음의 평화로운 자각 상태가 윤회 속에 있는 열반의 일종입니다. 마음이 더욱 깊이 고요할 때 우리는 형상과 변화의 한 가운데에서 시간도 없고 변화하지 않는 무엇을 이해하게 됩니다.

열반은 수행자가 경험하는 상태를 뜻하기도 합니다. 이 상태를 처음 맛보는 것을 수다원(입류과)이라 하며, 이 마음과 몸의 현상을 넘어서 완전한 적멸의 상태를 순간적으로 경험하는 것입니다.

이것은 절대 고요와 평화이며 움직임과 앎을 너머서 있고, 이 세상을 초월한 적멸의 상태입니다. 몇몇 명상 수련에서 이 특수한 상태는 마지막 목표로 보여집니다. 지혜 그 자체와 통찰조차도 이 상태에 이르는 디딤돌에 불과합니다. 그러나 점점 더 붓다는 고(苦)의 인식과 고(苦)의 소멸에 관한 수련에 대해 말했습니다. 몸과 마음을 초월하여, 윤회를 넘어서 이 상태를 경험하는 것은 단지 순간적 적멸입니다. 그것은 극히 심오합니다.

그것은 우리가 자아라 부르는 환상의 본성을 보게 합니다. 그것은 집착에 지대한 영향을 주어 결박의 번뇌와 오염을 뿌리째 뽑는 것입니다. 그러나 당신은 일단 그것이 지나가면 거기에 매달릴 수 없습니다.

아라한의 완전히 해방된 상태를 얻어, 더이상 집착과 욕망이 없을 때까지 수행을 계속해야 합니다. 현상을 초월한 이 영역과 완전한 평화의 경험은 당신의 수행을 깊이 있게 하고, 이것은 수행이 바르게 되어가고 있다는 표시입니다. 그러나 그 자체로서 그것은 수행의 끝이 아니고 그것에 집착할 수도 없습니다. 수행의 끝은 집착과 이기심을 넘어서 완전한 자유와 모든 존재에 대한 자비를 가지는 데 있습니다.

질문 : 깨달음을 얻기 위해 애쓰는 상대적인 수준과 반대가 되는 절대적 수준의 아무것도 하지 않는 것으로부터 접근하는 수련에 대해 좀 더 설명해 주십시오.

붓다의 후예, 위빠사나 선사들

대답 : 수행이 깊어지고, 사물을 있는 그대로 관찰하여 판단과 개념의 도입 없이 보게 되면, 상호 모순되는 것에 편안해집니다. 이 경우에 우리는 절대적 수준의 아무것도 하지 않는 수련과 특정한 방법을 행하는 상대적인 수준의 진리에 대한 상호모순에 대해 이야기할 수 있습니다. 절대에 매달리면 어려움이 생깁니다. 사실상 이것이 모두 환상이라면 사람들은 아무것도 할 필요가 없다고 느낍니다. 그러나 그들은 여전히 환상에 사로잡혀 있기 때문에 무언가 행할 필요가 있습니다. 어떻게 해서든 어딘가에서 그들은 여전히 그것을 사실로 받아들이고 있습니다. 아찬 차나 아찬 붓다다사 같은 스승조차 여전히 무엇이 일어나는지 주의 깊은 관찰을 계속할 것을 권하고 있습니다. 당신이 무언가 특별한 것을 얻어야 하기 때문이 아니라, 이미 있는 것의 본성을 더욱 분명하게 보아야 하기 때문입니다.

그것은 얻고, 획득하며, 무언가 특별한 것을 행하는 노력이 아닙니다. 그것은 단순히 깨어 있으려는 노력입니다. 그래서 얻고, 되어야 할 아무것도 없다 할지라도 여전히 우리는 우리의 현혹과 무지를 극복하기 위해 열심히 노력해야 합니다. 이 책에 있는 모든 수행 방법은 간단하면서도 숙련을 요하는 수단에 불과합니다.

붓다는 그의 가르침, 즉 그의 개념과 다양한 수행의 상대적 가르침을 뗏목으로 간주했습니다. 이 뗏목은 환상의 바다를 건너는 데 사용됩니다. 당신이 바다 건너편에 이르면 당신은 더이상 이들 상대적 진리는 필요 없게 됩니다.

　당신은 뗏목을 버릴 수 있습니다. 혹은 그것을 다른 사람이 건너도록 돕는 데 쓸 수 있습니다. 붓다는 경전에서 절대의 수준에 대해서도 말했습니다. 그는 가르침과 수행법은 달마가 될 수 없음을 말했습니다. 달마는 진리이며 모든 언어를 초월하고 모든 가르침과 수행방법을 초월해 있습니다.

질문 : 수행에서 어느 정도의 노력이 필요합니까?
대답 : 대단한 노력이 필요합니다. 붓다는 가끔 수행자들로 하여금 특정한 방법으로 아주 많은 노력을 기울일 것을, 즉 집중하고 주의를 끌며, 몬힌 사야도의 아비달마 명상에서와 같이 생각의 과정을 수행으로 전환하길 가르쳤습니다. 노력은 거기에 맞는 내적 정적과 집중을 수행하는데 고요히 앉아서 움직이지 않으며, 단지 매 순간 자각하는 노력으로 온몸이 땀에 젖어 '무위(無爲)'의 수행을 하는 것일 수도 있습니다. 그러나 언제나 그런 것은 아닙니다. 어떤 때는 누워서 심신의 과정이 지나감을 지켜보면서 균형을 잡기도 합니다. 노력은 주로 육체적인 것은 아니며 어떤 것도 얻거나 변화시키려 하지 않고, 완전히 깨어서 현재에 존재하여 머무는 것입니다. 이것이 올바른 노력입니다.

질문 : 사람이 보통 일을 할 때의 조건화된 방식을 깨뜨리기 위해 노력이 필요하지 않습니까?

대답 : 가끔 선입견과 세계에 대한 반응 양식을 부수기 위해 노력이 필요합니다. 어떤 때는 이 노력은 마음뿐만 아니라 육체까지도 포함합니다. 테라바다 불교에서 가장 격렬한 수행 중의 하나는 움직이지 않고 오래 앉아 엄청난 고통이 몸에 쌓이는 걸 허용하는 것입니다. 순룬 사야도의 이런 접근은 단지 앉아서 고통을 견디고 그것을 꿰뚫는 것입니다. 이 수행은 궁극적으로 고통에 대한 동일시와 거기에 대한 일상적 반응을 깨뜨려, 고통이 당신 자신이 아님을 알게 하는 것입니다. 그러나 노력만이 자유로 유도하는 원인은 아닙니다. 자유는 경험의 본성을 분명히 보는 통찰력으로부터 옵니다. 또 다른 지속적인 노력이 수행상 가끔 요구됩니다. 세계를 인식하는 마음이 온통 불만족과 혐오감, 공포, 비참함으로 가득찬 채 며칠, 몇주일 혹은 몇달 간 지속될 때도 있습니다. 수행에 매달리고, 주위에 있는 것의 진정한 본성을 꿰뚫어 보고, 고통조차 넘어서서 모든 현상의 진정한 공성(空性)을 보기 위해서는 집요하고 용맹스러운 노력이 필요합니다. 끈질기고 집요한 노력이 지혜를 일깨우는 열쇠입니다.

 많은 스승이 수행에서 자연스런 무위(無爲)의 노력을 하고 있음을 기억하는 것이 좋을 것입니다. 단순히 지켜보고 지나가도록 허용합니다. 앉아 있는 것이 고통스럽지 않고 많은 노력을 들일 필요가 없으며, 단지 앉아서 심신의 현상이 변하는 본성을 자기와 무관하게 분명히 관찰하는 것, 이와 같이 하여 세상에 대한 집착을 그대로 방임하여, 점점 심신이 가벼워지고 더 자발적이며 더 지혜롭게 되는 것은, 쉽지는 않지만 가능합니다. 수행이 펼쳐지는 데에 한 가지만의 길이 있는 것은 아닙니다.

질문 : 테라바다 불교에서 고통을 강조하는 것은 우울하고 부정적인 철학으로 보여지지 않습니까?

대답 : 그것을 그와 같이 보는 것은 가르침을 오해하는 것입니다. 우리는 모두 자신과 다른 사람의 행복을 찾고 있습니다. 진정한 행복에 이르려면 우리 마음의 본성과 우리의 상황 및 세계의 본성을 직접적으로 이해할 필요가 있습니다. 정직한 방법으로 살펴볼 때 우리가 행복과 안정을 추구하는 대부분 수단은 불만족스럽다는 것이 드러납니다. 사실상 그것들은 우리를 고통으로 이끕니다.

움켜쥐고 집착하여 욕구하는 것, 즉 색·성·향·미·촉·법의 끝없이 변하는 세계에서 행복과 안정을 지속하려는 것은 되지 않는 일입니다.

그것은 단지 마음을 좌절시키고 산란시켜 불가피하게 불만을 가져옵니다. 불교는 철학이 아니며 세계에 대한 기술도 아닙니다. 그것은 우리들의 삶을, 우리의 고통과 행복을 다루는 실제적 수단입니다. 불교는 모든 상황에서 즐겁고 만족스럽게 되는 길을 제시합니다. 이 실제 과정은 우리가 경험의 전체성에 개방되어 있기를 주장합니다. 우리는 고통으로부터 벗어나기 전에 어떻게 고통을 만드는지 알아야 합니다. 그러나 세상의 고통을 보는 것만 강조해서는 안됩니다.

세계 전체의 진정한 공성(空性)을 경험하도록 해야 합니다. 그때 우리는 자기를 놓고 완전한 내면의 적멸에, 지고한 행복에 이르게 됩니다. 달마를 이해하고 수행하는 사람에게 그것은 고의 소멸을 뜻합니다. 그들의 삶은 기쁨으로 넘치고 걱정과 욕망에서 벗어납니다. 그들은 붓다의 행복을 맛봅니다. 명상은 붓다에 대해 배우는 것이 아닙니다. 그것은 붓다와 같이 되는 길입니다.

질문 : 이 책에는 지혜 수련과 비교하여 순수한 선정 수련에 대한 논의가 많습니다. 몇몇 스승들은 수행자들이 집중의 높은 단계를 계발하는 것을 경고하기도 합니다. 만약 집중을 올바로 계발하면 이들 위험으로부터 지켜줄 지혜 또한 계발하는 것이 아닌가요?

대답 : 올바른 선정의 계발에 지혜는 필수적입니다. 그러나 이 책에서 스승들이 한 경고와 주의에는 상당한 이유가 있습니다. 수행자들은 선정의 축복과 즐거움 혹은 그들이 매달릴 수 있는 무언가를 얻었다는 느낌에 사로잡힙니다. 이 집중과 축복에 대한 미묘한 집착은 지고 다녀야 할 새로운 짐이며, 이것이 진정한 지혜가 발견되는 순간에 존재를 보지 못하게 방해합니다.

선정(사마타)과 통찰 명상(위빠사나) 사이에 너무 큰 거리를 두는 것은 다소 인위적입니다. 언제나 통찰력의 올바른 계발에는 선정력이 계발되어야 합니다. 어느 정도 마음의 고요와 평정, 그리고 한 가지에 집중함이 없이는 진실한 지혜를 가질 수 없습니다.

집중(선정)의 기초로서 경험의 변화에 주시를 기울이면서 선정력이 계발된다면 통찰력은 아주 쉽게 발달합니다. 우리가 기억해야 할 모든 것은 그것이 기쁨이나 능력과 같이 집중에 의한 특별한 이익이건 혹은 위빠사나로부터 오는 통찰력의 획득이건, 어떤 것에 대한 집착도 자연스러운 지혜의 전개에 방해가 된다는 것입니다.

질문 : 지식과 지혜의 구별을 고려해 볼 때 아찬 나에브, 모곡 사야도 그리고 아비달마 명상을 하는 다른 사람들과 같은 스승들은 우선 법의 이론적 체계를 이해할 것을 강조했습니다. 당신은 내면의 경험으로 이들(지식과 지혜의) 다른 과정을 어떻게 구별합니까? 이 지식이 지혜를 계발하는 데 도움이 되거나 중요합니까?

대답 : 어떤 사람들에게는 달마의 이론적 이해가 도움이 됩니다. 그들의 사고과정과 지성이 더욱 깊게 자기 이해를 하도록 합니다. 마찬가지로 가끔은, 가르침의 지식이 많은 의심이나 오해를 가진 사람들의 균형을 위해 치료와 같은 효과로 사용됩니다. 수행의 초기에 달마의 이론적 지식은 마음이 어디를 보아야 할지 가르치는 것을 돕습니다. 어느정도 수련을 한 뒤에 이론의 공부는 다른 사람과 통찰력 및 지혜의 경험을 나누고 전달하는 데 유용합니다. 가르침에서 그것은 지적 체계와 이론적 지식을 가지는 것을 돕습니다. 그러나 이론적 지식은 필요하지 않습니다. 사실상 경전이나 붓다 혹은 경전의 주석에 대해 모르고, 단지 앉아서 마음을 관찰하여도 동일한 이해에 도달합니다.

붓다의 후예, 위빠사나 선사들

이때 역시 존재의 세 가지 특성을 경험하게 됩니다. 즉 무상·고·무아의 세가지입니다. 수행 전에 이론적인 지식을, 특히 명상 도중 경험하는 특별한 상태를 기술하는 지식을 너무 많이 갖는 것은 위험합니다.

사물을 있는 그대로 분명히 감수함을 방해하는 기대가 커지게 됩니다. 수행 도중 일어날 것을 너무 많이 아는 것을 경계해야 합니다. 아마 이상적인 것은 넓은 측면의 달마를 이해하는 체계를 갖는 것입니다. 그런 다음 단지 앉아서 자신의 일을 하며, 스스로 진리의 본성을 알아야 합니다.

질문 : 자유롭고 개인적인 표현을 허용하는 전통이 강한 서구문화에, 가르침을 번역함에 있어 가장 어려운 면은 아마도 계율의 문제일 것입니다. 정신적 수행에서 계행의 기능은 무엇입니까?

대답 : 계율로서 가르쳐지는 도덕성은 매우 영향이 크고, 수행의 진보에 중요합니다. 명상의 모든 방법과 같이 계율은 도덕성과 지혜가 자연스레 흐르는 비이기적인 곳으로 사람을 이끄는 도구에 불과하다는 것을 먼저 기억해야 합니다. 서구에서는 자유란 마음대로 함을 뜻한다는 신화, 즉 그들이 취하는 모든 곳에서 모든 욕망을 추구하는 것이 자유라는 신화가 있습니다. 사실상 마음을 살펴볼 때, 모든 욕구, 집착과 성냄과 같은 모두를 따른다는 것은 자유가 아니라 속박의 일종임을 알게 됩니다. 욕망과 움켜쥠으로 가득 찬 마음은 필연적으로 고통을 수반합니다. 자유는 특정한 외적 행동을

수행하는 능력으로 얻어질 수 없습니다. 진정한 자유는 존재의 내적 상태입니다. 일단 그것이 얻어지면 세계의 어떤 상황도 그의 자유를 묶거나 제한할 수 없습니다.

이런 맥락 속에서 우리는 도덕적 계율과 규칙을 이해해야 합니다. 일반적으로 우리는 우리가 조건화된 방식으로 자극에 간단히 반응함으로써 시간을 보냅니다. 가끔, 이 조건화가 너무 강하여 우리 주위의 사람들에게 해를 끼치는 방식으로 이기적인 행동을 가져오는 상황을 만듭니다. 도덕적 계율을 준수함으로써 조건화된 반응과 우리 욕구를 얼마나 따라야 할 것인가에 대한 한계를 설정하기 시작합니다. 우리는 조건화된 상황과 욕구에 함몰하지 않고 말합니다.

"기다려라, 나는 잠깐 멈추어 이 과정의 본성을 단지 지켜보아야겠다."

다가오는 욕구와 충동을 맹목적으로 따르지 말아야 합니다. 우리를 자유로 인도하는 것은 이 멈추어 관찰함으로써 반응의 거미줄에 걸리지 않는 것입니다.

전통적인 불교의 계율은 다섯 가지입니다.

1. 살생하지 않음. 거의 언제나 마음속에서는 어느 정도 죽이고자 하는 증오와 혐오, 혹은 이기심이 있게 마련이므로 목숨 있는 것은 무엇이나 죽이지 않는다.

2. 훔치지 않음. 도둑질은 이기심과 다른것을 희생하여 자신을 행복하게 하려는 욕구에 따름으로 생긴다.(또한, 그것은 물질과 안락 속에서 행복을 찾는 것이며, 물질과 안락속에 진정한 행복은 없다.)
3. 거짓말하지 않음. 이것은 명백한 계율이다.(거짓말은 보통 이기심으로 인해 지키고 감추어야 할 무엇인가가 있다는 느낌에서 온다.)
4. 간음하지 않음. 이것은 주로 다른 사람에게 고통을 야기하는 성적 행위를 하지 않는 것으로 해석된다.(간음은 이것이 그 전통적인 예가 된다.)
5. 마음을 둔하고 현혹게 하는 데까지 술을 마시지 않음. 음주는 다른 계율을 깨뜨리게 하고, 법의 이해와 자비의 열쇠가 되는 자각을 잃게 한다.

  이들 계율을 준수할 때, 전통적 불교 입장에서 사용되는 말은 "나는 살생을 삼가기 위해 계율을 준수한다."입니다. 이것은 절대 규범이 아닙니다. 왜냐하면, 절대 규범이란 자기 스스로의 비이기성에서 나오기 때문입니다.
  계율이란 따라야 할 규칙이며 사물의 진정한 본성을 보게 하며 마음의 고요를 증진하고, 자기 주위 세계와 조화를 이루게 합니다. 궁극적으로 자연성과 자비가 스스로 자리 잡습니다. 계율은 매우 강력합니다. 예를 들어 어떤 경우에나 진실이 아닌 것을 말하지 않음은 그것만으로 전 수행이 될 수 있습니다. 다른 사람과 관련하여 거짓 진술하지 않고, 이야기되고 있는 것에 완전히 마음챙김하여 알아차려 사실을 분명하고 솔직하게 나타냅니다. 완전히 진실한 사람은 어떤 사회에 있어서나 칭찬과 존경을 받고 믿을 수 없을 만큼 영향력의 초점이 됩니다. 이런 사람은 진실의 힘, 있는 그대로를 제시하는 힘을 가지고 여러 욕구와 사실상 자유에 반대되는 모든 마음의 충동에 끌리거나 흔들리지 않습니다.

　이 계율에 좀 깊이 들어가 만약 어떤 사람이 자신을 속이지 않고, 사물을 있는 그대로 보고, 완전한 의식과 알아차림으로 사물을 봄으로써 내면에서 역시 진실의 계율을 지킨다면, 이 하나의 계율은 불교 수행의 전체가 됩니다. 불교뿐만 아니라 모든 종교에도 해당합니다. 사람이 완전히 정직해진다면 자동으로 비이기성에 의한 지혜가 생깁니다. 이미 무엇을 얻고자 노력하지 않고 이미 진실인 것 외에 다른 것이 되고 싶지 않기 때문에 그는 자연스레 사랑할 수 있습니다. 수행의 계율로서 이들을 준수할 때 훔치지 않음의 계율에도 적용됩니다. 만약 당신이 그것을 '주지 않는 것은 취하지 않는다.'라고 해석한다면, 그것은 세상에서 이기적인 방식으로 행동하는 모든 경우를 알 수 있는 매우 강력한 도구가 됩니다.

　큰 의미에서 이 계율은 사회·경제적인 도둑질을 인식할 뿐만 아니라, 가장 기본적으로 그것은 즐겁고 괴로운 경험의 끝없는 흐름에 영향을 받지 않는 능력을 배양하는 데 있습니다. 도둑질은 지켜야 할 자아가 있거나 즐겁게 해야 할 자아가 있거나, 순간적인 즐거움을 취하는 것에 자유와 행복이 있다고 여기는 환상

붓다의 후예, 위빠사나 선사들

에서 비롯됩니다. 탐욕에 바탕을 둔 행동 대신 그 과정을 지켜보고, 얻고자 노력하고, 순간적 즐거움에 집착하는 것을 넘어선 마음의 평화에 이르기를 배웁니다.

비록 이들 계율이 단순하고, 자유의 개념으로 제한없는 행동에 반대되는 것 같이 들릴지 모르지만, 그것들이 올바로 지켜질 때, 자유로운 마음을 계발하는 데 믿을 수 없을 만큼 강력한 도구가 됩니다. 여기서 선(禪)의 방식을 되새겨 보지 않을 수 없습니다. 맹목적으로 계율에 매이지 않고, 그것들을 다른 사람을 판단하는 데 사용하지도 않고, 언제 계율을 지켜야 하며, 언제 계율을 뛰어넘어야 할지 아는 것입니다.

질문 : 선정은 지혜를 증진시킵니다. 그리고 도덕성(계)이 지혜를 증진시킵니다. 그러나 동시에 지혜가 도덕성을 증진시키지는 않습니까?

대답 : 서구에서는 동양에서 달마가 발전해 온 것과는 아주 다르게 발달하고 있습니다. 동양에서는 먼저 계, 나중에 선정, 마지막으로 지혜를 계발하는 것으로 가르쳐 왔습니다. 도덕적 삶을 사는 것은 마음을 고요히 앉아서 강한 집중과 마음을 한 곳에 모으는 것을 계발합니다. 수행자는 그가 누구인가 하는 과정을 연구하는 데 이것을 이용하며, 세 가지 특성(삼법인)에 대한 통찰력을 계발하여 지혜와 궁극적 자유로 이끕니다.

서구에서는 약간 그것이 전도되어 있습니다. 많은 사람들이 그들의 삶과 그들을 둘러싸고 있는 사회에 불만을 경험하고 있습니다.

어떤 사람은 환각제를 통해 존재의 깊은 측면을 잠깐 보기도 합니다. 약간의 지혜가 먼저 생깁니다. 그들은 지혜의 맛으로부터 집중을 배우고, 마음을 고요히 하고 조절하는 여러 방법을 탐구합니다. 마지막으로 사람들은 그들 자신 및 사회와 관련하여, 그들 주위 사람을 해치지 않고 존재하는 방식을 계발하는 것이 필수적임을 깨닫게 됩니다.

이처럼 서구에서는 순서가 바뀌어 수행이 진보합니다. 처음에 지혜가, 다음에 선정이, 마지막에 도덕성, 이것은 물론 순환하여 다음에 더 큰 집중과 더 많은 지혜로 나아갑니다.

질문 : 자신의 정신적 발달을 직선적인 진보로 볼 수 있습니까?
대답 : 여기에서 우리는 사물을 절대의 수준에서 볼 것인가 상대적 현실에서 볼 것인가 하는 문제로 되돌아갑니다. 가르침이나 수행상 시간의 경과에 의해 지혜의 순간이 더욱 자주 있게 됨에 따라 명상과 통찰이 깊어진다고 생각하는 것이 유용합니다. 이처럼 상대적 수준에서, 수행은 시간이 지남에 따라 진보합니다. 사실상 절대의 수준에서 시간은 존재하지 않습니다.

시간은 개념에 불과 하므로, 우리가 인식할 수 있는 것으로 존재하는 유일한 것은 '지금 여기'입니다. 단지 현재의 순간만이 존재합니다. 시간과 수행이란 단어를 결합하여 사용하는 것은 단지 상대적인 차원에서의 이야기 방식입니다. 절대적 이해로 우리는 순간에 완전히 다가갈 수 있고, 수행은 완성됩니다. 진보는 없고 단지 지금 여기의 존재만이 있습니다. 그러나 붓다, 라마나 마하리쉬, 노자를 포함하여 모든 위대한 스승들은 절대적인 실재를 사람들이 이해할 수 있는 방식으로 전하기 위해 이들 상대적 개념을 사용했습니다.

붓다는 그의 제자들에게 "내가 시간을 이야기할 때 혹은 자아를 이야기할 때 나는 '자아 혹은 시간이라는 것이 절대적이다.'라고 의미하지는 않는다. 나는 이들 용어를 그대들이 존재의 본성을 직접 감지하도록 전하기 위해, 상대적 의미에서 사용한다."라고 상기시킨 것으로 전해집니다.

질문 : 통찰력(지혜)은 언제나 특정순서에 따라 일어납니까?

대답 : 수행이 진보함에 따라 존재의 본성을 점점 더 깊이 꿰뚫는 공통된 순서가 있습니다. 자신이나 다른 수행자가 수행 과정상 '전통적인 통찰의 단계'를 거치는 것을 목도함은 놀라운 경험입니다. 그러나 진보가 언제나 정확하게 규칙적으로 일어나는 것은 아닙니다. 특히 아찬 차나 아찬 붓다다사가 가르치는 지혜의 자연스러운 발달의 경우가 그렇습니다. 단계를 거치는 대신 그냥 욕망이 없어지고, 현재를 분명히 자각하며 집착없이 있는 그대로 존재함을 느낄 수 있습니다.

이것은 아찬 나에브가 기술한 바와 같이 통찰의 순간순간의 단계에 대해 매우 깊이 집중된 지각이 없이도 일어날 수 있습니다. 전통으로 전해지는 '진보의 단계'를 통과할 때도 통찰의 각 단계를 분명하게 구분하여 느끼지 않고, 경험상으로 보건대 한 단계에서 다른 단계로 건너뛰는 것 같습니다. 가끔 수행은 나선형이거나 여러 차원의 입체적 과정과 같이 보일 수 있고, 가끔 그것은 발달의 개념 전체를 넘어섭니다.

질문 : 실제 입장에서 시간과 정신적 수행의 개념에 어떻게 접근해야 합니까?

대답 : 답이 여럿 있습니다. 세계에 대한 절대적 관점을 단지 지적으로 받아들이지 않도록 조심해야 합니다. 그렇게 되면 세상에 할 일이 없고, 모두가 공(空)으로 느껴집니다. 그러나 직접적으로 모두가 비었음을 깊이 자각하지 않으면 공(空)의 개념에 집착하는 것이 됩니다. 이것은 실상을 직시하는 데에 그리고 순간순간 지혜의 열림에 장애가 됩니다. 당신의 질문에 다른 방식으로 답하면, 우리들의 수행을 긴 여행으로 생각하고, 오래 인내하는 마음을 기르며, 아찬 차가 강조하듯이 얼마나 오랫동안 수행했는가를 생각하지 않고 단지 자신의 수행을 계속하라는 것입니다.

한 유명한 불교 선사가 "수행이란 길을 따라 걸음에 있어 자신을 올바른 방향에 두는 것을 의미하며, 얼마나 많은 나날이 혹은 사건이 지나갔는지 고려하지 않는 것이다."라고 말했습니다. 단지 걷는 그 자체가 목표입니다. 왜냐하면 주의 깊고, 완전히 현재에 있으면 탐욕과 증오, 현혹으로부터 자유로운 매순간이 자유의 순간이며 마지막 자유에로의 걸음이기 때문입니다. 정신적 수행은 최소한 일생을 건 작업입니다. 완전히 자유롭지 않고 완전히 깨닫지 못하는 한 해야 할 일이 있습니다. 이 상대적 견해는 매우 유용합니다. 집착과 고통, 미혹이 있는 한, 알아차리고 마음챙김하여 현재에 깨어 있으려는 노력은 어떤 가르침이나 수행 방법을 취하든 필요합니다.

정신의 발달을 위한 수행은 기복(起伏)의 과정이 있게 됩니다. 어떤 사람은 순간순간의 기복을 가집니다. 순간순간 미혹됩니다. 어떤 사람은 시간에 따른 기복을 가집니다. 어느 하루 그의 명상이나 일상 활동은 매우 선명하고 정확하며 평온합니다. 반면 다음날은 둔하고, 나태하고, 분명치 못합니다. 달에 따라 혹은 해에 따라 기복을 가지기도 하여, 수행이 깊어지거나 혹은 몇 달 동안 고통과 절망 및 세계의 어두운 면만을 보며 크나큰 우울함에 잠겨 지내기도 합니다.

달이나 해에 따른 기복에서도 오래 견디는 평정심으로 무상의 물결이 지나가게 하여 수행의 과정에 믿음을 가져야 합니다. 사물들이 그 자체대로 움직이게 하고 달마가 우리의 선입견 없이 나타나도록 하는 것은 마음의 이런 성질입니다. 자비의 힘으로 달마가 모든 사람에게 도움이 되게 하는 것은 이 오래 견디는 자질로부터 유래합니다. 고통의 끝인 지혜의 계발은 자신을 위한 것일 뿐만 아니라 사실상 모든 존재 고통의 소멸을 위한 것임을 언급해야겠습니다. 이기심이 완전히 사라지면 더는 탐욕, 증오, 무명이 마음에 없습니다. 그러면 더는 분리가 없으며 '나', '너', '그들'이 더는 없습니다. 이 너와 나의 분리가 없을 때 지혜는 저절로 사랑과 친절, 자비로 나타납니다. 행동에 자기가 없으며 완전히 다른 사람의 이익과 조화를 이룹니다. 이 세상에서 이 지혜의 상태로 붓다처럼 됩니다. 다른 사람을 구제하기 위해 깨달음 속으로 들어가지 않음을 걱정할 필요가 없습니다. 왜냐하면 지혜가 커져서 나와 다른 사람과의 분리가 사라졌기 때문입니다. 모든 중생을 구제하려는 보살의 서원은 특정한 사람이 모든 다른 사람을 구제하는 것을 의미하는 게 아니라, 수행이 깊어감에 따라 자신과 다른 사람이 분리되어 있다는 환상이 사라지고, 지혜의 본질적 부분으로 존재하는 우주적 사랑과 자비가 드러나는 것을 뜻합니다.

질문 : 마지막 질문으로 진실로 모든 것이 하나입니까?
대답 : 붓다는 불교를 가르치지 않았습니다. 그는 법을, 즉 진리를 가르쳤습니다. 그가 가르친 모든 수행법은 이 진리를 보게 하기 위한 수단입니다. 조용히 자각하여 마음을 살펴본다면, 모든 집착, 사고, 관념과 개념이 사라져 마음이 고요해집니다. 그때 남는 것은 현재에 존재함, 단지 그것뿐입니다. 이 경험은 어떤 사람이, 어떤 나라에서, 어떤 전통에 따라 수행한다 해도 같습니다. 이 마음의 고요는 공(空), 열반 혹은 마하무드라(우주 오르가즘) 혹은 다른 용어로 지칭되지만, 이 마음의 고요가 그 모든 것들이 의미하는 바이며 다른 것일 수 없습니다.

붓다의 후예, 위빠사나 선사들

2. 테라바다에서 전해지는 기타 명상법

동남아시아에서 찾아볼 수 있는 현존하는 테라바다 전통을 좀 더 상세하게 살펴보기 위하여, 여기에서는 앞에서 소개하지 않은 현재 테라바다 선사들이 사용하는 수행법들을 간략하게 검토해 보겠다. 테라바다 불교는 대단히 광범위한 정신적 수행 영역을 포함하고 있다. 이러한 수행법 중 많은 부분들이 대승불교, 힌두교, 많은 요가학파, 수피 그리고 서구의 영적인 부류 등과 같은 다른 전통에서 독립적으로 가르쳐지고 있다. 세계 곳곳에 있는 주요 종교들은 그 자체의 틀 안에서 유사한 방법과 기술을 다양하게 계발해 왔다. 테라바다 불교는 이러한 많은 수행법을 통합하고 있다. 수행의 이러한 접근법 중 어떤 것은 선정이나 지혜 명상 방법을 변형한 것이고, 다른 것은 정신적 성장을 위한 기초로서 생활방식이나 특정한 태도를 계발하는 것도 포함한다. 이러한 접근법들을 명확하게 살펴보기 위하여, 특수한 명상법부터 시작하여 현재 테라바다 가르침에서 발견되는 광범위한 수행법에 관해서 살펴보겠다.

선정 수행법

높은 수준의 선정(삼매)을 계발하려는 수행법은 테라바다 불교의 중심 수련이다. 이러한 방법들은 종종 이 책에 서술된 아찬 마하부와 선사와 같이 지혜 명상과 전혀 별도로 분리해서 능력 계발과 평온만을 위해서 수행되기도 한다. 선사들은 명상자를 여러 수준의 선정으로 이끌기 위하여 많은 명상 대상을 사용한다. 그러나 각각의 경우 명상 원칙은 마음을 한 대상에만 완전히 집중하게 한 후 그 대상 속에 몰입하여 완전히 바깥세계를 차단한 정적 속에 고정하는 것이다. 내적인 빛·심상·소리·감정 등과 같은 한 대상에만 완전하게 집중시키는 힘은 대단한 것이다. 마음이 한 대상에만 반복적으로 집중하여 동요없이 견고하게 머물게 될 때 명상자는 더욱 높은 선정이나 의식상태에 접근하게 된다. 이러한 명상법에는 빛, 기본적인 사대(지·수·화·풍), 자비관, 평등관 등에 대한 집중을 포함한다. 이러한 집중(선정)으로 말미암아 커다란 환희나 희열 그리고 선정의 특별한 상태를 가져온다. 보다 높은 단계에서는 공무변처(空無邊處), 식무변처(識無邊處), 비비상처(非想非非想處)의 정(定)에 들 수 있는 선정력을 이용할 수도 있다. 이러한 수련은 이 책에서 소개한 것을 포함해서 아직도 테라바다 선사들에 의해서 가르쳐지고 있다. 이것도 마음을 정화하는 전통적인 한 부분들이다. 비록 선정을 얻어서 마음을 잘 제어할 수 있고 동요없이 되는 것은 어려운 일이긴 하지만 그것은 마음을 정화하고 깊은 지혜와 평등심(무심)을 계발하기 위한 토대로 이용될 수 있다.

심상법(心像法/觀像法)

심상관은 명상 대상으로서(외적이든 내적이든) 형상이나 색채와 같은 것을 이용한 명상 수련이다. 이것은 테라바다 선사들 사이에는 일반적으로 이용되는 수련이다. 가장 인기 있는 심상관은 색채에 관한 집중 명상이다. 이 수련은 마음속에서 색채의 잔상을 만들어내기 위하여 사용된다. 어떤 스승은 색의 빛, 불상, 몸, 시체에 관한 심상관을 이용한다. 어떤 경우에는 더욱더 복잡한 심상관이 이용되고 그러한 것들 중 어떤 것은 시각적인 만다라를 만드는 것과 유사하다. 예를 들면 방콕에 있는 한 거대한 명상 수도원에서는 집중해서 흰색을 관하는 명상법을 이용한다. 빛속으로 여러 천상계의 심상이 투영된다. 그런가 하면 여러 형상과 만다라가 사대 원소나 여러 존재의 다양한 세계로부터 창조되어진다. 경우에 따라 심상관은 선정을 계발하기 위한 도구로만 이용된다. 다른 경우에는 신체의 각 부분을 관함으로써 선정을 깊게 할 뿐만 아니라 무집착(無執着)과 평정심을 계발하여 마음과 몸의 참본성을 이해하는 지혜로 나아가게 한다.

만트라와 염불

　만트라의 사용이나 팔리어 구절을 염송하는 것은 테라바다 전통에 있어서 지극히 평범한 형태의 명상이다. 간단한 만트라는 붓다의 이름인 '붓도'나 '달마' 혹은 '상가'를 염송하는 것이다. 다른 형태의 만트라는 자비심을 계발하기 위하여 사용되는 것이다. 어떤 만트라는 '모든 것은 변한다(諸行無常)'는 것을 뜻하는 팔리어 구절을 염송함으로써 변화의 과정(무상)에 집중하는 반면, 다른 만트라는 '놓아 버려라'는 뜻을 가진 팔리어 구절을 염송하여 평등신(무심)을 계발하는 데 시용한다. 민트라 수련은 자주 호흡 명상과 결합하여 평온과 집중 계발을 돕기 위해 매번 호흡의 출입에 맞추어 만트라를 반복한다. 만트라 명상은 특히 평신도들에게 인기가 높다. 다른 기본 선정 수련과 마찬가지로, 만트라도 단순히 마음을 고요하게 하는 데만 이용되거나, 혹은 삶의 본질을 직시하는 지혜 수련을 위한 기초로도 될 수 있고 놓아 버리는 수련에 도움이 되기도 한다. 독경 염불은 믿음과 집중력을 기르기 위해 널리 이용하고 있으며, 테라바다 불교에 있어 일상적인 명상의 한 부분이다. 독경 염불은 주로 팔리어 경전을 암송한다. 붓다나 그의 가르침을 찬양하는 염불, 자비심, 붓다의 설법 중 가장 중요한 개념, 불교교리에 관한 독경 염불 등이 있다. 염불은 집중력을 효과적으로 계발하고 마음을 열기 위하여 명상 사원에서 주로 행하여진다. 평신도 가운데도 역시 사원에 직접 가서 염불함으로써 붓다의 가르침을 되새기고 마음을 고요하게 하여 지혜가 자랄 수 있게 한다.

호흡 명상

테라바다 선사들은 이 책에 기술된 호흡 명상뿐만 아니라 호흡과 관련한 많은 수행법을 사용한다. 어떤 선사는 요가 호흡 수련과 유사한 호흡 명상법을 가르치는가 하면, 다른 선사는 높은 수준의 선정을 계발하기 위한 밑바탕으로서 호흡 명상을 이용한다. 종종 호흡 수련법은 만트라와 같은 다른 수련법과 결합하여 이용하기도 하고 호흡을 몸의 알아차림과 연결하기도 한다. 명상에 있어 호흡의 집중은 테라바다 전통에서 찾아볼 수 있는 가장 보편적인 수행법이다.

자세와 동작 오체투지에 관한 명상

앞서 이 책에서 언급된 바와 같이 테라바다 선사들은 특정한 자세, 자세와 몸 움직임의 변화, 명상을 위해 절을 하는 것과 같은 의식행위 등을 사용한다. 어떤 방법에서는 움직이지 않고 서 있거나 누워 있거나 특정한 자세로 앉아 있는 것과 같은 상태를 유지하는 것이 지혜로 나아가는 선정 계발에 있어 중요한 것으로 간주된다. 다른 방법에서는 동작, 동작을 일어나게 하는 원인이 되는 정신작용과 그에 따라 일어나는 실제적인 움직임에 많은 집중을 하게 한다. 선사에 따라 이러한 자세의 변화와 동작을 관찰하는 것이 그의 가르침에 기본이 되기도 한다. 경행의 경우는 옷 입을 때나 그때 그때 상황에 따른 몸 동작의 알아차림과 더불어 거의 모든 명상 수행법에서 채택되어진다. 어떤 선사는 몸의 관찰과 더불어 이기심을 제거하기 위한 방법으로 오체투지하여 절하는 것을 일상 수행의 일부로서 이용한다. 모든 수행의 경우에 있어, 즉 특별한 자세, 움직임, 절하는 것 등의 수행에서도 제대로 수행의 효과를 가져오기 위해서는 주의 깊은 마음챙김과 함께 병행되어야만 한다.

이론을 통한 명상

마음의 지적인 측면은 명상을 위한 준비단계로나 혹은 명상과 더불어 이용되기도 한다. 명상과 수련의 한 부분으로서 우리들은 종종 수행하기 전에 이론을 공부하도록 권장 받는다. 이러한 연구에 의해 얻은 지식은 특정한 명상에 적용되어진다. 예를 들면 미얀마나 태국에서는 보편적으로 아비달마를 이용한다. 명상자는 여기에서 우선 마음 상태의 분류와 마음이 일어나고 사라지는 생멸(生滅)의 과정이나 조건에 대한 모든 것을 상세하게 배운다. 명상자는 물질(몸)의 모든 부분, 요소, 상호관계 등을 배운다. 이러한 것들을 충분히 이해했을 때, 이 지식을 명상에 적용한다. 이것은 몸, 마음, 환경의 모든 상호작용 관계에서 일어나고 있는 마음 상태를 관찰함으로써 행하여진다. 이러한 계속되는 현상을 직접 관찰하고 분석한다. 마음 상태의 원인, 조건 변화에 관한 모든 것을 우선 이론으로 배우고 나서 경험으로 관찰할 때 지혜는 계발된다. 명상자는 세계란 어떠한 영원한 개아도 없는 비어있는[空] 마음과 물질의 연속적인 흐름에 지나지 않는다는 것을 명확하게 본다. 또 다른 공부의 방법은 근원적인 법(法)에 대한 직관을 포함한다. 이것은 종종 역설적인 논리의 세계로 이끈다. 그때에는 지식을 초월한 직접적인 수행체험으로 이러한 의문을 풀고 해결해야 한다. 다른 선사들은 법의 특정 측면에 대한 관찰을 묘사한다. 예를 들면 우주의 변화현상이나 사대의 본성이나 공의 의미를 관찰하도록 지시한다. 사대를 관찰하는 명상에서는 모든 경험은 변화무쌍하게 결합해서 일어나고 사라지는 사대에 관한 것에 지나지 않는다는 것을 이해하기 위하여 하루 종일 관찰한다. 가장 보편적인 공부는 불교의 근본교리에 관한 것이고, 그 지식을 통해서 세계의 본질에 대한 올바른 이해를 계발하는 것이다. 특히 행복과 고통에 대한 본성, 그리고 참으로 나는 누구인가에 대한 이해는 강한 신심과 정진력의 초석이 된다. 그때에 수행자는 집요하게 명상함으로써 수행의 좋은 결실을 가져올 수 있다.

감성에 대한 명상법

테라바다의 대부분 스승들은 수행의 한 부분으로서 자비관을 병행한다. 종종 수행자는 자신을 향한 자애(慈愛)를 계발하고 그리고 나서 일체 중생을 위하여 회향하는 것으로 수행한다. 때로는 "일체 중생이여, 행복할지어다"라는 만트라를 반복함으로써 자비심을 계발하는가 하면 어떤 스승은 마음이 자애로 충만하도록 심상관을 이용하기도 한다. 자비관뿐만 아니라 타인의 행복을 위한 연민심을 계발하고 특정한 명상과 평등심(무심)을 강화하는 명상법이 있다. 명상이 깊어감에 따라 마음은 고요해지고 이기심에서 벗어나게 되고 지혜는 증장한다. 지혜는 일체의 모든 존재가 분리되지 않은 하나임을 보고 자연적으로 일체를 위한 자비심을 낸다. 그러므로 사랑과 자비는 감정에 대한 특별한 명상으로 혹은 불교수행의 기본적인 결실로서 자연적으로 계발될 수 있다.

불교의식을 통한 수행

기도 수행은 가장 보편적인 불교 수행의 토대를 이룬다. 이러한 수행은 일상적인(기도, 포살) 의식과 수계식에서 시주하는 것에서부터 달마, 즉 진리에 귀의하는 최고 수준의 기도를 포함한다. 많은 불교도들은 절에 가서 붓다[佛]에 예배하거나 붓다의 가르침[法]에 귀의한다. 붓다가 깨달은 사람이라기보다는 신이라고 잘못 믿는 것이 공통적인 불교도들의 이해이다. 기도하는 삶의 태도는 승려가 주관하는 여러 의식에 의해 강화되어진다. 이러한 것은 간단한 축복, 결혼식의 성수, 장례식의 특별한 의식에서부터 절에서 행하는 특수한 샤머니즘 형태의 의식을 포함한다.

각 나라에 따라 불교의식은 타종교나 토착 애니미스트(정령숭배)의 의식과 혼합되기도 한다. 최상의 경우는 이러한 의식과 수행이 일반 신도들의 삶에 있어 보다 깊은 의미를 주는 상징으로서 그리고 붓다의 가르침에 대한 중요성을 환기시키는 것으로서의 역할을 하는 경우이다. 수계식과 의식에서는 달마와 2500년의 전통을 찬양하는 것을 포함한다. 고전적인 의식은 가장 깊은 명상 수행이 뒤따라 올 수 있는 믿음과 기도의 분위기를 만든다. 수행자는 신이나 신장에게 귀의하는 것이 아니고 달마에 귀의하고 그 자신의 정신적 계발에 눈을 뜨는 것이라는 점을 분명히 이해한다. 기도와 의식을 이용할 때 명상자는 마음을 열고 지혜를 보다 쉽게 계발할 수 있다. 그러므로 불교는 신을 믿는 종교는 아니지만 의식과 기도, 수행 또한 대단히 널리 퍼져 있다. 심지어 경우에 따라 가장 순수하고 엄격한 명상 수도원에서도 기도 수행이 일상 계획표에 들어 있다. 대부분의 승려들에게도 오체투지로 절하는 것과 불·법·승에 대한 귀의는 자신에게 회향하는 것이다. 기도는 이기심을 항복받는 한 수단이 되고 이것으로부터 사랑, 자비, 지혜가 증장하고 마침내 붓다와 법(달마)이 자신과 둘이 아니게 된다.

계율을 통한 수행

고행을 하는 엄격한 사원이나 다른 사원에서도 대단히 복잡하고 엄격한 계행이 명상의 한 부분이 된다. 수행자는 수백 개, 심지어 수천 개가 넘는 계율을 수지하는 것은 많은 유명 수도원에서도 지극히 중요한 부분이다. 계율의 수행과 병행하여 마음챙김을 동시에 하라고 지시받는다. 이것은

붓다의 후예, 위빠사나 선사들

자아의 환상에서 오는 자신의 욕구를 분쇄하는 데 이용된다. 명상의 일부로서 계율을 수지하는 것은 많은 유명 수도원에서도 지극히 중요한 부분이다. 계율을 직접 체험으로 수지해 보기 전까지는 계율의 가치를 완전히 이해하는 것은 쉽지 않다. 엄한 계행을 통하여 몸가짐과 말에 주의를 기울이게 되고 자신의 행동이 공동체와 조화롭게 된다. 그 결과 더 깊은 명상 수행을 위한 강한 초석이 되고 욕망의 뿌리를 근절시키는 데에 도움을 준다. 수행자는 일시적인 자신의 단순한 욕망에 빠지기 보다는 공동체의 규율을 따른다. 엄한 계행은 매일매일의 마음챙김 그리고 자비행과 같이 이용할 때 지혜 계발에 지대한 도움이 된다.

보시와 봉사를 통한 수행

포교, 환자를 간호하는 것, 환각제 사용금지와 같은 봉사 중심의 사회적인 명상 형태도 테라바다 불교 전통에서 중요한 부분을 차지한다. 대부분의 사원은 주요 명상 형태로서 헌신과 봉사를 통하여 청정심을 계발하도록 설립되어졌다. 이러한 봉사는 정규적인 명상 교육, 다른 분야의 지식과 기술, 환자나 가난한 사람을 도와주는 것, 기타 전문화된 기능을 가르치는 것 등을 포함한다. 어떤 사원에서는 주로 어린애들을 돌보아 주고 가르치고 훈련시킨다. 다른 사원에서는 아편이나 히로뽕에 중독된 사람들을 위하여 장소를 제공함으로써 환각제 사용을 금하기도 한다. 봉사와 물질적 시주 모두 붓다에 의해서 강조되었던 것이며 테라바다 명상 체계와 불교생활에 있어서 빠뜨릴 수 없는 중요한 부분이다. 자신의 소유물을 남과 더불어 나누어 갖는 선행은 내적인 욕망을 제거하고 평화를 가져와 무집착(無執着)과 자비심을 기른다. 모든 형태의 보시(布施)는 이기심에서 벗어나고 마음의 정화를 위한 길로 나아가는 근본적인 수행이며 대단히 중요하고 가장 널리 보편화된 명상의 형태이다.

높은 수준의 수행법과 가르침

이 책에 설명한 가르침이 불교 명상의 정수를 담고 있지만 여기에 서술되지 않은, 보다 높은 수준에서 행하는 수행법들이 있다. '보다 높은 수행'은 두 가지로 분류된다. 하나는 위빠사나 수행과 병행하는 보다 깊은 수준의 통찰과 청정심의 계발이고, 다른 하나는 여러 가지 선정, 통찰의 지혜를 보완하는 요가 수행, 자신과 타인을 위하여 자비적인 방법으로 지혜를 계발하는 것 등을 포함한다. 대부분의 이러한 가르침은 열반을 처음 맛본 후에 오는 수행과 체험을 포함한다. 마하시 사야도는 다른 책에서 선정, 열반의 결실, 특히 열반의 첫 경험 후에 오는 정화의 방법을 포함한 보다 높은 단계의 수행을 위해서 상세하게 기술했다. 또한 아찬 담마다로, 아찬 줌니엔, 우 바 킹도 선정과 열반뿐만 아니라 몸에서 에너지[氣]의 중심인 차쿠라 계발, 에너지와 빛의 이용, '열반의 요소', 힘의 전달 등을 포함하는 수행법을 가르친다. 다른 선사들은 그들의 가르침에서 널리 인정받는 위빠사나(지혜) 선사일 뿐 아니라 또한 선정을 통달한 분으로도 알려져 있고 여러 다양한 능력을 계발해 왔다고 알려져 있다. 그러나 능력은 지혜가 아니다. 이 책에서와 같이 선사들은 바로 지혜와 해탈로 나아가게 하는 방법을 우선하여 가르친다.

붓다의 후예, 위빠사나 선사들

높은 수준의 통찰(지혜)을 이해하기 위하여 수행자는 스승의 직접적인 지도하에 수행해야 한다. 테라바다의 전통은 첫 번째의 깊은 열반의 체험까지를 강조하며 그 후에는 더 많은 수련을 해야 하지만 최종적인 해탈의 단계까지는 거의 지도를 필요로 하지 않는다. 마음이 정화됨에 따라 모든 경험에 내재해 있는 본성이 드러나게 된다. 달마는 붓다의 초전법륜에 나타나 있는 기본원칙에 따라 자연적으로 그 모습을 드러낸다. 기본적인 가르침이 이해될 때 남은 일이라곤 그 가르침을 실천에 옮기는 데 전력을 다하는 것이다. 이 책에는 소개되지 않았지만 많은 다른 형태의 명상 수행법이 테라바다 국가에서 이용되고 있다. 또 다른 형태의 명상법 중 언급할 만한 가치가 있는 수행법은 치료를 하는 것이다. 테라바다 국가에는 전통적인 수행의 일부로서나 혹은 특별하게 계발된 형태로서 병을 치료하는 많은 방법이 있다. 이러한 것은 몸의 특정부분에 집중하는 명상, 몸이나 병이 난 곳에 색깔있는 빛을 이용하는 것, 특별한 심상관, 구병시식(승려 환자를 고치는 의식) 등을 포함한다. 승려에 의하여 치루어지는 구병시식은 여러 종류의 무속의식을 포함한다. 점성학과 손금 보는 것도 특수한 치료 전통의 한 부분이다. 붓다는 아픈 사람을 돌봐주어야 하는 승려의 중요한 역할에 대해서 다음과 같이 강조했다. "친구들이여, 아픈 사람을 돌봐주는 것은 붓다를 돌봐주는 것이다." 실제로 모든 가르침과 이 책에 있는 명상법은 치료하는 것을 다루고 있다. 그들 중 어떤 것은 특별한 몸의 병을 다루지만 대부분 마음의 고통을 다룬다. 무지와 집착과 욕망으로부터 오는 고통은 치료되어질 수 있다. 이것은 붓다의 가장 위대한 중요한 메시지이다.

소승·대승·금강승(밀교)은 같은가

여러 불교 수행을 연구할 때 학생들은 종종 다른 종파와 전통에 대해서 질문한다. 불교는 소승·대승·금강승과 같은 수레의 관점에서 묘사되어진다. 테라바다의 가르침은 이러한 분류에서 어디에 속할까? 이러한 분류는 여러 방법으로 이해되어질 수 있다. 그 중 하나는 불교의 역사적 문화 발전과 관계되는 것이다. 소승은 실론과 동남아시아에서 발견되며 인도에서 테라바다 불교로 발전되어간 초기 학파를 언급하는 것이다. 대승은 중국·한국·일본의 문화에서 발전된 불교이고, 반면 밀교는 티벳과 몽고에서 특히 발전된 것이다. 불교를 분류하는 또 다른 방법은 각각의 전통을 다소 잘못 이해하는 데에 두는 것이다. 이러한 접근법에서는 소승은 제한된 깨달음을 얻는 수련을 다룬 초기 붓다의 가르침으로 이해된다. 소승은 자신을 다른 사람과 분리하여 다른 사람을 구제하지 않는 제한된 자유를 얻는 수행처럼 보여진다. 반면 대승은 대자대비(大慈大悲)에 바탕을 둔 자리이타(自利利他)를 위한 깨달음으로 나아가는 후기 붓다의 가르침에 바탕을 둔 것이다. 밀교는 불교 최고의 가르침으로서 일체 중생을 구제하는 이원성(二元性), 즉 해탈과 해탈 아님까지도 초월하는 것으로 보여진다. 각 종파에 대한 이러한 잘못된 이해로 말미암아 소승은 테라바다와, 대승은 선(禪)과 다른 동아시아 불교, 그리고 밀교는 티벳불교와 동일시하여 구분하게 된다. 우리가 참으로 불교를 이해할 때 세 개의 종파는 모두 각각의 전통 내에서 현존하고 모든 불교 수행의 본질은 어디에서나 같다는 것을 발견할 수 있다. 각 종파의 참다운 의미는 종파나 문화에 관계없이 각 개인을 위한 수

붓다의 후예, 위빠사나 선사들

행의 자연스러운 발전에 대한 묘사로서 보여진다. 소승은 자아중심적인 욕망에 의해 최초로 일어나는 수행상의 초기 단계를 언급한 것 같다. 우리들은 고통을 종식시키길 원한다. 혹은 우리들은 축복이나 진리를 이해하고 발견하기를 원하거나 깨닫기를 원한다. 수행은 우리들 자신을 위한 무언가를 원하기 때문에 시작한다. 이러한 제한된 접근은 자연스러운 출발점이다. 후에 수행으로 이해가 깊어감에 따라 자아의 비어 있음[空]이 명백해진다. 독립된 자아에 대한 환상은 더이상 존재하지 않게 됨에 따라 수행은 대승으로 행한다. 대자비심이 자연스럽게 일어나고 수행은 일체 중생을 제도하겠다는 원력에 바탕을 둔다. 왜냐하면 더이상 자신과 타인을 구별할 수 없기 때문이다. 이것이 대승이다. 우리들이 이기적인 수행을 초월하여 무엇인가 얻을 자아가 없다는 것을 명백히 볼 때 수행은 일체 중생을 위한 것이 된다. 수행하는 것과 하지 않는 것에 대한 구분마저 붕괴될 때 계속하고 있는 수행은 최상의 비이원화(非二元化)로 나아가게 된다. 공(空)에 대한 이해가 깊어감에 따라 모든 상황과 노력을 해탈로 향한 요인으로 승화시키는 힘이 점점 증장해 가게 된다. 결국은 해탈하겠다는 어떠한 욕망이나 중생을 해탈시키겠다는 어떠한 환상도 사라지게 되고 어떠한 사건도 수행과 분리된 수없는 달마로 충만한 세계로 된다. 모든 것의 참본성은 모든 개념적인 추론을 넘어서 있고, 행하여져야 할 것은 아무것도 없다. 삶이란 것은 욕망과 분별을 넘어선 곳에 있고 거기서의 행동은 사건의 자연적인 과정으로서 나타날 뿐이다. 우리들 모든 종파를 수행의 자연적인 개화(開化)로 이해할 때 테라바다나 선과 같은 각각의 종파는 그 자체 내에 모든 종파를 나타내고 있다. 지혜가 증장해 감에 따라 자기 중심에서 비이기적인 수행으로 나아간다. 모든 불교는 탐욕·성냄·무지의 제거를 목표로 하기 때문에 각 종파간의 목적을 구별할 수는 없다. 이것은 불교에 있어 역사적, 문화적 전통의 풍부함이나 수행의 방법과 강조점에 있어 가치적인 차이를 부인하는 것은 아니다. 불교 수행은 모든 집착과 환상에 종지부를 찍음으로써 사성제(四聖諦)와 조화롭게 되고 이것으로 나아가는 어떠한 길도 용납되고 완전하다는 것을 명확하게 이해하는 것이 중요하다. 결국 우리들은 모든 종파(소승, 대승, 밀교)를 완전히 초월해야 한다. 그러한 것은 방법상의 인위적인 구분에 지나지 않는다. 전통적으로 말해 오듯이, 불교는 이기심과 집착을 넘어서는 것이 뗏목을 이용하여 강을 건너 저쪽 기슭에 도달하는 것과 같은 것이다. 강을 건넌 후에는 더이상 뗏목을 걸머지고 갈 필요는 없다. 혹은 현대 불교 시인 톰 사베지가 말했듯이, "대승, 소승 모든 수레(종파)는 자기의 희생으로 이끌어진다."

지혜로 회향

깨달음의 7가지 요소인 7각지(念覺, 法의選擇, 精進覺, 喜覺, 輕快安覺, 定覺, 平等覺)의 관점에서 명상에 접근하는 모든 방법을 살펴볼 때 각각의 방법들이 해탈로 나아가는 7각지 요소들을 어떻게 계발하는가를 관찰해 보면 문제는 간단하다. 그러나 특별한 수행 형태, 모든 테크닉과 수행법은 단지 도구에 지나지 않는다는 것을 명심해야 한다. 우리들이 지혜와 해탈로 나아가는 명상을 완전히 계발했을 때는 궁극에 가서 모든 체계, 모든 테크닉, 모든 수행법은 버려야 한다. 그때에 명상은 이미 고립된 채로 존재하지는 않고, 모든 생활과 하나가 되고, 삶 그 자체가 명상이 된다. 단순해지고, 진솔하고, 비이기적이고 순간순간에 깨어 있다. 붓다가 그의 제자들에게 최후에 설한 경(대열반경)에서 다음과 같이 말했다. "형제들이여 7각지의 계발로 보다 높은 지혜 수행으로 나아가는 한 그대들은 후퇴하지 않고 계속 전진해 나가리라." 붓다는 그의 제자들에게 다음과 같은 유언을 남겼다. "형제들이여, 생겨난 모든 것은 멸하는 속성을 갖고 있다. 방일하지 말고[不放逸, Sati, 알아차림, 마음챙김] 정진하여 해탈하라." 이 책을 통하여 전달된 달마의 내용으로 이득이 되고, 고(苦)의 무거운 짐에서 벗어나길 기원한다. 모든 사람이 행복하고, 환상에서 깨어나고, 마음챙김법으로 해탈을 이루기를 간절히 바란다.

부록1.
아찬 문
(Acharn Mun)

ACHARN
MUN

1. 아찬(짠) 문의 붓도위빠싸나

 아찬 문(*Acharn Mun* : 1870~1950)은 20세기 태국에서 가장 존경받는 선사이다. 그는 1870년 태국에서 출생하여 23세에 비구계를 받고, [붓도] 염불과 위빠싸나가 결합된 수행으로 구경각인 아라한을 성취하였다. 붓다 이후로 오온과 12연기를 통해 아라한에 도달한 수행 사례를 남긴 분은 아짠 문 이외에는 찾아볼 수가 없어 그의 수행 체험기를 먼저 간략하게 소개한다(더 자세한 내용은 아짠문 전기를 참조 바람-한길 출판 예정).

2. 아찬 문의 수행기

[붓도] 염송

 아찬 문은 처음에는 수행 중 공중 부양까지 하는 아찬사오의 지도를 받았다. 그 후 "붓도"(*Buddho*, 붓다의 주격, 마음이 부처란 뜻 내포, 부처님에 대한 마음챙김. buddhanussati, 佛隨念)를 염송 하면서 수행을 했다. 처음 부처님에 대한 마음챙김을 수행의 주제로 삼았을 때는 여러 가지 현상들이 나타났고, 그 현상들을 쫓으며 수행을 했으나, 만족할 만한 결과를 얻지 못했다. 외면적으로는 검소한 수행자의 삶을 사는 숲 속에서의 두타행(1일 1식, 잠을 자지않는 등의 고행수행)의 실천을 하면서 선정 수행의 주제에서 내면적으로 주로 몸에 대한 마음챙김(身念處)을 중심으로 한 위빠사나 수행을 하는 쪽으로 방향을 바꾸었다.

 아찬 문은 완전한 깨달음을 이룬 붓다가 되기를 결심한 적이 있었다. 하지만 숲 속에서 수행을 시작하면서 이러한 결심을 버렸다. 이러한 결심을 완성하려면, 길고 긴 시간 동안 생사를 거듭하여야 했기 때문이었음을 알았기 때문이었다. 이 결심을 버린 후, 아찬의 마음은 부담이 줄어들었고, 정진은 더욱 빠르게 향상되었다. 다음에 그의 수행 체험을 요약 정리해 소개 하고자 한다.

두려움을 극복하는 방법

아찬이 북동쪽으로 여행을 했을 때도 대단히 많은 사람들이 그의 가르침과 수행체계에 고무되고 열광하였다.

건조한 계절이 되면 인적이 드문 황야를 좋아하는 두타행 스님들이 이 지역 주변을 편력하는 것을 쉽게 볼 수 있다. 그들은 부서진 대나무 조각들을 얇게 쌓아올려 단을 만들어 잠자리로 삼았다. 이런 종류의 침대는 통상 길이 2미터, 넓이 1~1.5미터, 높이 50센티미터 정도 되는 일인용이다. 각각의 단은 서로 30~40미터 정도 떨어져 있는데, 그 간격은 각 지역에서 스님들이 활용할 수 있는 공간의 크기에 따라 달라진다. 즉 좀 더 넓은 지역에서는 훨씬 더 떨어져 있을 수 있다. 주어진 공간에 스님들이 적게 머물수록 서로의 간격은 떨어져서 기침소리나 재채기 소리만이 간간이 들릴 정도가 된다. 각 단 사이에는 나무와 수풀이 있어서 가장 가까이에 머물고 있는 스님도 잘 볼 수 없었다. 경행 길은 재가불자들이 깨끗이 쓸어 두었는데, 스님들에게는 각각 하나의 경행 길이 있었고 길이는 보통 10~20미터 정도였다. 스님들은 이 길에서 밤낮으로 경행하곤 했다.

귀신이나 호랑이를 무서워하는 스님이 있으면 아찬은 그를 그 지역 변두리에 두되, 다른 스님들과 가장 멀리 떨어진 곳에 머물게 하였다. 아찬은 그런 스님들이 자신의 공포를 잘 통제하도록 훈련시키기 위해서 이같은 방법을 취하곤 했다. 실제로 존재하지 않는 무언가에 대한 두려움은 바로 자신의 추측이나 상상에 의한 소산임을 그 스님들은 터득해야만 했다. 일단 위험과 고통에 대한 걷잡을 수 없는 망상을 극복할 수 있게 되면, 그는 그 동안 자신을 압박해왔던 짐을 덜어버리고 어디를 가든 더 이상 두려워할 필요가 없게 되는 것이다. 아찬에 따르면, 두려움으로부터의 일시적인 도피는 오히려 자신을 그 두려움의 영원한 노예로 만들기 때문에, 그 두려움에 적극적으로 맞서 싸우는 것이 훨씬 더 바람직하다.

두타행 스님의 고통 초극법

두타행 스님들은 단이 없으면 주변에서 구할 수 있는 마른 잎이나 싱싱한 잎, 또는 지푸라기로 땅바닥에 침대를 만들어 자야만 하였다. 첫 번째와 두 번째 태음월[12월과 1월사이]은 우기가 막바지에 달하는 기간이므로 다소 지내기가 불편한 계절이었다. 장대비가 스님들의 피부 속까지 흠뻑 적셔 누구도 잠을 이룰 수 없을 정도로 밤새도록 비가 억수로 쏟아진다. 두타행 스님의 우산인 클로드도 사나운 비바람이 불면 아무런 보호막이 되지 못한다. 모든 스님이 추위에 떨면서 자기 클로드 안의 어둠 속에 앉아 있어야만 하였다. 그 모습은 가난한 장님보다도 더욱 비참해 보였다. 낮이 되어 상황이 조금 더 나아지면 스님들은 주위를 둘러보며 비를 피할 임시 거처를 만들기 위해 무언가를 모은다.

스님은 겉에 입는 가사와 성냥은 바루 안에 넣고 뚜껑을 꼭 닫아 조심스럽게 보관해야만 하였다. 윗가사는 비가 오는 동안 담요나 비옷으로 사용하곤 하였다. 비바람을 막기 위해 클로드를 덮고 있는 모기장을 내리기도 하였다. 밤새도록 비가 내리는 날에는 아침이 되도록 가사가 마르지 않았는데, 그럴 때면 탁발을 하러 마을로 들어가기가 어려웠다.

그 다음 석 달인 2~4월 동안에는 점차 따뜻해지기 시작한다. 두타행 스님들은 더 높은 곳에 있는 동굴 안이나 절벽 밑에 거처를 찾았다. 몇 달

동안 이 지역은 비에 젖어 습기로 가득 차 있었기 때문에, 이곳에서 계속 머무르면 당시에 특별한 치료 방법도 없는 열병이나 말라리아 또는 만성 쇠약증 같은 병에 걸릴 것이 뻔했다. 일단 누군가 감염이라도 되면 자연적으로 치유가 될 때까지 견뎌내어야만 하였다. 필자(아찬 마하부와) 역시 다른 사람들처럼 말라리아에 감염된 적이 있었고 자연적으로 치유될 때까지 병을 달고 다녀야 했던 경험이 있었다. 아찬으로부터 그의 제자들에 이르기까지 모든 두타행 스님들이 그 지역에서 말라리아의 습격을 받았고, 그 중 몇 명은 죽기까지 하였다.

우리는 이러한 고통스러운 시련에 관한 이야기를 통해 아찬과 그의 제자들이 해탈을 위한 고귀한 투쟁 속에서 얼마나 용감하게 엄청난 고통과 고난을 견뎌내었는지 알 수 있다. 그들은 죽음에 맞서 용감하게 싸워서 살아 남았고, 그후 다른 사람들을 가르치는 일을 떠맡았다. 즉, 자신들의 직접적인 체험을 통해 올바른 믿음과 올바른 수행의 길을 사람들에게 보여주게 되는 것이다.

아라한(Arahant)들의 설법

수행에 진보가 없을 때는 밤에 이따금씩 붓다의 제자 아라한들은 아찬이 좌선 중에 있을 때 그에게 설법을 하곤 했다. 그들의 가르침 중에 하나는 경행할 때 육체적으로나 정신적으로 관찰을 놓치지 말아야 한다는 것이다.

"마음 챙김은 오온(五蘊)중 몸(色)이든 다른 사온(受·想·行·識)이든 선택된 주제에 고정되어야 한다. 마음이 흩어지지 않게 하고 변화와 움직임(無常)을 포착하도록 하라. 모든 동작을 하기 전에 마음 챙김을 먼저 하여라. 몽롱한 사람처럼 마음 챙김의 감시에서 벗어나서 행동하지 않도록 하라. 매일 매일의 탁발, 공양, 배설시의 행동과 태도는 수행되지 않은 보통 사람의 태도가 아닌 성자들[아리야(ariya)]의 가풍[1]을 따라야 한다. 항상 출가사문의 행동, 즉 평정과 고요상태로 정화된 삶의 방식을 따라야 한다. 어떤 자세에서든 마음 챙김과 지혜를 계발하기를 게을리 하지 말아라. 왜냐하면 숨겨진 악습을 들추어내는 데에 도움이 되기 때문이다. 공양을 할 때에는 항상 음식에 대해 무심하도록 명상하여라. 절대로 맛에 탐착하여 마음을 빼앗아 가는 욕망의 독을 용납하지 말아라. 몸은 관찰하지 않고 삼킨 음식의 영양분으로 강화될 수가 있다. 그러나 마음은 그 감각적인 맛으로 인하여 정신적인 성장을 잃게 될 것이다. 이것은 마음이 맛에 탐착하여 몸만을 살찌우고 정신적 계발을 중단시키는 것이다. 마음 챙김이 부족하기 때문에 이 모든 현상이 일어난다."

"출가자들은 어디를 가거나 어디에서 거주하든지 자신에게 해로운 마음의 번뇌를 쌓지 말아야 하고 또한 번뇌들을 치성(熾盛)하게 하여 마음을 빼앗기는 일이 없도록 하여야 한다. 성스러운 다르마에서 번뇌는 참으로 해로운 것이다. 그래서 당신은 솟아오르는 샘과 같은 모든 감정표출에 대하여 끊임없이 감시하여야 한다. 각각의 감정표출은 비슷한 파괴력을 가지고 있다. 서 있을 때, 앉았을 때, 누웠을 때, 식사할 때, 배설할 때, 또는 말할 때에도 마음 챙김의 통제에서 벗어나면 안 된다. 이

---

1) 완전한 궁극의 도달을 위한 용맹정진

것은 모든 성자들이 걸어온 길이다. 마음 챙김 또는 자기제어에서 벗어난 상태는 윤회의 고리에 얽매인 악과 번뇌의 서식지가 된다. 이 윤회의 고리에서 벗어나려는 자는 오직 자신을 사악하고 바람직하지 못한 출가자(出家者)로 변화시킬 뿐인 지옥의 나락으로 이끄는 길에서 벗어나야만 한다. 해로운 음식은 아무도 원하지 않는다. 아무도 불길한 집에서 살고 싶어 하지도 않는다. 아무도 악마의 겉차림을 보고 싶어 하지 않는다. 모든 사람들은 악에 관한 모든 것을 몹시 싫어한다. 따라서 악한 마음에는 선한 마음이 다가가지 않는다. 하지만 보다 나쁜 것은 신과 인간 모두에게 불쾌하고 혐오스러운 악한 출가자이다. 그러므로 그에겐 자기제어가 필요 불가결하다."

"세상에 있는 모든 영양분 중에서 마음의 영양분이 최고다. 세상에서 가장 숭고한 것은 마음이다. 영양분이 잘 공급된 마음은 다르마가 잘 정립된 마음이다. 마음 자체를 깨달은 마음은 다르마를 깨달은 마음이다. 마음 자체에 도달한 마음은 열반에 이른 마음이다. 자기 자신의 마음은 값을 매길 수 없이 아주 귀한 보물이다. 그것을 놓치지 말아라! 자신의 마음을 놓친 사람은 자신의 귀한 보물을 다루기에는 너무나 서툰 사람이다. 그러한 사람의 천 번의 탄생은 천 번의 실패일 뿐이다. 마음이 그토록 귀중한 것이라는 것을 안다면, 그것을 알고서도 마음을 놓쳐서는 안 된다. 그것은 당신을 후회하게 만들뿐이다. 당신이 마음의 소중함에 대해 사전에 깨달았다면 이와 같은 일은 절대로 일어나지 않을 것이다."

"인간이란 존재는 이성적인 존재이다. 한 인간에게 기대되는 이성 이하의 행동을 하지 말아라. 그것은 몹시 불행한 악이다. 출가자의 행함은 내면적인 것이든 외면적인 것이든 모두 세상 사람들이 확신을 갖고 존경할 수 있는 행함이어야 한다. 그것은 과거의 일이나 진행 중인 일이나 모두 결함이 없고 정결하다. 자기 자신의 계발을 위해 조심성 있고 청렴강직해야 하며 꾸준히 계발해야만 한다. 도덕적 수행(戒行), 명상, 마음챙김, 지혜, 정진력의 과정에서 기쁨을 느끼는 출가자는 틀림없이 현재나 가까운 미래에 진정한 의미의 출가사문이 될 것이다."

"피안과 궁극에 이르기 위하여 용맹정진(勇猛精進)하려는 대결단으로 끊임없이 인내하며 전심전력을 다하는 자의 다르마가 그와 같다. 그것은 고통으로부터 해방되고 어떤 구속이나 강제로부터도 벗어난 자의 다르마이다. 그리고 전적으로 자유롭고 독립적이며 삼계(三界: 欲界·色界·無色界)의 스승이신 붓다의 다르마이다. 이러한 다르마의 의미를 깨달으면 당신은 곧 번뇌에서 벗어나게 될 것이다. 이것이 주의 깊은 사려를 전달하기 위한 다르마의 메시지다. 당신은 마음 그 본성만으로도 이미 대단한 마음의 경이로움을 경험하게 될 것이다."

아라한 제자들이 설법을 마치고 떠난 후 아찬은 그 가르침을 재음미해 보았다. 가르침의 여러 항목들에 대해 세심히 심사숙고했다. 그에게 왔던 아라한 제자 각각의 가르침의 효과로 계속해서 의지력과 마음챙김과 지혜의 힘이 증진되었다. 그리하여 그의 수행은 더욱더 향상되었고 숙달 되어졌다.

아나함과(不還果)의 성취

아찬은 자신이 전에 붓다를 뵌 적은 없지만 아라한의 설법을 듣는 것이 꼭 붓다의 설법을 듣는 것과 같다고 말했다. 그는 완전히 황홀한 기쁨으로 흠뻑 젖은 것처럼 보였다. 시간은 멈춘 듯했고 오직 다르마의 광채에 휩싸인 마음만이 나타났다. 이렇게 심원한 경지에 이르자 곧 그는 자신이 산처럼 무겁고 아직도 고통 덩어리인 오온(五蘊-몸과 마음)으로 이루어진 육체의 짐을 여전히 지고 있다는 것을 알았다. 아라한들이 그를 방문하러 와서 그에게 다양한 경계들에 대한 가르침을 준 것은 그가 다른 지역에서 체험한 일들과 비교할 때 특이한 경험이었다. 그리고 아나함과(不還果)의 길로 이른 것도 바로 이 동굴에서였다.

경전에 따르면, 아나함의 달성으로 다섯 가지 낮은 단계인 결박의 번뇌[五不分結]가 파괴된다고 하였다. ①유신견[有身見, 오온을 '나'로 보는 자아에 대한 잘못된 믿음], ②의심 또는 회의[疑結], ③잘못된 종교적 의식에 대한 집착[戒禁取見], ④감각적 욕망[欲貪], ⑤성냄[瞋哮]의 다섯 가지이다. 이 성위과(聖位果)를 이룬 사람은 지·수·화·풍의 요소[dhatu][2] 로 구성된 육체를 가지고 다시 인간 세상에 태어나는 것으로

---

2) 아찬 문은 12연기를 관하여 모든 번뇌의 근원인 무명(無明, 진리를 모름)이 끊어진 아라한의 깨달음에 도달했다. 이 때 미세한 물질의 세계[色界]와 정신의 세계[無色界]에 존재를 붙들어 매는 번뇌인 오상분결(五上分結)이 모두 끊어져 버린 것이다. 즉, ⑥색계에 대한 욕망, ⑦무색계에 대한 욕망, ⑧아만, ⑨들뜸, ⑩진리를 모름[無明]이었다.

부터 벗어나게 된다. 만약 최고의 궁극적 아라한의 길이 그의 생애 동안에 얻어지지 않는다면 그는 다섯 가지 미묘한 한 차원 높은 브라만(Brahma)의 영역 중 하나에 나아갈 것이다. 브라만의 다섯 영역은 아비하(aviha, 無煩天-신의 이름), 아타파(atappa, 無執天), 수다싸(sudassa, 善現-5정리천), 수다씨(sudassi, 善現-5정리천), 아카니따(akanitta, 有頂天) 라고 불리는데 그들의 차이는 단지 서로 다른 미묘함 또는 섬세함 정도의 차이뿐이다.

 아찬은 빙 둘러앉은 가까운 제자들에게 자신은 그 동 굴에서 아나함과의 길(道)에 도달했다고 말했다.

구경각 아라한과의 성취

 아찬은 치엥마이에 있는 체디 루앙 사원에서 한동안 머문 뒤에 그 주변의 숲에서 은둔할 장소를 찾아 하루 한끼로 잠자지 않고 수행하는 두타행 편력을 시작했다. 성취냐 죽음이냐 판가름을 할 막판대결의 순간이 다가왔다 그는 충분한 시간을 남을 가르치는 데 썼고, 이제 자기완벽을 추구하기 위한 자기 계발에 힘써야 할 때였다. 다른 사람들과 연결되어 있는 인생의 길은 고통과 짐들로 가득하다. 오직 마음 챙김과 지혜를 통해서만 그러한 짐들이 어느 정도 가벼워질 수 있다.

아찬은 이제 고독한 장소에서 진정한 '본래의 자기자신'의 근원인 고독한 사람으로서, 생사를 비롯한 온갖 인간사의 고통들과 대면하여 이를 근절하기 위해 싸울 것이다. 다른 사물 혹은 다른 사람에 대해서 걱정하는 마음은 화물을 너무 많이 실은 배와 같아서, 곧 물에 가라앉을 운명이었다. 그러한 마음에는 고의 소멸을 이룰 수 있는 가망이 전혀 없다. 궁극적 목적을 달성하기 위해 정진하는 동안에는, 다른 사람에 대한 자비를 멈추어야만 한다. 그것이 목적 자체의 달성을 방해할 수 있기 때문이다 . 수행에 온 힘을 쏟지 못하는 붓다의 추종자들은 도를 충실히 따를 수 있는 수단과 방법을 자기 나름대로 연구해야만 한다. 일단 자기 계발이 이루어지면, 다른 것들은 보다 더 효율적으로 얻어질 것이다.

이제 번뇌와 수행방법간의 대 격전의 순간이 온 것이다. 번뇌와 다르마 양쪽에서 마음을 이리저리 잡아당긴다. 이제 둘 중 하나가 그의 마음을 차지하게 될 것이다. 만약 힘이 부족하거나 지혜가 충분하지 않다면, 마음은 번뇌에 지고 말 것이다. 그렇게 되면 또 다시 윤회를 겪어야만 하므로 말로 다할 수 없는 고통에 빠지게 된다. 만약 힘과 지혜가 충분히 계발되면 그의 마음은 다르마와 일치되고, 다르마는 마치 귀중한 보물처럼 그의 내면에 간직될 것이다. 죽느냐 사느냐를 생각할 겨를도 없이, 번뇌에 대항하여 결정적인 강타를 날릴 순간이 왔다. 승리를 이룰 수 없다면, 그 싸움에서 그대로 죽음을 맞이하리라. 패배자는 더 이상 살 필요가 없다. 그것은 수치스러운 일이며, 틀림없이 번뇌가 또 다시 그를 비웃으며 일어날 것이다.

치엥마이 숲에서 홀로 머무는 동안, 아찬은 이와 같이 자신에게 주의를 주고 기운을 얻었다. 그의 생활은 밤이나 낮이나 모든 동작과 마음의 매

순간에 확고부동한 수행 시간표에 따라 엄격히 통제되었다. 마음 챙김과 지혜가 끊임없이 작동하여, 외부와의 모든 접촉과 모든 움직임을 점검하도록 신중하게 움직였다. 아무 것도, 정말로 아무 것도 마음 챙김과 지혜의 방어선을 뚫고 나갈 수 없다. 마음 챙김과 지혜의 방어선은 이제 담마 카까-법의 수레-의 단계에 이르렀다. 이 단계에서는 마음이 아무런 방해도 받지 않고 자연스럽고 자발적으로 일어나게 된다.

 나중에 아찬이 이 시기의 용맹정진에 대해 이야기해 주었을 때, 모든 경청자들은 그가 치엥마이 숲에서 다른 누구의 도움도 없이 오직 자신의 힘으로 굳세고 외롭게 투쟁했던 이야기를 들으며, 숨이 막히는 듯 하였다. 너무나도 훌륭하고 경외심을 불러일으키는 것이어서 그들은 마치 열반에 이를 수 있는 문이 그들 앞에 열린 듯한 기분을 느꼈다. 아찬은 그러한 투쟁을 통해 전심전력으로 궁극을 향하여 정진했던 것이다.

완전한 마음 챙김과 완전한 지혜

 아찬은 자신의 마음이 아나함과(不來果)를 완전히 확립되었지만, 설법을 하고 제자들을 수련시켜야 하는 책임감 때문에, 완전한 궁극의 도달을 위해 정진을 계속할 시간이 없었다. 그러나 치엥마이 숲에서 홀로 편력을 하며 자신의 목적을 이루기 위해 정진했으며, 뜻밖의 여러 가지 선물도 얻었다. 그곳의 분위기는 상당히 좋았고, 몸과 마음은 기운이 넘쳐서 정진을 다할 만반의 준비가 되었다. 마음은 경계를 늦추지 않을 각오가 되어 있었다. 최고의 다르마가 곧 실현되고 고의 소멸이 멀지 않은 것 같았다. 힘센 다르마의 사냥개가 교활한 번뇌의 여우를 구석으로 몰아넣어 싸움은 거의 끝나가고 있었다. 이제 궁지에 몰려 힘이 약해진 번뇌에게는 오직 파멸만이 남아 있었다. 다르마의 사냥개가 번뇌에 달려들어 곧 끝장을 낼 것이다. 아직 싸움이 끝나지는 않았지만 결과는 뒤바뀔 수 없었다.

 마음의 계발이 이 정도 단계에 이르면, 마음은 확실히 완전한 마음 챙김[mahasati]과 완전한 지혜[mahāpñāna]를 갖추게 된다. 이 단계에서는 마음 챙김과 지혜를 통제하기 위한 특별한 노력을 기울이지 않아도, 그것들의 작용이 약해지거나 없어지지 않는다. 아무런 방해도 받지 않고 자동적으로, 완전한 마음 챙김과 완전한 지혜가 외적으로나 내적으로 자신을 둘러싸며 빠르게 퍼져 간다. 이 상태에 이르면, 마음 챙김과 지혜를 의도적으로 양성하고 통제해야만 하는 수행의 초기 단계와는 확연히 다르다. 초기 단계에는 아이들의 '뱀과 사닥다리' 게임이 진행되는 과정과 매우 흡사하다. 한 번 빠르게 위로 도약하는 듯하다가, 다음번에는 함정에 빠져 게임이 시작되었던 곳까지 곤두박질치는 점에서도 유사하다. 이것은 하고 저것은 하지 말라는 지시들, 이런저런 이유로 이렇게 저렇게 관찰하는 지혜, 이러저러한 것들을 적절히 다루는 방법, 이 모든 것들은 완전한 마음 챙김과 완전한 지혜를 이루는 한 부분으로 단단히 새겨진다. 완전한 마음 챙김과 완전한 지혜가 작용하는 데에는 어떠한 의식적인 노력도 필요하지 않다. 물이 꾸준히 물웅덩이로 흘러 들어와 절대로 마르지 않는 것과 같다.

붓다의 후예, 위빠사나 선사들

감각(受), 인식(想) 또는 기억, 의식적 작용(行)과 의식(識)의 상호 조건들을 찬찬히 관찰하였고, 마음 챙김과 지혜의 화살은 이 사온을 일관된 목표로 삼았다. 아나함과의 단계에 이르렀으므로, 오온 중 물질은 관찰의 주제로서 중요성을 잃는다. 나머지 비물질의 사온은 소위 '남자', '여자' 혹은 '동물'의 배후에 영속하는 실재물을 가지지 않는 것으로서, 사온이 일어나고 머물고 사라지고 유지되는 모든 변화의 과정을 자신이 아닌 무아(無我)에 입각해서 광범위하고 철저하게 관찰해야 한다. 비물질의 사온 중 어느 것에도 '남자', '여자', '동물', '나', '너', '그', '그녀', '그들'이라는 구분은 없다. 이러한 진리에 대한 깨달음은 단순한 기억이나 지식에 의해서가 아니라 통찰력과 지혜를 통해서만 가능하다. 지식과 지혜의 차이는 워낙 커서 하늘과 땅만큼 차이가 난다는 점을 기억해야만 한다.

지적 수준의 기억을 통한뇌지는 감정을 자극하고 정신을 산만하게 만들며 자기기만을 증가시키는 경향이 있다. 이른바 설법이라고 하는 형태에서도 이러한 경향을 쉽게 찾아볼 수 있다. 덜된 설법은 흔히 사소한 말싸움이나 남의 허물 찾아내기, 따발총 쏘듯 말하기 등의 경향이 있다. 아이러니하게도, 이 모든 것들은 번뇌를 떨쳐 버리는 것이 아니라 오히려 번뇌를 증가시킨다. 참된 설법의 목적은 번뇌의 근절이다. 최상의 그럴듯한 말로 떠들면서 지혜를 계발하고 진리를 찾겠다는 것은 단지 번뇌로 끝나는 헛된 노력일 뿐이다. 번뇌는 수행으로써 지혜가 계발되는 정도에 따라 감소되고 종국에는 제거될 수 있는 것이다.

완전히 계발된 지혜의 감시 아래 자신을 감출 수 있는 번뇌란 없기 때문에, 지혜, 혹은 마음 챙김과 지혜는 모든 번뇌를 파괴하는 가장 효율적인 무기이다. 바로 이와 같은 지혜를 통하여 붓다와 그의 아라한 제자들은 깨달음을 성취할 수 있었다. 지식이나 경험, 또는 심사숙고하는 것만으로는 절대로 그 경지에 이를 수 없다. 이것은 지식이나 경험이 쓸모 없다는 말이 아니다. 그것은 지혜 계발의 초기 단계에서 좋은 길잡이 역할을 하기도 하지만, 심지어 이 단계에서도 잘못된 지식과 경험이 진리를 찾는데 방해가 될 수 있으므로 주의해야 한다.

붓다 혹은 그의 아라한 제자들이 세상에 진리를 퍼뜨린 것은 항상 지혜의 계발을 통해서였다. 단순히 지식이나 경험을 통한 것이 아니었다. 그래서 불교도들에게는 항상 지적 관념을 경계하고 그것을 절대로 지혜로 착각하지 않도록 수행시키는 것이 매우 중요하다. 지식을 통한 인지는 절대로 번뇌를 줄여 주지 않으며, 그 방법으로는 절대로 번뇌를 제거할 수 없음을 명심해야 한다. 지적 관념에 의해서 장악된 마음은 여전히 전처럼 번뇌에 의해서 지배된다.

타이 속담에는 '지식의 산은 인간을 향상시키지 못하고 오히려 퇴보시킨다'는 말이 있다. 지혜를 계발하기 위하여, 붓다는 칼라마 사람들에게 심사 숙고, 추측, 소문 등을 통한 교리, 개인적인 스승에 대한 믿음을 경계하도록 가르쳤다. 그는 자신의 직접적인 체험으로 진리를 깨달아서, 지혜를 통하여 스스로 무엇이 좋고 나쁜 것인지를 가릴 수 있도록 충고했다. 이렇게 얻은 지식은 스스로 증명된 것이어서, 어떤 추론이나 논리 같은 것들을 필요로 하지 않는다. 붓다와 그의 아라한 제자들은 그들의 지혜를 확인시켜 줄 다른 누구에게 의지할 필요가 없었다. '산디티코(sanditthiko, 스스로 입증한다는 뜻)'를 특징으로 하는 다르마가 그들의 가장 믿음직한 보증인이었다.

아찬에 따르면, 이 수행 단계에서는 선정에 들어 법열이 일어난다. 먹고 싶은 욕구나 자고 싶은 생각이 전혀 들지 않으며, 몇 날 며칠 밤낮으로 정진해도 전혀 피곤함을 느낄 수 없다. 마음은 어떤 주저함이나 분별심이 없이 번뇌에 대항하여 끊임없이 투쟁한다. 그는 시간을 낭비하지 않는다. 고독한 생활에서 이제 그는 모든 시간을 낭비하지 않게 된다.

아찬의 인생에는 이와 관련된 중요한 일화가 훨씬 더 많이 있다. 그러나 그가 이 장에서 말한 것 이외에 모든 것을 되풀이하여 말하기란 불가능하다.

위빠싸나로 완전한 궁극의 도달

아찬이 위대한 마음 챙김과 지혜로써 최대한의 힘을 쏟아 정진한 후 얼마 되지 않아서였다. 밤늦게 그는 산 옆에 외롭게 홀로 서 있는 무성한 나무 아래, 크고 평평한 바위 위에 앉아서 명상에 열중하고 있었다. 나무 주변은 깨끗하였고, 온화한 산들바람이 불어 고요한 경치에 시원함과 편안함을 더해주고 있었다. 그곳은 아찬이 때때로 낮 동안 앉아 있곤 하던 장소였다.

저녁부터 밤늦게까지, 아찬은 12연기법에 대해서 관(觀)하였다. 경행과 좌선을 통하여 12연기를 순차적으로 관하기도 하고 역순으로 관하기도 했다. 무명과 욕망이 마음 안에서 한 덩어리가 되어 갖가지 고통을 빚어내는 거대한 잠재의식 세계를, 앞으로 뒤로 왕래하기를 반복하면서 미세하게 관찰했다. 이것은 생사를 초월하는 위대한 마음 챙김과 위대한 지혜라는 무기로 무장한 아찬과 교활한 전술로 악명 높은 무명과의 싸움에서 가장 결정적인 순간이었다. 무명은 방어는 물론 공격에서도 교활하다. 즉, 교묘하게 회피하는 방식으로 방어술책을 쓰며, 공격할 때에는 적에게 갑작스럽게 달려들어 파괴적인 결과를 초래한다. 물론 무명은 지각 있는 존재(有情)의 마음을 자신의 손아귀에 움켜쥐고, 시작도 끝도 없는 영겁의 세월 동안 거대한 윤회의 왕국에서 군림하는 것으로 간주되고 있다. 그러나 그날 밤 아찬과의 생사를 건 투쟁에서는, 강력하고 교활했던 삼계(三界)의 군주도 무력하게 물러나고 말았다. 그것은 위대한 마음 챙김과 위대한 지혜의 냉혹한 타격 앞에 무참히 쓰러졌다. 이제까지 어떤 세속인에게도 위협받지 않았던 그의 권위는 아찬의 도전을 받았고, 마침내 완전히 패배해 버렸다.

아찬은 그 당시에 모든 세계가 경외와 놀라움으로 요동하는 것 같았다고 말했다. 천상의 세계에서 여러 천사들은 붓다의 또 하나의 성스러운 제자가 탄생했다고 외치며, 진심으로 아찬의 승리를 기뻐하며 감탄했다. 하계의 인간들은 이 사실을 몰랐을 지도 모른다. 그들은 향락에 탐닉하여 한 인간의 마음이 최상의 다르마를 실현시켰다는 것을 알지 못했을 것이다.

 얼마 후 우뢰와 같은 경탄의 함성이 사라졌을 때, 그에게 남은 것은 몸과 마음을 정화하고 모든 세상을 감싼 다르마의 완벽한 청정이었다. 아찬은 경이로움에 숨이 막혀 사람들에게 그것을 설명해 줄 수도 없었다. 다른 사람들에 대한 관심과 가르침을 베풀고자 하는 자비로움도 순간적으로 사라졌다. 그 단계의 다르마가 너무나도 미묘하고 심원하며 위대해서 대부분의 평범한 사람들에게 그것을 이해시키기란 사실상 불가능했기 때문이다. 잠시 동안 그는 다른 사람들에게 메시지를 전하는 것을 주저하며, 홀로 다르마의 경이로움을 체험하는데 만족하였다. 그는 모든 진리를 깨닫고 해탈을 위해 세상에 가르침을 편 붓다에게 더할 수 없는 감사를 느꼈다. 붓다의 메시지는 모든 면에서 이의를 제기할 수 없는 절대적인 진리이다. 진심 어린 감사의 마음으로 밤을 새워가면서, 붓다의 덕망과 탁월함에 대해 끊임없이 생각하며, 그 상태에 빠져있고 싶었다. 다르마는 너무도 심원하여서 그것을 설명하려 들면 오히려 적대적인 비판만을 불러일으키고, 결과적으로 그러한 노력은 다른 사람을 도와주기보다 오히려 그들에게 상처를 주었을 것이다. 궁극의 다르마를 발견하자마자 이러한 생각이 순간적으로 그의 마음을 스치고 지나갔다. 얼마간 시간이 흐른 후에야, 그는 시야를 확대하여 자신의 수행을 재음미하고 다른 사람들의 가능성을 탐지하게 되었다.

 붓다의 길은 그처럼 의욕을 갖고 두려움 없이 도전하는 사람들을 위해 있는 것이다. 이런 종류의 사람들은 생각보다 훨씬 많다. 붓다가 법의 수레를 굴린 이후로, 동일한 다르마를 깨달을 수 있고 그 경지에 이를 수 있는 가능성을 지닌 제자들이 셀 수 없이 늘어났다. 붓다가 완전한 열반에 들기 전 뿐만 아니라 그 후에도 다르마를 성취한 제자들은 무수히 많았다.

 나중에 떠오른 이러한 생각으로, 그는 다시 한번 붓다의 메시지에 진심으로 관심을 갖고 있는 사람들에게 이를 들려주기로 결심하였다. 존경과 관심을 갖지 않고 건성으로 듣는 사람에게는 가르침의 핵심이 전달되지 않을 것이다. 그저 다르마를 당연하고 흔해빠진 이야기로만 취급할 것이다. 궁극의 다르마는 각고의 시련을 겪은 후에야 얻을 수 있는 것이므로, 그런 사람들은 지극히 귀한 다르마를 '대양'에 던져 버리고 만다. 마치 헌신짝을 버리듯.

 설법하고 수행하는 방법을 다시 곰곰이 생각한 후, 아찬은 자신의 마음에 나타났던 궁극의 다르마를 다시 관(觀)하였다. 그것은 충만하고 완전한 다르마의 드러남(顯現)이었다. 그것은 동시에 전혀 예상치 못한, 상상할 수 없는 것이었고 설명할 수도 없었다. 그는 자신이 죽어서 다시 태어난 것처럼 느껴졌다. 그러나 그 죽음과 탄생은 너무도 경이로워서 이제까지의 어떤 것과도 비견될 수 없었다. 이처럼 새롭고 경이로운 탄생과 함께 나타난 통찰은 본래 마음속에 내재해 있던 것인데도 불구하고, 그 때까지 미처 알지 못한 것이었다. 그에게 밝게 비추기 시작한 통찰의 빛은 너무도 경이롭고 위대해서, 그토록 심원하고도 역설적인 다르마를 이해할 수 있는 사람은 이 세상에 아무도 없을 것 같은 생각마저 들었다.

3. 해탈의 다르마

아찬의 마음은 본래 대단히 역동적이어서 곡예적인 묘기에서 즐거움을 느꼈다. 수행 초기에는 한층 더 심했었다. 최종의 목표가 가까와지자, 그의 마음은 다시 한 번 특유의 힘으로 묘기를 펼쳤다. 3개의 번뇌 순환[3]이 깨어지자, 해탈된 마음을 둘러싸고 있는 3개의 원이 남아 있었다. 첫 번째 원의 끝에 '로포'(*lopo*, '제거'라는 뜻의 팔리어)가 나타났다. 첫 번째 원의 마지막 힘에 의해, 세속적인 것들에 매달려 있던 모든 것들이 제거되었음을 의미하는 것이다. 두 번째 원의 끝에는 '위무띠'(*vimutti*, '해탈'이라는 뜻의 팔리어)가 나타났다. 두 번째 원의 마지막 힘으로 완전한 궁극의 해탈이 이루어졌다는 것을 의미하는 것이다. 세 번째 원의 끝에는 '아나라요'[*anālayo*, '무집착'(無執着)을 의미하는 팔리어]가 나타났다. 세 번째 원의 마지막 작용으로 더 이상 남아 있는 욕망이 없다는 사실을 가리킨다. 그 이후로 마음은 '에카시따'[하나의 마음(一心)], '에카담마'[하나의 다르마]가 되어, 속세에서와 같은 이중성(duality, 二元化)은 더 이상 존재하지 않게 된다.

이것은 해탈의 다르마였다. 이것을 마지막으로 세속적인 모든 것들과

---

3) Vaṭṭa. 끼레사(*kilesa*), 까르마(*karma*), 위빠카(*vipāka*)의 세개의 순환 – 번뇌, 번뇌가 지지하는 행동, 번뇌가 지지한 행동과 다시 더 많이 생긴 번뇌들이 마음에 가하는 영향. 이 순환은 이렇게 계속된다.

결별하고 하나가 되는 것이다. 이러 한 해탈의 다르마는 오직 한 번만 일어났다. 그리고 두 번 다시 나타나지 않았다. 붓다와 그의 아라한 제자들은 해탈의 다르마를 오직 한 번씩 체험했다. 그리고 최고의 경지인 에카시따와 에카담마가 되었다. 몸과 마음의 오온은 다른 외부 성분이 전혀 없는 오온으로 남아 있었다. 그들은 더 이상 유독하지도 유해하지도 않았다. 아찬이 깨달음(道業)을 완성한 이후에 오온은 조금도 증가하거나 감소하지 않고 그전과 같은 상태를 유지하였다. 오온은 여전히 마음의 지시에 따라 작용하였지만, 이제 오온에 대한 집착에서는 완전히 벗어나 있었다. 이미 오온과 마음은 스스로 평정되었기 때문에, 서로가 서로에게 대항하는 싸움과 투쟁은 더 이상 없었다. 이러한 협동기능의 상태는 각자가 자신의 길을 갈 때까지 계속될 것이다. 그 때 청정해진 마음은 '야따디포 짜 니붓또'(*yathādipo ca nibutto*, 연료가 다해버린 불이 꺼지게 된 상태)가 된다.

우리가 사용하는 언어로 설명하는 것은 여기가 한계이다. 더 이상의 설명은 불가능할 것 같다. 3원의 3순환이 끝난 후 속세와 해탈 사이의 경계선이 뚜렷해졌을 때-비록 속세와 해탈은 한동안 여전히 함께 뒤섞여 있었지만-나타나는 현상은 여러 가지이지만, 그날 밤 아찬에게 일어났던 일은 대강 이와 같았다.

그날 밤 남은 시간동안 아찬은 윤회의 고리에서 자신에게 말할 수 없는 고통을 초래했던 과거의 무명에 대해 상베가(高揚)의 감정으로 울고 싶어졌다. 마지막으로 미몽에서 깨어나 2500년 전에 설파된 붓다의 다르마에 이르자, 아찬에게 그것은 깨끗하고도 상쾌한 물을 마시러 큰 호수를 건너가는 외롭고 지친 여행과 같았다. 그는 이러한 위대한 발견에 임하여 자신의 전 생애동안 삼보에 충성을 다할 수 있을 것 같았다. 그러나 여전히 붓다와 그의 길을 따랐던 선배 상가(**Sangha**, 僧家)에게 충분히 감사의 뜻을 표현할 수는 없었다. 아찬이 눈물에 젖은 얼굴로 꿇어 엎드려 있는 것을 본 사람이 있었다면, 틀림없이 아찬이 슬픔에 잠겨서 신에게 도움을 구하고 있다고 생각했을 것이다. 그러나 이렇게 눈물을 흘리고 꿇어 엎드리는 것은 단지 자신을 최고의 발견으로 이르도록 도와주신 것에 대한 가장 깊고 공손한 감사의 표현일 뿐이었다. 눈물을 흘리며 꿇어 엎드린 이 분은 자신의 마음 안에 있는 붓다(佛), 다르마(法), 상가(僧)를 깨달은 사람이었다. 붓다는 다음과 같이 말한 바 있다.

"다르마를 깨달은 사람은 누구든지 나를 보며, 나를 보는 자는 누구나 다르마를 본다."

그날 밤, 지상과 천상의 천사들은 모두 의식의 영역에 널리 울려 퍼진 아찬의 최종적인 깨달음에 진심 어린 찬사를 보냈다. 그리고 아찬을 방문하여 그의 설법을 듣고 싶다고 공손하게 말했다. 그러나 아찬은 여전히 최고의 다르마에 몰두하여 있었고, 또한 한동안 그러한 상태가 계속될 것이기 때문에, 그는 천사들에게 자신이 아직 최상의 다르마에 몰두해 있으니 나중에 왔으면 좋겠다고 말했다. 그들은 아찬의 뜻을 이해하고 그들의 세계로 돌아갔다. 그리고 아찬의 최종 깨달음의 첫 날밤에 비수디데바(*visuddhideva*)[4]의 광경을 본 것에 대해 몹시 기뻐하였다.

좌선을 끝낸 새벽, 아찬은 전날 밤에 체험했던 경이로움을 회상하였다. 그리고 나서 자신에게 정기적으로 음식을 보시하였던 마을 사람들에게 고마움을 전했다. 그는 또한 자신이 명상 중에 앉아 있었던 나무에게도 고마운 마음을 보냈다. 탁발을 하러 마을로 들어갈 시간이 되었을 때, 처음에는 해탈의 기쁨이 넘쳐서 그 날은 어떤 음식도 구할 필요가 없다고 생각했었다. 그러나 자신에게 음식을 보시하며 도움을 주었던 마을 사람들에 대한 고마움과 사랑 때문에, 아찬은 도덕적 의무 감에서라도 평상시처럼 마을 사람들에게 가야만 했다.

아찬은 그 날, 자신에게 음식을 보시하고 각자의 집안에서 일하고 있는 마을 사람들과 집 안팎의 먼지투성이 땅에서 놀고 있는 아이들에게 특별한 자비를 느꼈다. 이전에는 아무에게도 특별한 관심을 기울이지 않았지만, 그 날은 평소보다 더 많은 관심과 자비로써 그들을 관찰하였다. 연로하고 어진 사람들은 모두 아찬이 다가오는 것을 보고 예의바른 미소를 지었다.

---

4) 데바는 세가지 종류가 있다. 삼마티데바(*sammatideva*) 또는 전설에 나오는 데바는 왕들을 가리킨다. 전설에 의하면, 팔리어로 왕은 데바라는 용어로 지칭된다. 두 번째 종류의 데바는 업파티데바 또는 출생의 데바이다. 이는 지상의 존재, 천상의 존재, 최상급 존재로 구분될 수 있는 보이지 않는 존재들을 가리키며, 부라마로 불린다. 세 번째 종류의 데바는 비수디데바이다. 이는 마음의 완벽한 청정의 덕을 지닌 데바이다. 이는 최고의 아라한인 성스러운 제자들을 가리킨다. 아찬존자는 이제 비수디데바가 되었다. 아찬존자는 이제 최고의 달성의 덕을 지닌 비수디데바가 되었다.

산 위에 있는 자신의 거처로 돌아왔을 때, 아찬은 여전히 다르마의 맛을 즐기고 있었으므로, 음식을 먹고 싶은 기분이 들지 않았다. 그는 배가 고프지도 피곤하지도 않았다. 그러나 음식을 이미 받아 왔고, 오랫동안 음식을 섭취하지 않으면 몸이 제 기능을 다하지 못하는 까닭에, 몸의 힘을 유지하기 위해서 음식을 먹었다. 다르마의 깊은 맛 때문에 음식물에서는 아무런 맛도 느낄 수 없었다. 이 상태를 팔리어로 '삿빠라삼 담마라소지나티'(*sabbarasaṁ dhammarasajināti*-다르마의 맛이 다른 모든 맛을 정복하다)라고 한다.

천사들의 경탄

다음 날 밤, 다르마를 존중하는 천사들이 사방에서 아찬을 두 번째로 방문하였다. 그들은 전날 밤에 보았던 다르마의 찬연한 광채에 관하여 아찬에게 이야기했다. 삼계에 있는 높고 낮은 곳의 모든 보이지 않는 존재들이 모든 영역을 관통하는 눈부신 빛을 보고 놀라움과 경외감으로 전율을 느꼈다고 했다. 마음이 어느 정도 지혜로써 계발된 사람들은 누구나 그 빛에 의해 이전에는 본 적도 없고 알지도 못했던 새로운 세계를 보게 되었다.

천사들은 말했다.

"당신의 성스러움으로부터 뿜어져 나온 다르마의 빛은 수십만 개의 태양들보다 더 밝은 빛을 내었습니다. 이 빛(放光)의 경이로움을 알지도 보지도 못한 사람들은 얼마나 가여운 지요. 그들은 자신의 삶에서 엄청난 기회를 놓친 셈입니다. 온 세계의 우리 천사들은 성스러움(涅槃, 寂滅)의 성취에 감탄과 놀라움을 표하지 않을 수 없습니다. 당신의 성취는 위대하고도 위대합니다. 다양한 세상에 있는 무수한 지각 있는 존재(有情)들이 다르마의 성스러운 빛에 감싸여, 이전에는 알지 못했던 더 없는 행복을 체험했습니다. 불행히도 세상에 있는 많은 존재들이 지금 우리가 누리는 굉장한 기회를 놓쳐 버렸습니다."

아찬은 천사들이 더 높은 세계에 이르도록 설법을 하여 그들에게 기쁨을 선사했다. 천사들이 모두 떠난 후, 그는 유난히 어려움과 위험에 둘러싸였던, 그래서 '죽음의 문턱으로 통하는 길'이라고 불리는 자신의 수행 방식을 상기하였다. 한 가지 분명한 것은 몇 번이고 생명을 위협하는 일련의 시련들에 맞서 용감히 이겨내지 못했더라면, 자신의 소망을 실현시키지 못했을 것이며 궁극적인 목표도 성취하지 못했을 것이라는 점이다.

붓다와 아라한들의 인정

아찬이 최종 성취를 이룬 후, 며칠 밤 동안 많은 붓다들과 그들의 아라한 제자들이 아찬의 해탈을 인정하여 그를 방문하였다. 어떤 밤에는 붓다 한 분이 수만 명의 제자들과 함께 오기도 했고, 또 다른 날 밤에는 다른 붓다 한 분이 수십만 명의 제자들과 함께 오기도 했다. 붓다와 동행하는 제자들의 수는 그 붓다의 성취도에 따라 달랐다. 그러나 붓다와 동행하는 제자들은 실제 제자들의 수는 아니었다. 그것은 단순히 전체 제자들의 수를 대표하는 상징적인 것이었다. 아라한 제자들 중에는 사미승들도 많았다. 특정 사람을 지칭하지 않는 추상적인 의미에서, '아라한'이라는 용어는 스님들뿐만 아니라 사미승들에게도 적용된다.

붓다들은 아찬에게 많은 것을 가르쳤다. 그들은 말했다.

"타타가타(*Tathāgatas*)['여래'의 뜻으로 붓다들이 그들 자신을 가리키는 단어]들은 당신이 고해바다[윤회]의 거대한 감옥으로부터 해방되었다는 것을 안 후 당신을 인정하러 왔다. 윤회의 고리는 광막한 감옥과 같다. 그것은 죄수들이 탐닉에 빠져, 자신이 자유가 박탈된 죄수라는 사실로부터 눈이 멀도록 한다. 그것은 죄수들을 철저히 감시하고 흩뜨려서 그것의 영향력 안으로 끌어당긴다. 죄수들은 병으로 고통받지만 치료약을 구하는 데는 별 관심이 없는 사람과도 같다. 어떤 치료약이라도 아마 그들에게는 아무 소용이 없을 것이다. 타타가타의 다르마는 그 같은 병을 위한 치료약과 같다. 지각 있는 인간들은 자기 질병의 원인이 그들 자신이 만든 번뇌의 화살이라는 것을 안다. 그들은 병이 오래 계속되더라도 그것을 치료하는 다르마를 거부하고 불치의 병처럼 여긴다. 그들은 다른 육체적·정신적 고통들과 함께 끝이 없는 윤회의 고통을 홀로 겪어야만 한다. 그들은 다르마에 마음을 쓰지도 않고 다르마를 용기 있게 보고 듣고 시도하려고 하지 않기 때문에, 그들의 주위를 돌고 있는 다르마는 효력이 없다."

"다르마가 있으며, 고통의 사나운 바람 속에서 무력하게 휘말리는 지각 있는 존재(有情)들이 있다. 그들이 다르마를 알아차리고 다르마를 수행할 때까지, 아무도 그들에게 도움을 줄 수 없을 것이다. 붓다들은 왔다가 갈 수 있다. 그러나 질병은 여전히 남아서 배우려하지 않는 자들을 괴롭힌다. 지각 있는 존재들의 마음 속 번뇌가 모두 같은 것처럼, 모든 붓다들의 메시지도 같다. 붓다의 다르마를 능가할 번뇌는 없다. 그것은 번뇌를 찾아내어 제거한다. 붓다의 다르마가 없으면 그들은 번뇌에 굴복하고 다르마가 번뇌보다 열등하다고 생각할 것이다."

"다르마와 번뇌는 정반대이다. 다르마를 따르는 사람은 번뇌에 저항할 것임에 틀림없다. 반면에 번뇌를 따르는 자는 반드시 다르마를 거역할 것이다. 다르마는 귀찮고 기쁨을 빼앗아 간다고 느끼기 때문이다. 그러나 분별력이 있는 현명한 사람은 그와 같이 굴복하지 않을 것이다. 그는 항아리에서 삶아져 죽음을 당하는 거북이와는 같지 않다. 세상의 모든 것들은 번뇌가 감금(監禁)된 항아리에서 나오는 방법을 모른다. 물에서 살건, 땅 위에 살건, 공중에 살건, 땅 밑에 살건, 모든 생물체들이 다 마찬가지다. 그들의 마음 안에는 번뇌가 있다. 그들이 어디에 가고 어디에서 머물든, 그들은 번뇌를 지니고 다닌다."

"이제 너는 타타가타를 보았고 마음의 완벽한 청정 상태를 안다. 타타가타는 삼마티 형태[세속의, 또는 세속과 관련된 형태로 추측됨]를 통해서만 여기에 올 수 있다."

아찬이 말했다.

"나는 붓다와 아라한 제자들을 전혀 의심하지 않습니다. 어떻게 아누파디셋싸-니빠나(*anupādisessa-nibbāna*)[어떤 흔적도 남기지 않고 완벽히 열반에 듦] 후에 그와 같은 형태로 올 수 있습니까?"

붓다가 대답했다.

"이러한 일시적 형태는, 완벽한 청정에 이르렀으나 형태가 없는 사람이, 완벽한 청정을 이루었지만 아직 세속의 형태를 띠고 있는 자에게 올 때 필요하다. 그러나 둘 다 아누파디셋싸 열반에 들었을 때는 세속적인 형태로 나타나는 것은 필요치 않다. 붓다들 사이에서도 마찬가지이다.
 처음에 붓다들은 이러한 세속의 형태를 통해 자신들보다 앞선 붓다들에 대해서 알 수 있었다. 이러한 출현은 일시적인 의사 소통의 수단으로써 취하는 것이다. 완벽한 해탈에서는 출현이 없다. 같은 방식으로 타타가타와 아라한 제자들도, 네가 개개인의 붓다와 그의 아라한 제자들이 어떠한지를 보고 알 수 있도록 너에게 보여 주었다."

"다시 말해서, 세속의 형태를 통한 접촉이 요구되는 곳은 어디든, 접촉을 가능하게 하기 위해 출현의 형태가 필요하다. 그러나 완벽한 해탈을 통한 관계가 필요한 곳은 어디든, 양측이 모두 이미 동등하고 똑같으므로 세속의 형태가 필요한 영역 안에서도 더 이상 형태가 필요하지 않다. 그러나 특징들을 알리려고 하면, 세속의 형태는 다시 요구된다. 사람들은 세속의 형태와는 대조적으로, 완벽한 해탈은 표시나 출현이 비어 버린, 그 자체가 찬연하며 무엇과도 비교될 수 없는 그지없는 평화의 후원을 받고 있다는 것을 이해할 수 있을 것이다. 이러한 사실을 이해하는 자들은 세속의 형태를 통하여 표현되고 어떤 것에도 의지하지 않고 그 자체로서 존재하는 완벽한 해탈에 대하여 어떤 의심도 품지 않는다."

그리고 붓다는 아찬에게 물었다.

"너는 의심스러워서 이러한 질문을 하였느냐, 아니면 인사차 그러한 질문을 하였느냐?"

아찬이 대답했다.

"인사차 그렇게 했습니다. 사실 저는 세속, 완벽한 해탈, 붓다, 다르마와 상가에 대해서 추호의 의심도 없습니다. 저는 혼자 힘으로 '다르마를 깨닫는 자는 누구나 타타가타를 본다.'는 경구를 깨달았습니다. 그 경구는 붓다, 다르마와 상가는 그 자체가 청정이자 세속으로부터의 해탈이라는 사실을 알려주었습니다. 그래서 내가 이해한 바에 의하면 붓다와 아라한 제자들이 오든 오지 않든 나의 확신을 변화시킬 수는 없습니다."

그러자 붓다는 아찬이 이러한 질문을 한 의도를 이해한다고 했으며, 이 또한 인사를 나누는 수단이었다고 말했다.

 눈에 띠는 것은 붓다를 동행하는 아라한 제자들이 아무 말도 하지 않으며, 인상적인 태도로 각자의 자리에 앉아만 있는 것이다. 특히 세속인들의 눈에는 인상적이기보다는 차라리 귀여울 작은 사미승들조차도 조용하게 앉아 있었다. 이러한 사미승들은 대략 9살에서 12살 정도로 보였다. 그들을 처음 보면, 어른들이 아이들을 볼 때 머리를 쓰다듬어 주고 싶은 그런 기분을 느낀다. 이 사미승들이 아라한들이라는 것을 이미 알았던 자들은 이러한 생각을 전혀 하지 않지만, 사전에 몰랐던 사람들은 이러한 생각을 틀림없이 할 것이다. 다른 아라한 제자들처럼 이 사미승들의 태도도 감동적이었다. 사미승들을 포함한 모든 아라한 제자들은 완벽히 자기 제어된 모습을 통하여 영감과 감동을 주었다.

 만약 아찬이 경행과 좌선의 전통적 수행 방식, 경행할 때와 좌선할 때 옷 입는 방법, 스님들끼리 서로 경의를 표하는 방법에 대해 궁금해하면, 붓다 또는 아라한 제자가 아찬이 좌선할 때 와서 올바른 방법을 보여주었다. 아찬에게 하는 모든 설명들은 자세하였다. 예를 들어 아찬은 경행 중에 손을 어디 두어야 하는지, 어떻게 걸어야 하는지, 걷는 동안 어떻게 자신을 제어하는지를 배웠다. 좌선에 관해서도 수행자가 바라보는 방향, 또는 앉는 자세 등 세부적인 것까지 설명해 주었다.

아찬의 경이로운 설법

아찬이 병에 걸리기 얼마 전인 불기 2492[서기 1949]년 11월 보름날 법회에서, 그는 저녁 8시부터 자정까지, 즉 4시간 동안 쉬지 않고 설법을 했다.

아찬은 미리 약속하지 않고 붓다를 만나러 왔던 1250명의 아라한에 대해서 언급했다.

"그 당시 붓다의 제자들은 마음 속 깊이 참으로 진실하였고, 그러므로 그들은 진리를 실현할 수 있었다. 그러나 오늘날에는, 우리는 단지 이름과 명성과 지위 등을 더 좋아하고 우리의 내부에는 거짓의 무게에 짓눌려 우리를 돌이킬 수 없게 만드는 허위만이 가득 차 있다는 사실에도 불구하고, 우리는 하늘 높이 칭찬 받기를 좋아한다."

"우리가 행했던 것이나 우리가 행하고 있는 것이 번뇌와 악을 감소시키거나 없애는 데에 기여하는 것이 아니라, 오히려 번뇌와 악을 축적하고 있을 때 진리와 청정함은 어디에서 찾아 볼 수 있겠는가? 이러한 상황하에서 아라한들이 모여서 계율항목인 파티목카를 염송할 수 있는 희망은 없다. 단지 황토색 옷을 걸친다고 스님이 될 수는 없으며, 이름이나 명성이 도덕성이나 다르마의 징표가 되지는 않는다. 스님이나 사미승은 악을 행하지 않고 오로지 선만을 행하며 마음을 정화시키는 걸로 요약되는 다르마를 지키는 생활로 일관되어야 한다. 악을 행하지 않고 선만을 행하며 마음을 정화시키는 것, 세 가지는 붓다의 가르침의 세 주춧돌이다."

"악을 행하지 않는다는 것은 완벽하게 이해되어야 한다. 악을 행하지 않는다는 것은 행동으로 악을 행하지 않는다는 것뿐만 아니라 말로도, 또 가장 중요한 것은 생각으로도 악을 행하지 않는 것을 포함한다. 어떤 사람이 말이나 행동으로 악을 행하지 않을지라도 밤낮으로 악한 생각을 하고 있다면, 그는 도덕적이거나 순결해질 수 없다. 그가 선을 행하는 것은 피상적(皮相的)이고 변질된 것이다. 그러므로 예상과 반대되는 결과가 나타난다. 그가 생각하고 있는 악한 생각에 비례하여 내적인 문제와 흐트러짐이 나타난다. 이것은 수행자들에 대한 실제적인 측면에서의 도덕성(戒)의 법칙이다."

그 후 아찬은 선정, 지혜, 그리고 해탈의 모든 측면과 정도에 대해서 설명했다. 선정, 지혜, 그리고 해탈에 대하여 숨김없이 다 설명하는 것처럼 보였다. 이 4시간 동안 청중들은 너무도 감동적으로 다르마에 사로잡혀서 시간과 공간에 대한 개념도 잊은 채 아주 조용했다.

설법 끝에 아찬은, 다시 이와 같은 설법은 없을 것이라고 말했다. 이후 그의 설법은 이번만큼 강렬하거나 많은 시간을 요하지 않았다. 한달 후에 그는 병에 걸렸고, 입적할 때까지 점차적으로 쇠약해져 갔다.

육체의 초연함과 인내의 본보기
아찬은 몸이 약해져 가는 징후에도 불구하고 두타행 규칙을 정확히 지켰다.

아찬의 제자들은 그가 원하는 대로 따라야만 했고, 신체가 약해져감에도 불구하고 꺾이지 않는 그의 강인한 의지에 모두 놀라면서 의아하게 생각했다. 아찬은 신체의 상태가 어떠하든 번뇌에게 항복하지 않는, 진정한 인내력의 화신이었다. 우리가 만약 같은 위치에 있었다면, 우리와 우리를 시중들고 있는 쪽에 훨씬 더 많은 문제와 혼란이 있었을 것이다.

더욱 중요한 것은 우리가 병에 걸린 첫 날, 번뇌가 얼마나 우리를 바보로 만드는지를 몰랐을 것이라는 것이다. 스스로를 아찬의 제자라고 생각하고 있는 사람들은 종종 이 아찬의 일화를 떠올려서 그들 자신이 번뇌에 의해 좌우되는 일이 없도록 해야할 것이다.

존자의 완전한 열반

아찬은 오른쪽 옆구리를 밑으로 하고서 사자 자세로 누워 있었다. 그는 빠르게 열반으로 들어가고 있었고 그 곳에 있던 모든 제자들과 재가불자들은 그를 지켜보면서 절망에 사로잡혔다. 아찬의 호흡이 점차 희미해져 갔다. 어느 누구도 정확히 그가 열반한 때를 알지 못했다. 마침내 그의 신체의 움직임이 더 이상 없었고, 그것은 그가 입적했음을 정확하게 알려주었다. 얼마 후에, 차오 크훈 드하마 세티야가 '존자는 열반에 들었다. 그렇지 않은가?'라고 말하고 시계를 보았다. 새벽 2시 23분이었고, 아찬이 열반한 정확한 시간을 알 수 없었기 때문에 이 시간이 그가 입적한 시간으로 간주(看做)되었다.

다비식 날

 아찬의 다비식 날이 점점 가까워 옴에 따라, 수드하바스 사원으로 오는 사람들의 수는 늘어났다. 다비식 날에는 10,000여명의 사람들이 참석했던 것으로 추정된다. 이곳 저곳에 다양한 크기의 오두막과 헛간이 세워졌고, 모든 사람에게 음식과 마실 것이 무상으로 제공되었다. 와트 수드하바스 사원 바깥 숲이 있는 지역은 스님들의 하얀 우산으로 뒤덮였다. 그것은 일찍이 볼 수 없었던 광경이었다. 수드하바스 사원에는 팔백 명 이상의 스님과 사미승들, 그리고 근처 사원에 있던 수많은 다른 사람들이 있었다. 아마도 천 명 이상의 사람들이 있었던 것 같다. 좁은 지역에 많은 사람들이 모여들었으므로, 식이 어떻게 거행될 것인지를 말하는 확성기 소리 빼고는 어떤 다른 소리도 들리지 않았다. 재미나 즐거움을 위한 것이 아니라 위대한 선사를 기리는 엄숙한 시간이었기에, 어떤 유흥이나 오락도 없었다.

 평소와는 달리 대단히 많은 사람들이 모여들었으므로, 스님과 사미승들은 숙소, 들판, 헛간, 그리고 다른 장소 등에서 식사를 하기 위하여 30~40명, 또는 50~60명으로 무리를 지어야 했다. 사람이 많음에도 불구하고, 음식을 제공하고 나르는 재가불자들은 그런 대로 편했다. 왜냐하면, 스님들 중 90% 이상이 하루에 한 끼만 들고 그것도 자신의 바루에만 식사를 담아서 먹는 두타행 스님들이었기 때문이다. 이 때문에 그릇들이 부족하지 않았다. 항아리와 냄비만이 제공되었고, 그 항아리와 냄비에 담겨 있던 모든 종류의 음식과 후식들을 스님들 스스로 자신의 바루에 떠서 먹었다. 나머지 10%는 원로 스님들과 행정을 보는 나이 많은 관리들, 그리고 재가불자들이었다. 그들은 접시 · 쟁반 · 컵 등의 그릇들이 필요하였고, 일반적으로 하루에 두 끼를 먹었다.

태국 내에는 2~3개월 동안 폭력, 절도, 다툼, 또는 술잔치 등의 범죄행위가 하나도 없었다. 값진 것을 잃어 버린 사람들은 그것을 찾기 위하여 사원 지역에 있던 본부에 보고를 했고, 본부에서는 확성기를 통해서 잃어 버린 물건이 있다는 공고를 내보냈다. 오래지 않아서 그 물건은 본부로 보고가 되었고, 그 물건의 주인에게 알려졌다. 그는 잃어 버린 물건에 대하여 자세하게 설명했고, 그의 진술과 일치하면 그 물건은 바로 주인에게 전해졌다.

장례식은 음력11월 10일에 시작해서, 실제 아찬의 다비식 날인 13일의 자정까지 3박 4일 동안 계속되었다. 아찬의 뼈 가루는 그 다음 날 모아졌다.

기적

아찬의 다비 장소는 현재 수드하바나 사원의 법당이 있는 장소에 만들어졌다.

다비하는 시간은 자정으로 정해졌다. 그러나 다비가 거행되기 오래 전부터 사람들은 장작더미 주위에 모여서, 남은 여생동안 기억될 무엇인가를 그들 자신의 눈으로 목격하기를 바라면서 인내심 있게 기다렸다. 그러나, 다비가 거행되기로 약속되었던 시간에 기적이 일어났다. 여름의 하늘은 맑고 깨끗했으나 갑자기 다비식이 거행될 지역만을 뒤덮는 작은 구름이 생겨났다. 불이 막 붙여지고 그 불을 관에 가져다 대려고 할 때, 그 지역은 놀랍게도 약 15분 동안 이슬비에 의해서 싸늘해졌다. 그 후 구름이 사라지자 달빛이 환한 하늘은 이전처럼 맑고 깨끗했다. 이 사건은 그 곳에 있던 모든 사람들이 목격했고, 영원히 기억할 것이다.

아찬의 재의 분배

유해는 메마른 불꽃에 의해서 사라졌다.

아찬의 재(뼈 가루)는 다음 날 아침 9시에 모아졌고, 특별히 마련된 장소에 안치하도록 재는 식에 참석한 여러 지역 대표 스님들에게 분배되었다. 여러 지역으로부터 온 재가불자들도 아찬의 재 일부분을 받았다. 공식적인 재의 분배를 마치자마자, 식에 참석했던 다른 사람들은 장작더미가 타고남은 곳으로 달려가 남아있던 먼지와 재를 모았다. 그 주변에는 먼지 한 줌도 보이지 않았다. 모두들 그들이 획득한 '보물'에 대해서 무척 기뻐했고, 가슴에 그것을 안고서 승리의 미소를 지으며 매우 값진 것으로 생각했다.

다비식은 끝났고, 재는 분배되었으므로 이제는 집으로 돌아갈 시간이 되었다. 그러나 모두들 돌아가기 전에 다비식이 열렸던 장소로 가서 거기에 세 번 엎드려 절했다. 그것은 아찬이 존재한다는 단 하나의 표식이었다. 사람들은 그 곳에서 움직이지 않은 채 오랫동안 앉아 있다가 일어나서 눈물을 흘렸다. 경외와 감사의 눈물이 뒤섞인 이 마지막 작별은 많은 시간이 걸렸다. 왜냐하면, 한 무리가 가면 다른 무리가 와서 그 장소에 있었기 때문이었다.

아찬의 재(뼈 가루)가 사리로 변하다.
　다비식 이후에 아찬의 재를 얻을 수 있었던 사람들은 집으로 그 재를 가지고 가서 가장 성스러운 물건으로 여기면서 잘 보관했다. 다비 이후 4년 동안은 어떤 특별한 일도 일어나지 않았다.

　그러던 어느 날, 크하마나물 부인이 우기 결제철 밖에 있는 스님들에게 가사를 제공하는 선행을 베풀기 위하여 아찬이 열반에 들었던 사콜 나크호른 마을로 갔다. 그 부인은 아찬이 입적하고 다비되었던 수드하바스 사원의 주지 스님으로부터 아찬의 신체 위 부분 뼈에서 나온 약간의 재를 받게 되었다. 그 부인은 집으로 그 재를 가지고 와서 아찬의 다비식 이후에 받았던 재를 담아 놓은 단지에 이번에 받은 재를 함께 넣으려고 했다. 그 단지를 연 순간 그 부인은 경이로움에 놀라서 아무 말도 할 수 없었다. 왜냐하면, 그 부인이 전에 받았던 재들이(모래같이 부드럽고 알이 광택이 나면서, 붓다의 사리와 고대의 다른 아라한 제자들의 사리와 닮은) 사리가 되어 있었기 때문이었다. 그 부인에게는 그녀가 운영하는 호텔에 놔둔, 그의 재를 보관하는 또 다른 단지가 있었다. 그 부인은 즉시 호텔로 가서 그 재 또한 사리로 변해 있음을 확인했다. 두 개의 단지에 모두 344개의 사리가 있었다. 재 가운데 가장 미세한 것들만이 그냥 재로 남아 있었다. 그러나 나중에 남아 있는 재들 또한 같은 변형이 이루어졌다. 이것이 아찬의 재가 사리로 변한 것으로 알려진 첫 번째 경우이다.

　이 소식은 널리, 그리고 멀리까지 퍼졌다. 이 기적을 보고 그 사리를 얻기 위해서 그 부인의 집에 사람들이 모여들었다. 크하마나물 부인은 천성적으로 관대한 사람이었기 때문에, 부탁하는 사람에게는 누구든지 사리를 나누어주었다. 크하마나물 부인도 수중에 거의 남아 있지 않게 되었다.
　점차 아찬의 재가 사리가 되었다는 보고가 많이 들어왔다.
　아찬의 사리와 관련된 또 다른 경이로운 이야기들이 있다. 두 개의 사리가 소유자의 신실한 소망대로 삼보를 상징하는 세 개로 바뀐 일도 있다. 다른 경우는, 그의 사리를 소유하고 있는 사람이 위의 이야기를 듣고서 두 개의 낟알이 다수가 되라고 기도했다. 그러자 다수로 불어나는 대신 그 둘은 합쳐져서 하나가 되었다. 이 사람은 매우 실망하고서 필자에게 와서 설명을 부탁했다. 필자는 그 사람에게 그 사리들은 하나의 원천으로부터 온 것이라고 설명했다. 숫자상으로 사리가 하나이건 둘이건 셋이건 그 이상이건, 그건 중요하지 않다. 그러므로, 사람들은 똑같은 성스러움을 소유하고 있는 것이었다. 두 개의 낟알이 한 개로 합쳐진 것은 그 자체가 기적이었다. 수가 더 많아지기를 바라는 것이 무슨 소용이 있겠는가?

아찬은 생전에 2주마다 한번 씩 머리를 깎았는데, 어떤 장소에 보관되었던 그의 머리카락 또한 사리로 변했다.

다른 경우는 아찬에게 깊이 감명 받은 한 정부 고위 관리자의 이야기이다. 그 관리자는 아찬의 다비를 준비하는 내내 모든 사람들을 많이 도왔다. 와트 수드하바스에 있는 원로 스님이 크하마나물 부인으로부터 아찬의 사리들을 받았을 때, 그 원로 스님은 그 정부 고위 관리자와 그가 했던 많은 자비행이 떠올랐다. 어느 날 아침 그가 원로 스님에게 경의를 표하기 위하여 사원에 왔을 때, 그 스님은 그에게 자신이 받은 사리들 중에서 두 개를 주었다. 이 정부 관리자는 그 사리들을 보관할 단지를 준비하지 않았기 때문에, 그것들을 조심스럽게 담뱃갑 속에 담고서 그 담뱃갑을 주머니에 넣었다. 그는 그 날 온종일 자신이 얻은 행운에 너무 기뻐서, 마음이 잠시도 주머니에 있는 보물에서 떠나지 않았다.

그 날 저녁 집에 도착해서, 그는 가족들에게 자신의 뜻하지 않은 행운에 대해서 이야기하였다. 단지를 가져와서 담뱃갑을 열었다. 이 정부 관리자는 그가 아침에 받은 두 개의 사리가 세 개가 되어있는 것을 보고 놀라서 아무 말도 할 수가 없었다. 그는 가족들에게 그 사실에 대해서 이야기했으나, 그의 아내와 자식들은 그가 한 말을 믿지 않았다. 나머지 가족들은 그가 수를 잘못 세었다고 생각했다. 그는 잘못 센 것이 아니라고 확신하면서 가족들에게 그렇게 작은 수를 잘못 셀 수는 없다고 말했다. 그는 가족들에게 정 믿지 못하겠으면 다음 날 아침에 그 스님에게 가 보자고 했다. 그러나 가족들은 바로 그날 밤 스님을 찾아가겠다고 고집을 부렸다. 그래서 그들은 사원으로 가서 스님께 몇 개의 사리를 그에게 주었는지 여쭈어보았다. 스님은 그에게 두 개의 사리를 주었다는 사실을 확인해 주었고, 혹시 그가 하나를 잃어 버렸는지 물어보았다.

그는 아내를 보고서 미소를 지어 보이며, 스님에게 일어났던 모든 일에 대해서 이야기했다.

스님은 그 정부 관리자의 가족들에게 사람이 아라한의 사리들을 발견하는 것은 매우 진귀한 일이라고 말했다. 스님은 그들에게 그 사리들을 주의해서 잘 보관하라고 이야기했다. 즉 항상 올바른 행동을 하고, 스스로를 다르마의 정도(正道)에서 벗어나지 않도록 하라는 것이었다. 사리들은 기적적으로 왔고, 이와 똑같이 기적적으로 갈 수도 있다. 많은 사람들은 악한 것들의 존재를 믿는 것은 쉬우나, 선한 것들의 존재를 믿는 것은 어렵다. 세상에 악한 사람들이 많고 선한 사람들이 별로 없는 것은 다 이러한 이유에서이다. 모든 있는 그대로의 관찰은 우리가 다르마를 생각하는 대신 악한 것을 생각하는 쪽으로 얼마나 기울어져 있는지 보여줄 것이다.

정부 관리자와 그의 아내는 스님의 가르침에 기뻐하면서, 집으로 돌아왔다.

4. 아찬 문의 수행법 요약

아찬 문 수행법의 특징은 염송을 이용하여, 사마타와 위빠싸나를 잘 조화시키는 것이다. 현재 태국에는 염송과 더불어 수행하는 방법이 가장 널리 퍼져 있다.

한국에서도 염불과 위빠싸나를 동시에 수행하는 방법이 계발되면, 좀 더 많은 수행자들이 효율적으로 보다 쉽게 목적지에 도달하리라고 본다.
필자가 이 방법으로 회원들을 지도해 본 결과 그 효과가 빨랐으며, 특히 바쁜 생활인에게 더욱 효과적이었다.

특징

미얀마와 태국에서는 수행에 들어가기 전에 경@율@논을 배운다. 특히 불교 심리학인 아비담마를 깊이 있게 공부하는데, 이것이 수행과 직결된다. 바로 이런 방식이 나중에 아짠 문이 아나함, 아라한과에 드는 데에도 결정적인 역할을 하였다. 그 방법은 12연기와 오온의 흐름을 관찰하는 것으로, 위빠싸나 16단계와 유사하다고 보면 된다.

수행자의 근기에 따라 다양하게 지도한다. 아짠 문의 주된 수행법은 [붓도]를 되풀이하는 일종의 만트라 염불수행과 부정관, 그리고 경행을 포함한 사념처 위빠싸나이다. 특이한 점은 한 가지 수행법만을 고집하지 않는다는 것이다.

염불만 반복하거나 염불과 위빠싸나 관찰을 동시에 하면서 호흡이나 몸(경행 포함)을 관찰하다가 수행이 깊어지면 마음관찰로 들어가서 오온과 12연기를 관찰한다. 12연기 관찰은 따로 특별한 방법이 없고, 오온 중 감각[受] @인식[想] @의도[行] @의식[識]을 관찰하면서 점점 더 깊은 무의식으로 뚫고 들어가서 근본 무명까지 제거하는 것이다. 결국 잘못된 [나]를 바로 잡는 것이다.

위빠싸나의 지혜 계발에 앞서 사마타의 깊은 선정을 강조한다. 높은 단계에 이르기 위해서는 선정과 계행이 필수적이므로 먼저 선정을 수련시키지만, 경우에 따라서는 위빠싸나 지혜 수행을 먼저 하게 하고 사마타 선정을 시키기도 한다. 단계적인 방법이 정해져 있는 게 아니므로, 수행자의 특성과 개성에 따라서 다르게 가르친다. 개성에 맞지 않는 수행법은 역효과를 가져오기 때문이다.

어떤 형태의 선정을 수련하더라도 지혜를 강조한다. 선정 수련의 경우는 여러 가지 환상이나 특이한 현상들이 나타나므로 반드시 스승의 지도 아래 수행하도록 한다.

하루 한 끼 식사와 계율을 철저히 지킬 것을 강조한다. 특히 두타행을 권장한다.

오온과 12연기 관찰

몸이 [나의 것]이 아니라는 각성이 충분히 일어날 때까지 관찰한다. 수행이 깊어지면 수(受)@상(想)@행(行)@식(識)의 미묘한 현상들을 관찰한다. 오온이 뚜렷하지 않을 때는 한동안은 몸의 4대만 계속 관찰하고, 그 다음은 수(受)만, 그 다음은 상(想)만, 행(行)만, 식(識)만 관찰한다.

모든 호흡의 길고 짧음과, 감각 부분, 마음 부분, 법의 부분을 아나파아나 16단계에서 각각 관찰해보면 효과적이다. 즉 식이 뚜렷하지 않을 때는 아나파아나 16단계에서 식만 관찰해본다. 호흡이 길 때는 긴 줄 알아차리고, 감각관찰에서 즐거움, 행복감을 알아차리고, 마음관찰에서 마음 상태를, 법의 관찰에서는 무상을 알아차리는 등의 16단계에서 오직 식만 관찰한다.

여기에서 무상@고@무아를 더욱더 철저히 관찰해야 한다. 오온을 [나]로 보는 무명의 작용과 감각기관에 관련된 집착과 갈애, 생@노@병@사 등을 보게 되므로 자연스레 12연기를 관찰하게 된다.

경행

[붓도], [달모], [상고] 등의 염송을 병행하거나 그냥 경행만 한다. 마하시의 경행 6단계와는 달리 자연스레 걷는다. 이 역시 깊어지면 오온과 12연기가 관찰된다.

아찬 문 수행경책

 아라한이 된 아찬 문은 더 이상 닦을 것이 없는 경지에 이르렀지만, 규칙적인 경행과 좌선을 하였고, 자신을 찾아오는 제자들에게 가르침을 주었다. 타심통과 천안통의 지혜가 있었던 아찬 문은 가까이서 지도하는 제자뿐만 아니라, 멀리 있는 제자들의 마음 상태나 수행의 정도도 알 수 있었고, 그 제자들이 전력을 다해서 정진할 수 있도록 용기를 주며 지도했던 것이다. 아찬 문은 다음과 같이 말한다. "나는 격심한 아픔과 고통을 세 차례 체험하였다. 그러나 그 모든 걸 이겨내고 살아남아서 이렇게 스승이 되었다. 그대들이 두려움을 극복하기 위해서 얼마나 전력을 기울이고 있는지 스스로에게 자문해 보라. 목숨을 건 노력 없이는 결코 법을 깨달을 수 없을 것이다."

 법은 법을 실천하는 이를 보호한다. 법을 실천하는 수행자는 일단 진리를 깨닫게 되면, 어떤 번뇌의 적이 공격해도 흔들리지 않게 된다.

 아찬 문 스님이 다시 부활시킨 하루 한끼로 24시간 눕지 않는 장좌불와로 두타행을 닦는 스님들에게 수행이 필요한 것도 언제나 일어날 수 있는 마음과 몸의 괴로움에서 자신을 보호하기 위해서이다. 실제로 고통이란 수행의 좋은 대상이다. 고통에 맞서지 않고 고통의 본질을 깨닫는 것은 불가능하다는 사실을 아찬 문 스님은 제자들에게 강조해서 가르쳤다. "무엇이든 덤벼라, 그러면 있는 힘을 다해, 마지막 피 한 방울이 다하는 순간까지 싸울 것이다. 절대로 후퇴나 철수는 없다."

이러한 태도는 바로 부처님께서 6년간의 고행을 마치고, 보리수 아래에 앉아 마지막 깨달음을 얻기 전에는 이 자리에서 일어나지 않으리라는 대결정심으로 위없는 깨달음을 실현하신 장면을 연상시킨다. 아찬 문과 그 제자들이 밟아온 숲 속 수행의 전통은 부처님의 수행 전통을 잇고 있는 것이다.

부처님의 공덕(여래10호)을 반복해서 상기하는 '붓도' 수행과 자신의 몸과 마음을 놓치지 않고 알아차리는 마음챙김 수행의 전통은 바로 자신을 보호하고 수행의 완성을 이루기 위한 아찬 문 스님이 밟았던 길이었고, 그것은 곧 제자들로 이어지는 수행 전통이 되었다. 향후 우리나라 위빠사나수행에도 지대한 영향을 미칠 것이라 확신 한다.

생활 속의 수행

* 세상 사람들은 번뇌를 따르는 이와 담마(法)를 따르는 이로 나누어진다.

* 번뇌를 근절하는데 전심전력하라. 나의 유일한 목표는 오직 해탈일 뿐 한번도 사념이 마음에 자리잡는 것을 허용하지 않았다.

* 아무리 바빠도 번뇌가 한순간이라도 자신을 조롱하거나 바보로

만드는 것을 용납하지 말라.

* 졸음이 오면 즉시 일어나 세수하고 좌선하든가 아니면 경행으로 잠을 쫓아라. 졸음이 심하면 평소보다 빨리 걸어라.

* 공양 시에도 음식 맛에 집착하지 않도록 항상 씹는 동작과 느낌, 동작의 움직임을 관찰하라. 맛에 탐착하면 마음수련이 되지 않는다.

* 어떠한 역경이나 어려움에 부딪치더라도 변명하거나 좌절하지 말고 오직 수행으로 극복하라.

* 활동하거나 걸어 다닐 때도 관찰을 놓치지 말아야 한다. 특히 동작을 하기 전에 마음챙김을 먼저 하여 그 의도부터 관찰하라. 그러면 자신의 무의식 속에 있는 악습이나 고정관념을 쉽게 찾아내서 개선할 수 있다.

* 지식의 산은 인간을 향상시키지 못하고 오히려 퇴보시킨다. 붓다는 칼라마 사람들에게 사유, 추측, 소문, 전통, 교리에 의존하지 말고 체험으로 확인하라고 이르셨다.

* 삼계(三界)는 모두 무상·고·무아의 윤회현상이다. 정도의 차이가 있을 뿐이다.

붓다의 후예, 위빠사나 선사들

* 화내지 않는 것, 비폭력은 이기기를 원하는 자가 갈고 닦아야 할 수행덕목이다.

* 다르마로 분노와 증오의 힘을 누를 수만 있다면 이 세상의 평화는 이루어진다. 자비는 언제나 성냄을 제압한다.

* 자신의 스승은 바로 자기 자신이다. 따라서 자신에 의지하고 법에 의지해야 한다. 자신의 콧구멍으로 숨을 쉬어야지 남의 콧구멍으로 숨을 쉴 수는 없다.

* 날로 심해 가는 고통의 세계로부터 벗어나는 것은 돈을 내고 영화를 구경하는 것처럼 쉬운 일이 아니다. 그 길은 쾌락과 열정의 흐름에 역행하는 것으로 목숨을 건 전심전력의 헌신이 필요하다.

* 계발된 마음은 멀리 가지 않는다. 주인을 따르는 개처럼 항상 돌아온다.

* 자신의 결점을 찾아 내면을 들여다보라. 자신을 계발하거나 개선하지 않는 한, 장점이나 단점을 발견하는 따위의 일은 아무 쓸모가 없다.

* 어떠한 정진자든 자신의 진실성에 비례해서 진리를 구현할 권리가 있다.

번뇌 제거

* 육체적 욕망은 사랑에 빠진 남녀의 마음속에 존재한다. 사랑에 빠진 동물의 마음에도 존재한다. 이 욕망을 저지하지 않으면 육체적 욕구의 노예로 전락되어 세상은 혼돈에 빠지게 된다.

* 번뇌와 마음은 미묘하게 얽혀 있어서 마음을 번뇌로부터 분리시키는 것은 쉽지 않다. 마음챙김을 놓치는 순간, 번뇌는 마음을 다시 휘젓고 다닌다. 마음챙김의 방어선을 항상 지켜 내야 한다.

* 번뇌는 수행에 의해 지혜가 계발됨에 따라 감소되며, 종국에는 완전히 제거될 수 있다.

* 번뇌가 일어나는 곳은 어디든지 마음챙김과 지혜로 무자비하게 공격하라.

* 마음은 미묘한 것이다. 약간의 충돌만 있어도 수행에 장애가 된다. 이성에 대한 약간의 미련이라도 있으면 해탈할 수 없다.

* 윤회와 질병의 근원은 자신이 만든 번뇌의 화살이다. 번뇌를 제압할 수 있는 것은 법(Dhamma)뿐이다. 법을 따르는 사람은 번뇌를 소멸시킬 수 있다.

붓다의 후예, 위빠사나 선사들

* 번뇌가 생겨나기는 쉬워도 번뇌를 없애기는 매우 어렵다. 그보다 더 해로운 것은 번뇌에 미혹되어 즐거워하는 것이다.

* 드러나지 않는 고통이 어디에서 비롯되었는지 깨달았는가? 그것은 별로 해롭지 않다고 하찮게 여기는 번뇌와 욕망에서 기인한다.

* 자신의 마음을 들여다보고 이러한 번뇌에 대응하는 자신의 처신에 대해 있는 그대로 관찰하라. 만일 사소한 번뇌를 하찮게 여겨 관찰하지 않는다면, 맛을 알지 못하는 국물 속의 국자와 같은 신세가 된다. 국자가 아니라 담마의 맛을 아는 혀가 되라.

發心

* 어떠한 상황에서든 담마를 절대로 포기해서는 안 된다. 무슨 일이 일어나든 그대로 내버려두라. 그것은 자연스러운 과정이다. 마음을 계발하는 장소로는 거칠고 사나운 맹수들로 가득한 곳이 오히려 적격이다.

* 수행자가 궁극의 깨달음에 도달한다는 것은, 외적 한계에 굴복하는 게 아니라 내적 담마로부터 떨어지지 않음을 의미한다.

* 수행자는 신심, 마음챙김, 노력, 선정, 지혜의 다섯 가지 힘인 오력(五力)을 갖추어야 한다.

* 수행하는 동안은 절대로 노력을 늦출 수 없다. 교활한 속임수로 공격하는 번뇌에 대항하여 신심, 마음챙김, 선정, 지혜와 결합된 정진력으로 계속 싸워야 한다.

* 계행을 지킬 필요가 없는 것은 죽은 시체뿐이다. 모든 계율은 마음 관찰로부터 시작되어야 한다. 마음의 제어는 말의 제어, 행위의 제어의 근본이다.

* 마음계발인 관찰은 인과와 담마의 법칙에 따라 자신을 다스리는 능력이다.

* 원숭이를 길들일 때 원숭이와 무수히 싸워야 하듯이, 마음이 갖고 있는 본연의 속성과 치열하게 싸워야 하는 것이다.

* 세속인의 마음은 문어의 촉수와도 같아 가능한 한 자신이 관여하고 싶은 모든 것들에 다가가려는 경향이 있다.

* 붓다에 이르는 길은 대발심하여 두려움 없이 도전하는 이에게 열려 있다.

* 담마에 존경과 정성을 기울이지 않고 건성으로 수행하는 자에게는 깨달음은 결코 오지 않는다.

붓다의 후예, 위빠사나 선사들

* 담마가 있는 곳에는 평화와 행복이 있다. 마음이 담마이고, 담마가 마음이다. 담마에 의지하는 사람은 모든 것에 자족하므로 자신이 처해 있는 어떤 환경 속에서든 평화와 자유를 누릴 수 있다.

* 무한한 평화와 자유인 담마는 본래부터 인간의 내부에 존재해 왔다.

* 윤회의 고리는 광막한 감옥과 같다. 그것은 죄수들을 탐욕에 빠뜨려 자신이 자유가 박탈된 죄수란 사실로부터 눈멀게끔 만든다.

* 완전한 자기희생과 용기 없이는 궁극의 깨달음에 이를 수 없다.

* 고(苦)의 격노한 폭풍을 잠재울 수 있는 것은 마음챙김과 지혜뿐이다. 죽음 앞에서 몸이 해체되는 순간은 고(苦)의 위협적인 힘이 절정에 달하는 순간이다. 이에 반격할 수 있는 건 오직 충분히 연마된 마음챙김과 지혜뿐이다.

* 죽음이 두려워 수행의 고삐를 늦추어서는 안 된다. 목숨을 건 노력 없이는 담마의 경이로움을 깨달을 수 없다.

* 만약 쾌락에 탐닉한다면, 생지옥 이외에는 아무것도 성취할 수 없다는 걸 아는 번뇌가 수행자를 비웃을 것이다.

* 죽는 날까지 수행의 고삐를 늦추어서는 안 된다. 후퇴하는 자는 여래의 제자가 아니다.

* 수행의 장애들이 가로막고 있는 곳은 어디든 뚫고 나가야 한다. 죽음이 닥친다 해도 결연한 노력으로 맞서라. 전사는 절대로 죽음의 공포 따위에 사기가 저하되어서는 안 된다.

* 악을 행하지 않고 선(善)만을 행하며, 그 마음을 청정하게 하는 것. (諸惡莫作 家善奉行 自淨其意.) 이 세 가지는 모든 붓다의 가르침이다.

부록2.
용어 해설

용어 해설

- Ānāpāna sati : 호흡의 출입에 집중관찰하는 수행법. 방법에 따라 사마타도 되고 위빠사나도 됨.

- Anattā(*Emptiness*) : 무아.

- Anicca(*Impermanence*) : 무상.

- Ariya-Magga(*Eightfold Path*) : 청정과 해탈로 나아가는 길. 팔정도(八正道)

- Ariya sacca(*four noble truth*) : 사성제(고 · 집 · 멸 · 도).

- Avijja(*Ignorance*) : 무명, 무지.

- Āyaṭana(*Sense Base*) : 6근 · 6경. ①눈과 보는 대상, ②귀와 소리, ③코와 냄새, ④혀와 맛, ⑤몸과 감촉 대상, ⑥마음과 마음 대상.

- Dhātu(*Elements*) : 요소 지 · 수 · 화 · 풍. 또는 경우에 따라 육체적 요소와 정신적 요소도 포함함.

- Dosa(*Hatred*) : 분심, 성냄.

- Dukkha(*Suffering*) : 고통. 모든 변화하는 현상의 불안정한 성질.

- Kalāpa : 아원자(亞原子:*Subatom*) 이하의 작은 물질 요소로

끊임없이 진동하는 가장 미세한 물질 단위.

- Karma : 업. 몸과 마음 현상의 인과관계.
- Kilesa(*Defilements*) : 탐 · 진 · 치 · 번뇌.
- Lovha(*Greed*) : 탐욕, 욕망.
- Moha(*Delusion*) : 무상 · 고 · 무아의 측면에서 대상을 분명하게 보지 못하게 가리우는 마음의 구름, 무명.
- Nama(*Mind*) : 의식, 마음, 정신작용 등을 포함.
- Nimitta(*Sign*) : 마음이 집중될 때 일어나는 내적 심상(心象).
- Nirvāna : 몸과 마음 현상이 완전히 적멸(寂滅)한 상태에 있는 것. 각성(覺性)된 상태에서 탐 · 진 · 치에서 벗어나 있음.
- Rūpa(*Matter*) : 물질. 4대로 구성되어 있음.
- Samādhi(*Comcentration*) : 집중, 선정, 삼매. 마음을 한 대상에 고정시켜 머물게 하는 마음요소.
- Samatha(*Concentration*) : 하나의 대상에 지속적으로 집중함으로써 강한 선정과 평온을 계발하는 수련.
- Samsara : 윤회, 몸과 마음이 조건화된 상태에 있으면서 끊임없이 변함.
- Saṅkhāra(*Mental Factors*) : 오온 중 행(行)에 해당.
- Saññā(*Perception*) : 오온 중 상(想)에 해당.
- Sati(*Mind Fulness*) : 탐 · 진 · 치 없이 현재 일어나는 것을 알아 차리는것. 관찰, 마음집중, 마음챙김으로 해석.

- Satipaṭṭhāna(*Four Foundation of Mindfulness*) :
  우리들이 마음챙김해야 하는 대상으로 신(身)·수(受)·심(心)·법(法).

- Sīla(*Virtue*) : 원래는 도덕적인 계율을 뜻함. 보다 깊은 의미는
  탐·진·치 없이 행동하는 것을 뜻함.

- Vedanā(*Feeling*) : 감정, 즐거움, 괴로움, 중립성(非苦非樂).

- Viññāṇa(*Conciousness*) : 의식, 마음의 인식하는 기능. 6근 문두
  (감각기관)에서 일어나고 사라지는 현상
  을 아는 기능.

- Vipassanā(*Insight Meditation*) : 몸과 마음의 참본성을 꿰뚫어
  보는 지혜 명상.

옮기고 나서

"중생의 정화(淨化, 心淸淨)를 위한, 근심과 슬픔[苦]을 극복하기 위한, 괴로움의 소멸을 위한, 진리의 길을 건너기 위한, 열반을 증득하기 위한 유일한 길이 있다. 그것은 다름 아닌 사념처(위빠사나)이니라"라고 붓다는 『대념처경』에서 설파하셨다. 붓다는 사람의 근기에 따라 다양하게 가르침을 설하셨다.

 그리고 설하지 않은 법문이 숲과 같이 많지만, 직접 설하신 법문이 한줌의 나뭇잎에 불과하다고 하시면서 그 법문의 핵심은 사성제이고 이것만으로 충분히 열반에 이른다고 보증하셨다. 불법(佛法)을 아무리 많이 설하고 아무리 축약하더라도 사성제, 중도, 십이연기를 벗어날 수 없다. 『니까야경, 아함경』에서 『법화경』·『화엄경』에 이르기까지 모든 경전의 핵심은 사성제, 중도, 십이연기이며 이것이 중생의 근기에 따라 다양하게 나타났을 따름이다. 그것을 실현하는 유일한 길이 사념처 위빠사나라고 붓다 자신이 분명히 공언하셨다. 여기 소개한 남방 테라바다 선사들은 견성해탈, 열반을 실현하기 위한 유일한 길인 사념처 위빠사나를 붓다가 가르친 수행법 그대로 실천해 오고 보존해 오고 있다.

 그들은 붓다가 남긴 유산을 원형 그대로 보존해 나가고 실천하는 것을 그들의 소명으로 알고 있다. 그들은 검박하면서도 순수하게 경전과 논서에 입각하여 붓다의 가르침을 실천하고 승려와 일반인들의 근기에 따라 다양하게 수행법을 지도하면서도 결국엔 지혜 해탈법인 사념처 위빠사나로 열반에 이르게 한다. 그리고 그들이 사회에 미치는 영향 또한 지대하다. 경전상의 해석은 지역에 따라, 종파에 따라, 사람에 따라 다르게 해석될 수도 있겠으나 수행법만큼은 남방이든 북방이든, 그리고 모든 경전과 논서에서 한결같이 사념처 위빠사나가 붓다가 발견한 유일한 수행법이라고 말한다. 그리고 누구나 실제로 분별과 집착 없이 수행해 보면 똑같은 체험과 경지에 도달한다. 문제는 끝까지 도달하지 않고 중간 단계의 과정에 집착해 있는 것이라고 본다. 고해에 허덕이고 있는 우리들에겐 뗏목과 나침반이 필요하다. 도달한 후의 일은 미래의 일이다. 교리의 논쟁이나 추론에 앞서 가장 절실한 것은 체험에서 얻은 해탈 지혜이다.

　달마도 마음을 관(觀)하는 한 법이 모든 법을 총섭(總攝)한다고 했다. 우리는 정확한 수행법을 올바르게 이해하고 전심전력으로 실천해 나간다면, 언젠가는 아니 지금 당장이라도 탐·진·치의 화살을 뽑고, 마음을 정화하고, 모든 정신적 갈등과 생사의 고해에서 벗어나고 진리를 철견할 수 있는 지혜를 얻고, 열반을 현재, 여기에서 증득할 수 있다. 이때야만이 비로소 불법의 진정한 진리(중도, 12연기 포함)를 알 수 있는 것이지 그 이전에는 갈대 구멍으로 하늘을 보듯이 자신의 개념에만 집착해 있는 것에 불과하다. 붓다가 발견하고 가르친 견성 해탈 수행법인 위빠사나는 가르치는 사람에 따라, 시대와 문화, 지역에 따라 다양하게 가르쳐져 왔지만 그 원리와 목적은 하나이다. **불법수행은 선정수행인 사마타와 지혜수행인 위빠사나의 균형이다.** 앙굿따라 니까야에 의하면 사마타를 먼저 수행하고 위빠사나를 수행하는 경우가 있고, 반대로 위빠사나를 먼저 수행하고 사마타를 수행하는 경우가 있고, 사마타와 위빠사나를 함께 닦는 수행법도 있다. 또한 순수 위빠사나수행에도 자연스러운 위빠사나수행이 있고, 목표지향적인 위빠사나수행이 있다. 그리고 일상생활 속에서 수행과 집중수행이 있다. 이 책에선 이 모두를 다루고 있다. 그러므로 독자 여러분은 자신에게 맞는 수행법을 원하는데로 선택해서 수행하면 자신의 수행을 보다 효과적으로 할수있다. 여기 소개하는 테라바다의 선사들도 그들의 수행법이 서로 다르게 보이고 심지어는 상반되게 보일지도 모른다. 그러나 그 가르침의 핵심은 하나이다. 그것은 탐·진·치를 제거하고 있는 그대로 여실히 몸과 마음을 철견하여 영원한 행복인 자유와 평화(涅槃)를 지금 여기서 실현하는 것이다. 벌이 꽃에서 필요한 꿀만 채취하듯이, 이 책을 통하여 남방불교를 비판하기에 앞서 붓다로부터 전승해 온 전통적인 불교수행법을 배울 수 있고 그들의 가르침을 통하여 남방불교에 대한 새로운 이해와 우리 한국 불교, 특히 수행의 주류를 이루고 있는 화두 수행법을 재조명하는 데 좋은 계기가 되길 바란다. 그리고 독자 여러분의 수행과 일상생활에 많은 창조적 지혜와 영감을 얻는데 도움이 되길 바란다. 이 책의 원제목은 『현존하는 불교선사(Living Buddhist Masters)』로 잭 콘필드가 남방의 여러 수도원을 방문하여 그곳에서 수행하면서 선사와 대담하고 그곳에서 발행한 소책자를 모아서 엮은 책이다. 이 책을 번역하게 된 인연에 감사한다. 기이하게도 편저자인 잭 콘필드가 주로 머물고 지도 받은 선사 밑에서 본 역자도 위빠사나 수행을 점검 받았다.

이 책의 번역출판을 허락해준 잭 콘필드와 고요한 소리에 깊은 감사를 드린다. 번역자의 미숙함으로 번역의 오류도 있을 것이나 의역보다는 표현이 어색하더라도 가능하면 직역에 충실하여 원뜻을 살리려고 많은 노력을 했다. 처음부터 끝까지 인내를 가지고 차근차근 정독해 나간다면 붓다가 가르친 수행법의 원리가 어떤 것인가를 간파할 수 있으리라 확신한다.(붓다의 수행법을 이해하고 보면 참으로 간단하면서도 대단히 효과적이다.) 그리고 일상생활에 필요한 많은 유익하고 교훈적인 말들을 발견하리라 본다.

 또한 이 책은 이전에 출간된 『위빠사나 열두선사』에 부록을 첨가하고 표지와 제목을 새롭게 하여 독자 여러분에게 더욱 쉽게 다가설 수 있도록 도서출판 한길에서 다시 펴내게 되었다. 독자 여러분에게 마지막으로 부탁하고 싶은 것은 한 번 읽고 잊어버리지 말고 실수행을 통하여 거듭거듭 그 참다운 의미를 재점검하길 바란다.

 그래서 고통의 끝과 죽음의 한계를 떨쳐버리고 이 생애에서 니르바나를 체험하길 간절히 기원하다. 끝으로 위빠사나 교과서라고 출판을 흔쾌히 받아준 적경스님께도 감사드리고, 원고 정리에 협조해 준 김만형, 나정화, 정형선, 최남식 법우들에게도 감사드린다.

김열권 합장

붓다의 후예,
위빠사나 선사들(Ⅱ권 태국편)

제1판1쇄 2014년 1월 15일

편저자 잭 콘필드(Jack Kornfield)
옮긴이 김열권
펴낸곳 도서출판 한길

주 소 경기도 남양주시 진건읍 사능로 156번길 295
T e l 031-574-5585
F a x 031-574-0808
블로그 www.bonginsa.net

등록번호 제7호
ISBN 978-89-87859-20-0
가격 20,000원

이 출판물은 저작권법에 의하여 보호받는 저작물이므로 무단전제와 무단복제를 금합니다.
잘못되거나 흠이 있는 책은 바로 바꿔드립니다.